本书为教育部2013年度人文社会科学研究规划基金项目
"基于非营利组织特征的民办高校教师心理授权研究"
（项目编号13YJA880081）研究成果

Gaoxiao
Zuzhi Huanjingxia
Jiaoshi Xinli
Shouquan Yanjiu

高校组织环境下
教师心理授权研究

王瑞文 著

中国社会科学出版社

图书在版编目（CIP）数据

高校组织环境下教师心理授权研究/王瑞文著．—北京：中国
社会科学出版社，2015.6
ISBN 978 - 7 - 5161 - 6422 - 8

Ⅰ.①高…　Ⅱ.①王…　Ⅲ.①高等学校—教师心理学—研究
Ⅳ.①G443

中国版本图书馆 CIP 数据核字（2015）第 146940 号

出 版 人	赵剑英
责任编辑	卢小生
特约编辑	林　木
责任校对	周晓东
责任印制	王　超
出　　版	中国社会科学出版社
社　　址	北京鼓楼西大街甲 158 号
邮　　编	100720
网　　址	http://www.csspw.cn
发 行 部	010 - 84083685
门 市 部	010 - 84029450
经　　销	新华书店及其他书店
印　　刷	北京市大兴区新魏印刷厂
装　　订	廊坊市广阳区广增装订厂
版　　次	2015 年 6 月第 1 版
印　　次	2015 年 6 月第 1 次印刷
开　　本	710×1000　1/16
印　　张	13
插　　页	2
字　　数	220 千字
定　　价	48.00 元

凡购买中国社会科学出版社图书，如有质量问题请与本社营销中心联系调换
电话：010 - 84083683

前　言

　　高校教师队伍的稳定性和教师教学科研水平直接决定高校教育质量，是高校发展的首要环节。本书在组织环境理论和授权管理理论基础上研究高校教师心理授权的获得途径及其对教师工作状况的影响，从心理学视角研究教师对授权的感知过程，探讨如何使高校教师从形式上的松散自主跨越到获得精神实质上的积极自主，以内在激励方法提高教师对学校的组织承诺度及工作绩效。

　　本书采用文献分析和系统研究的方法，提出研究问题及解决问题的思路，分别从教师心理授权的获得途径和产生影响两个方面建立理论研究模型和基本假设。采用问卷调查方法，运用 SPSS 和 LISREL 软件对天津市10 所普通高校教师的 796 份有效问卷进行统计分析，应用结构方程模型进行假设检验和模型验证，经过实证研究得出以下主要研究结论：

　　（1）建立了高校组织环境下，从结构授权、领导授权到教师获得心理授权的授权管理理论整合模型。教师心理授权四个维度获得的途径分别是：工作意义维度受到高校环境、结构授权和领导授权的正向影响；自我效能维度受到结构授权的正向影响；自主性维度受到结构授权的显著正向影响；工作影响力维度受到结构授权的显著正向影响和领导授权的负向影响。研究结论显示，在高校环境下，结构授权对教师心理授权各维度起到正向影响，领导授权对教师心理授权各维度的影响不同，不能盲目推崇授权型领导方式，高校领导授权应合理适度。

　　（2）高校教师组织承诺是由主动组织承诺和被动组织承诺构成的二维度模型，高校教师对学校的组织承诺更多地反映在主动组织承诺中，教师出于对学校感情归属及教师职业规范的职责而产生了忠诚于学校的心理。教师心理授权的工作意义维度、自我效能维度对教师主动承诺产生显著正向影响；心理授权的影响力维度对教师的被动组织承诺产生正向影响；心理授权的自主性维度对教师组织承诺的两个维度没有显著影响，即提高或降低教师工作自主性不会对教师的组织承诺产生影响。

（3）高校教师工作任务绩效包括教师教学绩效和科研绩效，心理授权的工作意义维度、自我效能维度和自主性维度均对教师的教学任务绩效和科研任务绩效产生正向影响作用；心理授权的影响力维度仅对教师的科研任务绩效产生正向影响。心理授权的自我效能维度对工作绩效的影响最为显著，提高教师工作能力，增加教师对自己工作能力的认可度，是提高教师绩效的最有力的手段。

本书的研究拓展了心理授权研究的组织情境，针对高校教师心理授权的影响因素与结果变量进行研究，为高校教师管理提供了新的管理视角和方法。

目　　录

第一章 导论

第一节 研究背景与意义

一 研究背景

百年大计，教育为本。我国高等教育已经进入大众化阶段，《国家中长期教育改革和发展规划纲要（2010—2020 年)》确定了高等教育事业发展的主要目标：到 2020 年，高校在学学生总规模达到 3550 万人，毛入学率达到 40%；受过高等教育的人口占主要劳动年龄人口的比例达到 20%，具有高等教育文化程度的人数比 2009 年翻一番。[①] 当今世界正处在大发展大变革时期，科技进步日新月异，高等教育承担着培养创新型专门人才、发展科学技术文化的重要任务。然而，高校培养的学生适应社会和就业创业能力不强，不能满足国家对创新型、复合型人才的需求，高校教学质量和科技创新能力还有待提升。教育大计，教师为本。培养优秀的学生离不开优秀的教师，教师的教学科研水平直接决定高校的整体实力，教师队伍质量的提高是高校发展的首要环节。另外，我国高等教育大众化水平的提高使得对高校教师的数量需求也在快速增加。教育部公布的教育统计数据显示，2011 年，普通高等学校专任教师 139.27 万人，比 2010 年增加 4.96 万人，增长比率为 3.69%[②]；2012 年，普通高等学校专任教师

---

① 《国家中长期教育改革和发展规划纲要（2010—2020 年)》，http：//www. gov. cn/jrzg/2010 - 07/29/content_ 1667143. htm，2010 年 7 月 29 日。

② 《2011 年全国教育事业发展统计公报》，http：//www. moe. gov. cn/publicfiles/business/htmlfiles/moe/moe_ 633/201208/141305. html，2012 年 8 月 30 日。

144.03 万人，比上年增加 4.76 万人，增长比率为 3.42%。[①] 按照教育部规定的高等教育生师比 18∶1 的最高标准计算，2020 年高校专任教师至少应达到 197 万人。也就是说，未来 5—8 年，高校专任教师的增长比率必须保持在 4% 才可能达到教育规划纲要的要求，因此教师数量的稳定增长也是高校发展的基本保障。

为发挥教师在高等教育体系中的重要作用，国家从政策操作层面制定了一系列教师发展激励政策。比如 2009 年，教育部对高等学校实施国家"海外高层次人才引进计划（千人计划）"进行了重点部署；2011 年起实施了新的"长江学者奖励计划"和"青年英才开发计划"；2012 年教育部出台了诸如"长江学者和创新团队发展计划"、"创新团队研究计划"、"新世纪优秀人才支持计划"、"高等学校高层次创造性人才计划"等吸引、支持优秀教师的政策；各省、市也相继出台了本地区的人才引进、培养的相关条例，这些制度的出台体现了高等学校在选人、育人、用人、留人方面给予的政策支持，为高校教师的发展提供了广阔平台。然而，高校教师队伍的建设还存在薄弱环节，随着高等教育体制改革的不断深入，教师的社会角色逐渐多样化，由于高校教师特殊的职业属性，其知识型的身份特质和高自主性的职业特征降低了对组织的归属感，教师在高校之间的流动越来越频繁，甚至教师脱离教育行业选择从事其他职业的发展，高校教师队伍的稳定性也在逐渐降低。那些留在高校的教师工作绩效问题也越来越突出，教师感受到的职业压力、产生的职业倦怠、工作满意度的下降等都影响了教师的工作行为，教师参与高校管理的意识越来越淡薄，被动地完成教学科研任务成为多数教师工作的状况，教学缺乏热情、知识更新缓慢、科学研究追求功利等现象，造成高校教学与科研质量的下滑。[②] 因此，高校对教师的管理仅仅采用外部激励是单方面的，还应该深入分析教师个体对工作的心理体验，使其产生内在激励才是保持高校教师队伍稳定持续发展的关键。

授权管理理论可以为高校教师管理带来一些新的启示，授权就是指权力的授予，自 20 世纪 80 年代开始授权管理的重要性逐渐被管理者所认

---

① 《2012 年全国教育事业发展统计公报》，http：//www. moe. gov. cn/publicfiles/business/htmlfiles/moe/moe_ 633/201308/155798. html，2013 年 8 月 16 日。

② 王瑞文、陈根来、韩永进：《论社会科学研究的价值与价值评价》，《天津社会科学》2014 年第 4 期。

识，到 90 年代形成授权管理研究高潮。进入 21 世纪，出现了多维的授权理论和对授权过程的研究，心理授权（Psychological Empowerment）的出现就是从心理学视角对员工个体被授权状况的研究，是授权理论发展的一个崭新阶段。心理授权通过研究员工对授权的心理感知过程的程度，期望对员工产生内在激励。Thomas 和 Velthouse（1990）① 提出了心理授权概念，认为授权是个体体验到的被授权的心理状态或认知的综合体。从心理授权体验的视角研究如何使高校教师更多参与到学校发展和管理中，提高教师的工作自主性和自我主体意识，使高校教师职业从形式上的松散自主跨越到精神实质上的积极自主。叶文梓（2013）② 提出教师发展的超越与回归——"觉者为师"，是指教师对生命价值、教育价值和文化价值的认识应达到自觉追求、自由实现的境界，强调教师成为自觉自主的自我，教师应对教育责任和使命进行反思和超越，具体表现在教育方式的自觉、学科教学的自觉等方面。这一观点的提出与授权管理的目的相辅相成，高校教师心理授权的提高是实现"觉者为师"最适合的途径。心理授权所包含的教师对工作意义的感知、对自我工作能力的认识、对工作自主性的正确把握以及提高自我影响力的内容是具体化的"觉者为师"，提高教师心理授权的感知程度，从内在激发工作积极性和创造力，是促进高校教师发展的有效方法。

本书的研究一方面是基于心理授权理论的发展对管理带来的启示以及高校教师管理实践中存在的问题开展研究；另一方面将心理授权的研究情景扩展到高校教师群体也是本书研究的背景之一，在高校组织环境下教师如何获得心理授权，心理授权对教师工作绩效和组织承诺有什么影响，本书将通过理论分析和实证研究解决这些问题。

二 研究意义

（一）理论意义

本书从基础理论研究角度，细化了心理授权在特定组织环境和工作特征下的研究，针对高校教师群体进行心理授权影响因素与结果变量的研究。本书从高校组织环境出发，从授权管理的角度，以高校教师心理授权为研究对象，试图通过理论探讨构建一个适合高校组织环境和组织特点，

---

① Thomas, K. W., Velthouse, B. A., Cognitive Elements of Empowerment: An Interpretive Model of Intrinsic Task Motivation, *Academy of Management Review*, Vol. 15, No. 4, 1990, pp. 666 – 681.

② 叶文梓：《觉者为师——教师专业化的超越与回归》，《教育研究》2013 年第 12 期。

提高教师个体心理授权体验的理论模型，并对心理授权如何影响高校教师工作绩效和组织承诺进行理论分析，建立心理授权影响结果模型。

在对心理授权研究中，突破原有授权管理研究的社会/结构研究范式和心理学研究范式，寻找管理学与心理学研究的切合点，以心理授权为核心，整合授权管理理论框架，为心理授权管理的理论研究提供新的研究方法。

另外，本书应用心理授权理论研究高校教师管理问题，拓宽了高校教师管理的理论基础。高校作为从事高深专业知识研究和高素质人才培养的社会组织，有其鲜明的组织特点，在高校组织环境特征下如何提高教师的内在激励是高校教师管理研究的重要内容，本书的研究将为高校教师激励理论的发展提供新的研究视角。

（二）实际意义

本书研究将为高校教师管理提供新的管理视角和管理方法。研究高校教师心理授权的状况，了解高校教师对教师工作价值的判断标准，是否切合高校的公益性工作角色的要求，教师对工作意义的理解、价值观是否与组织目标相符，在实践中有利于强化教师角色定位，使教师认同高校发展目标；心理授权强调教师工作的自主意识，注重教师积极主动地应对工作中出现的问题，对于高校教师来说，从心理授权体验的视角来提高教师的主体意识和工作自主性，鼓励教师自觉参与学校管理，增强教师工作影响力，激发教师的工作主动性和创造力是必要的；心理授权包含的自我效能维度的研究可以为高校提供有针对性的提高教师工作能力的措施和方法，制订合理的教师教育计划，全面提高教师素质。

本书研究的实际意义还在于通过研究教师心理授权影响因素和心理授权的影响结果变量之间的关系，寻找提高教师感知心理授权程度的途径和方法，以及提高教师工作绩效和组织承诺的具体措施。为稳定高校教师队伍，提高教育教学质量提供新的管理方法。

第二节　国内外研究现状

一　心理授权的研究现状和趋势

心理授权是从心理学视角研究员工个体对授权的感知状况，心理授权可以产生内在激励。Conger 和 Kanungo（1988）[1] 是最早研究心理授权的学者，他们把授权定义为员工的动机过程，研究员工从获得心理授权到产生动机的过程。Thomas 和 Velthouse（1990）[2] 的研究继续发展了心理授权的概念，他们指出，心理授权是员工从工作中获得的积极的、有价值的经历，这些工作可以使员工产生激励和满意感，因此心理授权是一个内在激励的过程，能够为员工提供持续的工作动力，是员工个体体验到被授权的一种心理状态或认知的综合体。

　　国外对心理授权的研究以其结构维度为核心，展开了量表的测量、模型的建立以及影响因素和影响结果的研究。心理授权的结构维度和模型有 Conger 和 Kanungo（1988）提出的单维说和自我效能感模型、Thomas 和 Velthouse（1990）提出的四维度认知评价授权模型、Spreitzer（1995）[3] 的四维度心理授权模型、Menon（2001）[4] 提出的心理授权三维说、Robbins 等（2002）[5] 提出的心理授权过程的整合模型。心理授权的测量量表最为常用的是 Spreitzer（1995）开发的心理授权量表，该量表包括工作意义、自主性、胜任能力和影响力四维度 12 个题项；另外，Menon（2001）的研究编制了心理授权三个维度的量表，包括组织目标内化、控制感和能力感 9 个题项；Akey（2000）[6] 开发的心理授权测量量表包括对控制和能力的态度、正式参与组织、非正式参与组织、知识和技能评价四个维度。国外对心理授权的影响因素与结果的研究也比较丰富，如对心理授权前因变量研究包括个体因素（人口学变量和个体特征）、工作特征、组织因素（组织文化、组织气氛、组织结构及领导风格等）；对心理授权结果变量

　　① Conger, J. A., Kanungo, R. N., "The Empowerment Process: Integrating Theory and Practice", *Academy of Management Review*, Vol. 13, No. 3, 1988, pp. 471 – 482.

　　② Thomas, K. W., Velthouse, B. A., " Cognitive Elements of Empowerment: An Interpretive Model of Intrinsic Task Motivation", *Academy of Management Review*, Vol. 15, No. 4, 1990, pp. 666 – 681.

　　③ Spreitzer, G. M., "Psychological Empowerment in the Workplace: Dimensions, Measurement, and Validation", *Academy of Management Journal*, Vol. 38, No. 50, 1995a, pp. 1442 – 1465.

　　④ Menon, S. T., "Employee Empowerment: An Integrative Psychological Approach", *Applied Psychology: An International Review*. Vol. 50, No. 1, 2001, pp. 153 – 180.

　　⑤ Robbins, T. L., Crino, M. D., Fredindall, L. D., "An Integrative Model of the Empowerment Process", *Human Resource Management Review*, Vol. 12, No. 3, 2002, pp. 419 – 443.

　　⑥ Akey, T. M., Marquis, J. G., Ross, M. E., " Validation of Scores on The Psychological Empowerment Scale: A Measure of Empowerment for Parents of Children with a Disability", *Educational and Psychological Measurement*, Vol. 60, No. 3, 2000, pp. 419 – 438.

的研究包括对工作态度（组织承诺、工作满意度、离职意向、工作倦怠等）、工作行为和结果（如创新行为、组织公民行为、工作绩效）等的影响；以及将心理授权作为中介变量的研究也获得了非常多有价值的研究结论。

国内对心理授权研究起步较晚，最早的研究是在 2006 年刊出的几篇有影响的文章，李超平等（2006）① 在 Spreitzer（1995）的心理授权量表基础上，根据中国企业开发出心理授权中文版的量表，为国内开展心理授权方面的研究提供了一个有效的工具。同期，李超平等（2006）② 还发表了《变革型领导与员工工作态度：心理授权的中介作用》的文章，研究变革型领导通过心理授权影响员工满意度与组织承诺，研究认为心理授权在变革型领导与员工工作态度之间起到了一定的中介作用，并提出了心理授权的全中介模型。陈永霞等（2006）③ 在中国情景下研究了变革型领导、心理授权与员工组织承诺的相关关系，认为心理授权在两者间起完全中介作用。雷巧玲等（2006）④ 发表了《企业文化与知识型员工心理授权的关系研究》的文章，探讨激励知识型员工的有效途径，研究不同企业文化如何对知识型员工心理授权的内在状态及外在状态产生影响。这一阶段的研究是国内学者开始关注心理授权，对心理授权所起的中介作用进行的研究。之后几年的研究学者们开始关注心理授权与组织绩效的关系，王国猛、郑全全（2008）⑤ 采用回归分析研究心理授权、心理氛围与工作绩效之间的关系，并得出了两两之间显著相关的结论；魏峰等（2009）⑥ 运用跨层次研究的方法研究了在不同的团队授权氛围下，交易型领导行为会对下属的创新绩效产生不同的影响，交互作用部分地以下属的心理授权为

---

① 李超平、李晓轩、时勘等：《授权的测量及其与员工工作态度的关系》，《心理学报》2006 年第 38 卷第 1 期。

② 李超平、田宝、时勘：《变革型领导与员工工作态度：心理授权的中介作用》，《心理学报》2006 年第 38 卷第 2 期。

③ 陈永霞、贾良定、李超平等：《变革型领导、心理授权与员工的组织承诺——中国情景下的实证研究》，《管理世界》2006 年第 1 期。

④ 雷巧玲、赵更申、段兴民：《企业文化与知识型员工心理授权的关系研究》，《科研管理》2006 年第 27 卷第 5 期。

⑤ 王国猛、郑全全：《心理授权、心理氛围与工作绩效的关系》，《心理科学》2008 年第 31 卷第 2 期。

⑥ 魏峰、袁欣、邸杨：《交易型领导、团队授权氛围和心理授权影响下属创新绩效的跨层次研究》，《管理世界》2009 年第 4 期。

中介变量。随后学者们扩大了对心理授权影响因素和影响结果变量范围的研究，刘云、石金涛（2010）① 基于心理授权的中介效应研究了组织创新气氛对员工创新行为的影响过程；王国猛等（2010，2011）②③ 发表了《团队心理授权、组织公民行为与团队主动性关系的实证研究》和《团队心理授权、组织公民行为与团队绩效的关系》两篇文章；王顺江等（2012）④ 发表了《心理授权对员工满意、忠诚和绩效影响的实证分析》等文章，这些文章的研究比较集中地以心理授权为中介变量或者自变量开展，以团队创新气氛、领导类型、组织公民行为及企业文化等为背景，研究对象大多为知识型员工，从理论层面探讨心理授权对组织承诺、离职意向、工作绩效、员工工作满意度等存在的不同程度的影响。

　　值得关注的是，自 2011 年起陆续有文章发表了针对特定群体的心理授权研究，王金良、张大均（2011）⑤ 针对中小学教师心理授权的测量进行研究，编制了 44 个题项，包括心理授权技能、心理授权体验和心理授权行为三个分问卷的测量量表；姚计海、刘丽华（2011）⑥ 对中小学校长心理授权与工作倦怠的关系进行了研究，得出了二者之间负向影响的结论；王国猛、郑全全、赵曙明（2012）⑦ 对团队心理授权的维度结构与测量进行了研究；王桢等（2012）⑧ 以情绪劳动工作人员为研究对象，针对服务性行业员工考察心理授权、工作倦怠和离职意向的关系；徐细雄、淦未宇（2011）⑨ 则从微观企业层面针对农民工心理授权的作用进行研究，

---

　　① 刘云、石金涛：《组织创新气氛对员工创新行为的影响过程研究——基于心理授权的中介效应分析》，《中国软科学》2010 年第 3 期。

　　② 王国猛、郑全全、黎建新等：《团队心理授权、组织公民行为与团队主动性关系的实证研究》，《科学学与科学技术管理》2010 年第 1 期。

　　③ 王国猛、赵曙明、郑全全等：《团队心理授权、组织公民行为与团队绩效的关系》，《管理工程学报》2011 年第 2 期。

　　④ 王顺江、陈荣、郑小平：《心理授权对员工满意、忠诚和绩效影响的实证分析》，《系统工程》2012 年第 30 卷第 5 期。

　　⑤ 王金良、张大均：《中小学教师心理授权的测量》，《心理发展与教育》2011 年第 1 期。

　　⑥ 姚计海、刘丽华：《中小学校长心理授权与工作倦怠的关系研究》，《心理发展与教育》2011 年第 5 期。

　　⑦ 王国猛、郑全全、赵曙明：《团队心理授权的维度结构与测量研究》，《南开管理评论》2012 年第 15 卷第 2 期。

　　⑧ 王桢、李旭培、罗正学等：《情绪劳动工作人员心理授权与离职意向的关系：工作倦怠的中介作用》，《心理科学》2012 年第 35 卷第 1 期。

　　⑨ 徐细雄、淦未宇：《组织支持契合、心理授权与雇员组织承诺：一个新生代农民工雇佣关系管理的理论框架——基于海底捞的案例研究》，《管理世界》2011 年第 12 期。

建立了新生代农民工雇佣关系管理的理论框架。可见，国内关于心理授权的研究已经从理论探讨逐步深入各类型组织和各行业员工研究，对心理授权组织情境和个体类型的深化研究将会成为心理授权研究的一个重要方向。心理授权是在特定工作情境下形成的员工对工作的一系列认知，随着组织内外部的发展变化，员工心理授权的感知程度也会发生变化，不是稳定的、普遍的、跨情境的个性特征。目前从组织特征和组织发展的动态开展的研究并不多，员工的心理授权怎样随着时间变化的研究也没有得到更多的重视。另外，国内外虽然对心理授权的影响因素的研究比较多，但员工对心理授权的感知是如何形成的、员工如何才能获得有效心理授权、在管理实践中如何提高员工的心理授权的研究并不多见。因此，针对不同组织类型如何提高员工心理授权的感知，使员工获得心理授权的有效途径是什么，以及应该采取什么措施应是心理授权研究的另一个方向。

二　高校组织环境及教师心理授权研究现状

国内外学者对组织环境的研究文献主要集中于两类：一类是组织环境与组织战略关系的研究[①]，研究环境如何影响组织行为以及组织如何适应环境的变化或组织如何改变环境，这一类研究比较侧重组织外部环境的作用；另一类是组织环境对组织绩效或员工绩效的影响研究，这类研究的目的不同于对组织战略的关系研究，比较侧重研究组织的内部环境对员工的创新行为和创新绩效的影响作用。在研究组织环境的过程中，由于环境的复杂性和多样性，以及研究者对组织环境研究目的的不同，没有形成普遍适用的完整的组织环境成熟量表，多数研究选取适用于各自研究所需的环境的某些维度或变量展开研究。对于高校组织环境的研究方面目前并没有统一的关于高校环境的内涵解释，国外研究较多的是学校组织氛围的测量及其对教师个体的影响，针对高校组织环境的研究并不多见。Rentoul 和 Fraser (1983)[②] 开发了学校环境问卷，主要测量组织行为方面和学校组

---

① 何铮、谭劲松、陆园园：《组织环境与组织战略关系的文献综述及最新研究动态》，《管理世界》2006 年第 11 期。

② Rentoul, A. J., Fraser, B. J., "Development of a School - level Environment Questionnaire", *Journal of Educational Administration*, Vol. 21, No. 1, 1983, pp. 21 - 39.

织中的人际关系，但该问卷的效度缺乏实证支持；Hart 等（2000）① 编制的学校组织健康量表包括学校组织氛围和教师精神风貌两部分，其中学校组织氛围量表是测量教师对学校组织氛围感受的比较全面的测量工具，信效度检验结果也较好，但这些测量工具多局限于测量学校环境的某些方面，没有对学校环境包含的所有内容进行研究。国内对高校组织环境的研究基本分为两类：一类是比较宏观和抽象的理解，多与教育政策联系，从国家制度层面研究高校外部环境；另一类则是对环境微观的具体的理解，将高校环境的研究限定为高校的物理环境，比如对校园环境的布局美化或校园文化环境的建设等方面的研究。

国内外对高校教师心理授权研究并不多见，已有研究也仅仅是针对教师群体心理授权的研究，Melenyzer（1990）② 将教师心理授权定义为教师有机会用自己的方式进行工作，并相信自己能够对工作产生影响；Short 和 Johnson（1994）③ 认为，教师心理授权是可以自主解决问题的过程，教师有信心提高自己的能力以促进自身发展，是教师认为自己具备能力可以改善自己工作环境的一种信念；Short 和 Rinehart（1992）④ 通过实证研究认为，教师心理授权包括地位、参与决策、专业发展、自我效能、自主性和工作影响力六个维度。近几年，国内关于教师心理授权的文章已有发表，如前所述，王金良、张大均（2011）从心理测量学角度编制了中小学教师心理授权问卷，该问卷具有良好的信度和效度，这是文献查阅中仅有的用于教师行业的心理授权测量的量表。针对高校教师心理授权的研究查阅到的文献很少，齐晓栋、王佳宁（2012）⑤ 对高校教师心理授权的现状进行了分析，研究认为，心理授权各维度对教师工作绩效有显著的正相

---

① Hart, P. M., Wearing, A. J., Conn, M. et al., "Development of the School Organizational Health Questionnaire: A Measure for Assessing Teacher Morale and School Organizational Climate", *British Journal of Educational Psychology*, Vol. 70, No. 2, 2000, pp. 211 – 229.

② Melenyzer, S. J., "Teacher Empowerment: The Discourse, Meaning, and Social Actions of Teachers", ERIC Document: ED327496, 1990.

③ Short, P. M., Johnson, P. E., "Exploring the Links among Teacher Empowerment, Leader Power, and Conflict", *Education*, Vol. 114, No. 4, 1994, pp. 581 – 593.

④ Short, P. M., Rinehart, J. S., "School Participant Empowerment Scale: Assessment of Level of Empowerment within the School Environment", *Educational and Psychological Measurement*, Vol. 52, No. 4, 1992, pp. 951 – 960.

⑤ 齐晓栋、王佳宁：《高校教师心理授权的现状及其对工作绩效的影响研究》，《继续教育研究》2012 年第 10 期。

关关系，但该研究的样本量较少，还需要进一步开展研究。可见，国内对高校教师心理授权研究并未形成体系。

第三节　研究内容与研究方法

一　研究目的

本书以高校教师为研究对象，试图在高校的组织环境下从影响教师心理授权因素中寻找教师获得心理授权的途径，并研究教师心理授权对教师的工作态度和工作行为会产生怎样的影响。研究目标主要包括：编制出符合心理测量学要求的高校组织环境、结构授权、领导授权、教师心理授权、组织承诺和工作绩效测量量表；以心理授权为核心梳理授权研究的方法；考察高校教师心理授权的状况；研究高校教师获得心理授权的有效途径；研究心理授权和工作绩效、组织承诺之间的相互关系和影响机制；提出提高高校教师心理授权体验的方法，并从心理学视角为提高高校教师内在激励提供理论依据。本书的研究将为高校教师管理提供新的思路，探索调动教师工作积极性、稳定优秀教师队伍的新方法，为我国高等教育发展奠定人力资源基础。

二　研究思路

本书研究的基本思路为：首先通过心理授权研究文献梳理和高校教师管理现状提出研究问题，对理论研究和实践管理中存在的问题进行分析，提出解决问题的思路，分别从教师心理授权的获得和产生影响两个方面建立理论研究模型和基本假设，采用实证研究的方法应用结构方程模型进行假设检验和模型验证，最后根据实证研究结果，提出提高教师心理授权感知，以及心理授权影响教师组织承诺和工作绩效的途径。

三　研究内容

根据以上研究目标和研究思路，本书各章研究内容如下：

第一章　导论。阐述本书研究的背景，提出所要研究的问题和本书的研究意义；对心理授权研究及本书要研究问题的国内外研究现状进行介绍；说明本书研究目的、研究思路、研究内容和研究方法。

第二章　心理授权研究基本理论与方法。介绍权力、授权、心理授权及与其相关的结构授权、领导授权的概念；对国内外已有的心理授权模型

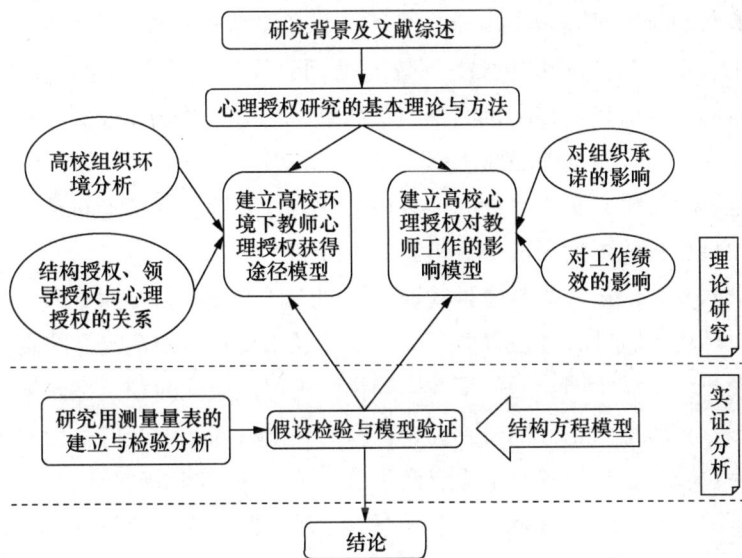

图 1-1 研究思路

和常用的结构维度进行梳理；总结已有的心理授权作为结果变量、前因变量和中介变量的研究，影响心理授权的主要因素有个体因素、工作因素和组织因素，心理授权主要对员工工作态度、工作行为和工作结果方面产生影响；介绍国内外常用的心理授权测量量表；最后总结心理授权研究面临的问题。

第三章 高校组织环境下教师获得心理授权的途径研究。初步确定高校教师心理授权的结构维度；从理论上分析高校组织环境及对教师心理授权的影响；从授权理论的研究方法角度介绍结构授权、领导授权的维度和测量方法，并分析二者对心理授权的影响，建立高校教师授权管理理论的整合框架；总结心理授权的影响因素并建立高校组织环境下教师获得心理授权的模型与假设。

第四章 高校教师心理授权对工作状况的影响。梳理高校教师组织承诺和工作绩效理论研究现状，以高校教师心理授权作为前因变量，选取教师组织承诺和工作绩效作为反映教师工作态度和工作结果的变量，对其之间的关系进行理论分析，构建高校教师心理授权对工作状况影响的理论模型和研究假设。

第五章 调查研究问卷与检验分析。介绍本书研究使用的六个变量量表（高校教师心理授权、高校组织环境、高校结构授权、高校领导授权、教师组织承诺和教师工作任务绩效）的问卷设计及检验流程。介绍各初始量表问卷的形成、预测试的范围及结果、对初始量表进行信度分析和探索性因素分析，根据检验结果修正量表的题项、形成正式问卷、介绍正式调查范围及结果、对样本数据进行描述性统计分析、对正式问卷采用结构方程模型进行验证性因素分析检验效度。

第六章　假设检验与模型验证。运用结构方程模型分别对第三章建立的高校环境下教师心理授权四维度获得途径模型和第四章建立的高校教师心理授权对组织承诺和工作绩效影响模型进行假设检验和模型验证，经过模型拟合与模型修正分别得到高校教师心理授权四维度获得途径的研究结果和高校教师心理授权对组织承诺和工作绩效的影响研究结果。

第七章　总结与展望。归纳本书的主要研究结论和创新点，并提出有针对性的管理对策与措施，指出本书研究的局限性及研究展望。

四　研究方法

本书的研究以问题为导向，为解决高校发展中出现的关于教师工作绩效不高及教师队伍稳定性差的现状，从心理授权理论角度出发，通过提高对教师的内在激励寻找解决问题的途径。主要采用的研究方法有文献分析法、问卷调查法、数据分析法和系统研究法。

（一）文献分析法

通过对国内外相关文献的梳理，吸收和借鉴国内外有关心理授权研究的成果，对与之相关的组织环境、授权管理、结构授权、领导授权、组织承诺和工作绩效等相关文献进行梳理，提出本书的研究思路和研究基础。

（二）问卷调查法

本书研究使用问卷调查方法，从国内外相关研究文献中选取本研究可以借鉴和参照的相关变量量表，结合高校特点和教师特征设计出研究使用的测量量表和问卷，为提高问卷测试的信效度，进行问卷的预调查和检验，将修正后的量表进行正式调查，对回收的问卷数据进行统计分析。

（三）数据分析法

本书主要采用 SPSS 和 LISREL 软件进行问卷的统计分析，对使用的量表进行信度分析、探索性因素分析和验证性因素分析；采用 LISREL 进行结构方程模型的拟合和假设验证，来探讨高校教师心理授权的影响因素及影响结果变量。

（四）系统研究法

从系统论的观点出发，从整体和部分、内部和外部的相互作用、相互制约的关系来对高校教师心理授权进行分析，在高校组织环境下建立高校教师获得心理授权的授权理论整合模型，并对心理授权的影响结果变量进行系统设计，从提高教师内在激励的视角为稳定高校教师队伍、提高教师工作绩效提供理论参考。

第二章　心理授权研究基本理论与方法

第一节　心理授权相关概念

一　权力的概念及类型

(一) 权力的含义

在对权力的界定上学术界有很多观点，可以从法律角度、人际关系观点、组织视角和个人观点进行归纳。

基于法律的观点，Appelbaum 等 (1999)[①] 认为，权力就是权威。

从组织的视角看，Preffer 和 Salancik (1978)[②] 认为，权力是组织结构及职位所决定的特性，拥有权力就可以对组织中的人、资源和信息进行控制，这一定义也被 Kanter (1997)[③] 认同。

从员工个人的观点看，Thomas 和 Velthouse (1990)[④] 认为，权力意味着活力；Kanter (1977, 1993)[⑤⑥] 认为，权力是指自身的能力，包括完成任务的能力、获取资源并利用资源的能力，权力也是可以实现自身目标的能力。

从人际关系的观点看，French 和 Raven (1959)[⑦] 把权力定义为是个人影

① Appelbaum, S. H., Hebert, D., Leroux, S., "Empowerment: Power, Culture and Leadership – A Strategy or Fad for the Millennium", *Journal of Work – place Learning: Employee Counseling Today*, Vol. 11, No. 7, 1999, pp. 233 –254.

② Preffe, J., Salancik, G. R., *The External Control of Organizations: A Resource Dependence Perspective*, New York: Harper & Pow, 1978.

③ Kanter, R. M., *Frontiers of Management*, USA, Harvard, 1997.

④ Thomas, K. W., Velthouse, B. A., " Cognitive Elements of Empowerment: An Interpretive Model of Intrinsic Task Motivation", *Academy of Management Review*, Vol. 15, No. 4, 1990, pp. 666 –681.

⑤ Kanter, R. M., *Men and Women of the Corporation*, New York: Basic Books, 1977.

⑥ Kanter, R. M., *Men and Women of the Corporation* (2nd ed.), New York: Basic Books, 1993.

⑦ French, J. R., Raven, B. H., "The Basis of Social Power", in D. Cartwright (ed.), *Studies in Social Power*, Ann Arbor: University of Michigan, Institute for Social Research, 1959.

响他人的能力，Ragins（1997）[①] 进一步把权力定义为人与人相互作用的过程。

学术界对权力的研究主流基本从组织视角和个人观点展开。整合学者们对权力的定义，作为本书要研究的组织中的权力应该既是法律或制度规范赋予的职务权威，可以对组织中的人、信息和资源进行控制，也包括个人实现自身目标的能力和影响他人的能力。

（二）权力的类型

对于权力的分类，学术界一般认可 French 和 Raven（1959）[②] 的六类权力分类类型，这种分类是基于从组织视角和人际关系的观点对权力的定义，也就是对组织权力和对他人影响力的分类，包括组织赋予的职位的奖赏权力、强制权力、合法权力、信息权力，以及能够影响他人的非职位的专家权力和感召权力。雷巧玲（2008）[③] 认为，这种分类忽略了 Thomas 和 Velthouse 等（1990）提出的基于个人对自身影响的权力，将这七种权力类型重新进行了分类整理，如图 2-1 所示。

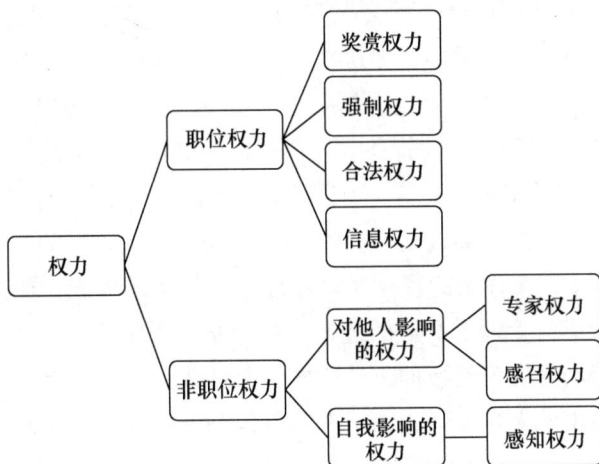

图 2-1　权力分类示意

资料来源：雷巧玲：《文化驱动力——基于企业文化的心理授权对知识型员工组织承诺影响的实证研究》，经济管理出版社 2008 年版，第 38—39 页。

---

① Ragins, B. R., "Diversified Mentoring Relationships in Organizations: A Power Perspective", *Journal of Social Psychology*, No. 137, 1997, pp. 606-618.

② French, J. R., Raven, B. H., "The Basis of Social Power", in D. Cartwright（ed.）, *Studies in Social Power*, Ann Arbor: University of Michigan, Institute for Social Research, 1959.

③ 雷巧玲：《文化驱动力——基于企业文化的心理授权对知识型员工组织承诺影响的实证研究》，经济管理出版社 2008 年版，第 38—39 页。

二　授权的概念及分类方式

（一）授权的出现

授权从字面含义的理解就是授予权力，授权管理在管理学中的应用目的是提高组织和个体的工作效能。按照管理学理论发展脉络，20世纪20年代科学管理促进了生产力，但由于科学管理以"经济人"为假设，认为工人工作的动机仅是经济利益，工人必须服从具有智力权力的管理者，按照科学的工作方法工作，这种管理很大程度上限定了工人的自主性和创造性。泰勒的科学管理还提出了"例外原则"，针对高级管理人员只保留对例外事项的决策权，比如重大战略问题和人事权力等，这种"例外原则"的管理控制方式，后来逐步发展为管理上的授权原则等，但在当时的科学管理理论中这一原则主要针对高级管理人员把例行的一般事务授权给下级管理人员处理，并没有将普通员工作为授权对象，科学管理在提高生产力的同时也带来了劳资冲突、员工高旷工率、高流动率等问题。因此后来的人际关系学派提出"社会人"假设，认为员工能够进行自我激励，激励理论中的X—Y理论、需要层次理论、双因素理论、期望理论等都体现了这一思想，员工参与理论也越来越被重视。到20世纪60年代，建立在员工广泛参与基础之上的管理方式要求提供给员工更多的信息，接纳员工的意见并允许员工参与决策。到70年代，西欧许多国家的工业民主运动为员工参与理论提供了实践支持。80年代，随着组织环境的复杂化，在参与管理的基础上发展而来的授权管理开始出现。到90年代，组织扁平化的发展使得授权成为管理者必需的选择。在授权管理理论中，从组织角度考虑，组织将劳动力视为资源而不是成本，而且认为员工更喜欢在自治状态下工作；从员工个人角度认为，工作不仅仅是能够获得经济利益，也是自我能力的提高、自我价值的实现，工作可以带来组织和个人的"双赢"。

（二）授权的概念

根据不同研究视角下对权力概念的定义，产生了与权力的概念相对应的授权概念，授权也有不同的定义和研究方法。

从法律视角认为授权就是对权威的认可。

从组织视角理解授权，Kanter（1997）[1]认为，授权就是把权力给予那些在组织中处于卑微地位的人们。这一理解是基于把权力定义为组织内

---

① Kanter, R. M., *Frontiers of Management*, USA, Harvard, 1997.

部的正式权力，是领导允许员工拥有权力，以改变员工在工作场所中的关系而得出的。在组织视角下，对授权的定义认为，组织结构及职位决定了权力的来源，那么授权就意味着由组织或结构本身进行权力的重新分配，这种分配可以比较直接地通过组织的授权氛围和授权制度体系的建设中获得。Murrell（2001）[1] 认为，授权是对权力进行创造性的分配，是通过培训、信任与感情支持，给员工更大的权力与责任。这一观点强调的是管理创造授权环境，通过组织对环境的革新增加对员工的授权。组织视角下授权定义的另一方面则强调领导对权力授予下属的方法，这是比较传统的关于授权的界定。Malon（1997）[2] 认为，在授权的组织中，管理者对下属的指导和支持要比传统的层级组织多，并且组织授予给下属更多的选择权。这种定义认为授权是上级领导委派给下属一定的权力，下属有相当的自主权和行动权，但也受到一定监督，同时被授权者对授权者有汇报工作进展情况及完成任务的责任，而授权者对于被授权者则有指挥和监督的权力。Keller 和 Dansereau（1995）[3] 认为，在这种授权管理中强调上级通过授予责任给下属，承担责任的下属会对他们的领导更加满意，并且认为领导也赋予了他们公平，因而可以努力实现上级的期望。归纳组织视角对授权的定义可以认为，在组织视角下强调的两个方面的授权类型也就是本书之后所要研究的结构授权和领导授权的研究方法。

　　基于个人观点的视角来解释权力就是能力，那么授权就是提高个人能力；权力意味着活力，那么授权就意味着激发活力。提高个人的能力包括与完成任务有关的个人学习和成长机会的提供及工作环境的支持等，使个人具备完成任务的能力，对工作所需要的资源的有效获取等，通过授权可以增强个人对其工作意义的肯定；激发员工个人工作活力方面，Spreitzer（1992）[4]、Bowen 和 Lawler（1992）[5] 认为授权是通过权力赋予来改善员

　　① 肯尼思·默雷尔、咪咪·梅雷迪斯：《有效授权》，杜丁丁译，企业管理出版社 2004 年版，第 10—20 页。

　　② Malon, T. W., "Is empowerment Just a Fad? Control, Decision Making, and IT", *Sloan Management Review*, Vol. 38, No. 2, 1997, pp. 23 – 29.

　　③ Keller, T., Dansereau, F., "Leadership and Empowerment: A Social Exchange Perspective", *Human Relation*, Vol. 48, No. 2, 1995, pp. 127 – 146.

　　④ Spreitzer, G. M., When Organizations Dare: The Dynamics of Individual Empowerment in Workplace, Ph. D. Michigan: University of Michigan, 1992.

　　⑤ Bowen, D., Lawler, E., "The Empowerment of Service Works: What, Why, How, and When", *Sloan Management Review*, No. 33, 1992, pp. 31 – 39.

工工作信念、增强其自我效能感的内在过程。活力的激发是通过员工增强自己有能力完成工作任务的信念，才会更有积极性和主动性去完成工作任务。因此，授权从个人观点的视角来理解更多的是一种个体对授权的感知上，Menon（1995）[①] 把这叫作"授权状态"，本书认为，这是从个体的感知角度进行的对授权研究的一种方法。

从人际关系视角看，权力是个人影响他人的能力，那么授权就是授权者认可被授权者具有影响他人的能力，或使他人接受被授权者的影响，对被授权者而言就是自身增强对他人的影响力。

以上基于个人观点的对授权的理解和从人际关系的角度对授权的理解将是本书研究授权管理的视角，即心理授权的研究。这两种研究视角包含了心理授权的工作意义、自主性、工作效能及影响力维度。

（三）授权的分类方式

已有的对授权分类研究从不同角度展开，较多的分类是按照研究维度不同和按照研究视角或方法不同而进行的分类。

1. 研究维度的分类

授权的研究维度有单一维度和多维度。单一维度的授权研究分类按照结果导向、过程导向或个人导向开展，研究者们认为，从单一维度对授权的研究或实践是片面的，所以更多的研究者关注多维度授权分类。多维度的授权研究可以从实践角度和理论角度开展。[②] 在授权实践方面，Vogt 和 Murrell（1990）[③] 认为，授权有六个维度：指导、教练、培训、支持、条件和结构；Honold（1997）[④] 的研究总结认为，只有多维授权才能形成授权组织，授权的多维度包括领导者的领导方式、个体对授权的反应、同事间如何互动以及与如何构建与授权相关的工作程序等。在授权的理论方面，Honold（1997）也将相关研究归纳为五大类型：领导授权、员工被授权的状态、员工协同工作、组织结构或工作流程变革和包含上述四方面的

① Menon, S. T., *Employee Empowerment*: *Definition*, *Measurement and Construct Validation*, Canada: McGill University, 1995.

② 景涛、陈丹、徐颖：《授权管理理论体系整合性基础框架构建研究》，《科学管理研究》2009 年第 27 卷第 1 期，第 42—45、50 页。

③ Vogt, J. F., Murrell, K. L., *Empowerment in Organizations*: *How to Spark Exceptional Performance*, University Associates, San Diego, CA, 1990.

④ Honold, H., "A Review of the Literature on Employee Empowerment", *Empowerment in Organization*, Vol. 5, No. 4, 1997, pp. 202–212.

多维研究视角；Wilkinson（1998）[①] 从领导与员工的利益的紧密连接性分析归纳出五种主要的授权类型：信息分享、问题的解决权限级、作业自主权、态度的塑造和自我管理。

2. 研究方法的分类

在以上关于授权的定义中介绍了研究者按照不同研究视角将授权进行的不同解释，Appelbaum（1999）[②] 归纳出授权理论的三种典型研究视角：组织文化与组织结构视角、领导视角以及员工视角。这种研究视角的分类也是对 Tymon（1988）[③] 将授权按照研究方法不同进行分类的准确阐释，他将授权的研究方法分为结构性授权、领导授权和心理授权，这种授权分类被国内外大多数学者认可和接受。

结构性授权从组织视角强调组织环境和组织制度的建设，营造充分授权的组织氛围并建立完善的授权制度体系。领导授权是从领导作为权力主体的视角来研究权力的授予，领导在授权管理中发挥着至关重要的权力发动和导向作用。在组织管理框架下，领导是否能够积极和下属分享权力，是否表现出明显的授权行为特征，是决定下属能否更容易感受到被授权状态的重要因素，领导授权从具体操作层面明确了授予下属权力的范围、责任和方式，也保证了授权的合理性，是实现有效授权的重要条件。心理授权是从个人对授权的感知状态角度研究授权的，关注心理授权的研究者强调组织的授权结构和制度以及领导的授权行为未必就能达到组织所期望的员工行为，而员工个体感受到被授权的程度大小才是授权管理最终的效果。

以上三种基于研究方法不同而对授权进行的分类虽然观点各不相同，但三者相互补充，结构授权强调组织结构和制度等为授权提供的环境和条件、领导授权强调授权主体进行授权的方法、心理授权强调被授权者的心理感知状态，每一种授权的方法都提供了授权研究的不同角度，本书从不同的研究视角对权力的定义、授权的含义、授权研究的路径以及授权的类

① Wilkinson, A., "Empowerment: Theory and Practice", *Personnel Review*, Vol. 27, No. 1, 1998, pp. 40 – 56.

② Appelbaum, S. H., Hebert, D., Leroux, S., "Empowerment: Power, Culture and Leadership – A Strategy or Fad for the Millennium", *Journal of Work – place Learning: Employee Counseling Today*, Vol. 11, No. 7, 1999, pp. 233 – 254.

③ Tymon, W. G. Jr., An empirical Investigation of A Cognitive Model of Empowerment, Ph. D. Temple University: Philadelphia, 1988.

型进行了梳理，如表 2 - 1 所示。

表 2 - 1　　　　　　　　　　　　授权概念及类型

研究视角	权力的定义	授权的含义	研究路径	授权类型
基于法律	权威	认可权力		
基于组织	组织赋予的职务特性	由组织或结构本身进行权力的重新分配	关系路径	结构授权
		领导对权力授予下属的方法	关系路径	领导授权
基于个人	自身的能力、活力	提高个人能力、激发活力	动机路径	心理授权
基于人际关系	影响他人的能力	增强影响力		

资料来源：根据文献整理。

三　结构授权的概念

结构授权（Structural Empowerment），也有学者称作管理授权（Management Empowerment）、宏观授权（Macro Empowerment）或组织授权（Organization Empowerment）。结构授权是 20 世纪 90 年代以前从管理学视角对授权进行的研究，是站在组织的层次来研究授权。基于对权力的定义为组织赋予的正式权力，那么授权就是把这些组织结构和职位赋予的权力进行重新分配，并且这种分配是通过组织的制度体系变革而完成的，并具体表现为通过一系列的管理措施实现权力的再分配。

学者们对结构授权有不同定义，最早对授权的理解就是管理人员与组织成员共同影响决策过程的一种管理风格。Sirkin（1993）[①] 认为，授权是把权利给予多数地位较低的员工，对顾客的意见做出决定并立即处理；Cunningham 和 Hyman（1999）[②] 认为，授权是地位较低的员工承担上级的管理责任，可以掌握任务的核心要素；之后对授权的定义逐步明确为结构授权或管理授权，Mills 和 Ungson（2003）[③] 认为，结构性授权是授予员工做决定的特权和自主权，这个概念的关键是强调授予员工决策权，让他

---

① Sirkin, H. L., "The Employee Empowerment Scam", *Training and Development*, Vol. 46, No. 2, 1993, pp. 11 - 12.

② Cunningham, I., Hyman, J., "The Poverty of Empowerment", *Personnel Review*, Vol. 28, No. 3, 1999, pp. 192 - 207.

③ Mills, P. K., Ungson, G. R., "Reassessing the Limits of Structural Empowerment: Organizational Constitution and Trust as Controls", *Academy of Management Review*, Vol. 28, No. 1, 2003, pp. 143 - 153.

们对自身的行为做出决断；Vogt 和 Murrell（1990）① 从授权的环境和民主政治角度认为授权是相互影响，对权力进行创造性的分配，通过培训、信任与感情支持，给员工更大的权力，并共同承担责任，是包容、民主和永恒；Prasad 和 Eylon（2001）② 认为，授权只有依赖能够促使所有员工或绝大多数员工参与的制度体系才能成为合法的和成功的，分享权力必须由组织系统确立，组织系统的作用就是通过组织的指挥链来授予员工职责，建立使员工参与的制度体系来达到授权的目的；Bowen 和 Lawler（1995）③ 认为，结构授权是管理功能的实践，关注组织、制度、社会、经济、文化的影响来消除无权感的环境，强调变化组织政策、实践和来自于自上而下的控制系统的员工高参与实践结构的重要性；另外，Russell 等（2003）④ 从组织的角度定义授权是指那些能够影响员工授权感的组织宏观环境因素，与 Kanter（1993）⑤ 最早对结构性授权的含义类似。他认为，员工的行为是对其所在工作环境的反应，组织内部的社会结构对授权有重大影响。以上学者对结构授权的定义都可以归纳为充分授权的组织氛围和完善的授权制度体系以及具体的授权管理措施。

四　领导授权的概念

领导授权是现代组织管理工作的重要内容。领导授权关注管理者在授权中的授权行为，强调授权的方式和方法，领导通过激励手段授权给下属，比如制定令人激动的目标、提供机会支持个人的发展、分享有利信息、鼓励创新等，也对下属提供具体的工作指导和必要的控制。这种权力的授予不仅包括允许下属在一定范围内做出决策，还包括下属应当承担相应责任。Conger（1989）⑥ 强调在管理者授权过程当中承担的教练角色和

---

① Vogt, J. F., Murrell, K. L., *Empowerment in Organizations: How to Spark Exceptional Performance*, University Associates, San Diego, CA, 1990.

② Prasad, A., Eylon, D., "Narrative Past Traditions of Participation and Inclusion: Historic Perspectives on Workplace Empowerment", *Journal of Applied Behavioral Science*, Vol. 37, No. 1, 2001, pp. 5 – 14.

③ Bowen, D. E., Lawler, E. E., "Empowering Service Employees", *Sloan Management Review*, Vol. 36, No. 4, 1995, pp. 73 – 85.

④ Russell, M. A., Wendy, M. D., Steven, G. C., "The Organizational Empowerment Scale Review: *Personnel Review*, Vol. 32, No. 3, 2003, pp. 297 – 318.

⑤ Kanter, R. M., *Men and Women of the Corporation* (2nd ed.), New York: Basic Books, 1993.

⑥ Conger, J. A., "Leadership: The Art of Empowerment Others", *Academy of Management Executive*, No. 3, 1989, pp. 17 – 24.

导师行为才是授权成功的关键。从领导授权角度研究授权的过程是以管理者为核心，由管理者为下属明确一个清晰的有价值的目标方向，通过管理行为激励下属完成有难度的任务，管理者充当的是教练的角色，可以帮助员工解决困难，同时也提高下属能力，增强下属的工作责任感。一般领导根据权责统一的原则授予下属去行使自己的一部分职权，可以使下属在被授职权的范围内行使权力，领导通过灵活有效的授权方式，使下属积极主动地开展工作，完成既定的工作任务和目标，实现管理者和组织的目标，通过授权同时也促进了下属工作能力的提高，实现个人与组织的共同发展。Keller 和 Dansereau（1995）[①] 认为，下属被授权后会具有较高的公平感，领导授予权力的同时也授予了下属责任，授权是通过授予责任来实现的，使下属认为领导对他们是信任和认可的，增强了对领导的信任感和满意度，工作因此受到激励，最终实现上级的期望。领导授权作为一种有效的激励手段，可以满足下属的工作安全感与实现自我价值的需要，下属认为自己是被需要和重视的，会提高工作的安定感，也会提高工作的满意度。因此领导授权不仅仅是传统管理中的管理者进行权力的分配，还强调对下属的赋能行为，通过领导赋予员工权力的管理行为激发员工的内在动机，赋予下属能力，可以给员工和组织都带来益处。这种领导授权是为了提高员工内在动机及自我效能感的领导行为，因此有更为深刻的含义，对管理者提出了有别于传统管理的新的要求。

对领导授权的另外一种理解是认为，领导分配给下属权力是对领导者权力的削弱，但授权的实质是增加了组织中权力总量。领导授权是领导者将自己的权力给下属分享，是有目的地将权力委托下属，分享权力的同时建立起一个更为广泛的权力基础。当下属分享领导的权力时，会使领导者的权力和影响力获得放大，领导通过授权可以使下属充分发挥自己的能力，主动高效地完成工作。另外，领导授权对于改善领导和下属的人际关系也有着积极的作用，合理有效的授权在一定程度上能够促进上下级建立和谐的关系，授权已经成为现代组织领导工作的核心内容。

五 心理授权的概念

授权的目的是提高组织和个人的工作效率，但员工的能动性并不一定

---

① Keller, T., Dansereau, F., "Leadership and Empowerment: A social Exchange Perspective", *Human Relation*, Vol. 48, No. 2, 1995, pp. 127 - 146.

直接来源于权力的转移，工作本身、组织结构以及领导的授权是必要的，但这些方面是否能够对员工的动机产生影响并提高员工自我效能感，是否能够产生有益的结果，需要进一步研究。员工是否能够体验到被授权的状态是一个"黑箱"问题，因此有必要研究授权对象的心理体验。只有当员工真正从心理上认识到他们被组织或领导授予了权力的时候，授权才具有真正的价值。并且，员工对被授权的认识，不仅仅是被组织允许自行行动，还应该包括他是否相信自己有完成这项工作的能力，满足了这两个条件才能够使组织的授权行动真正带来组织或个人绩效的提高。因此，心理学角度分析授权应该是一个动态概念，授权不单单是对任务与人特征的划分，而是反映了个体对于人与环境关系的认识。因此，心理授权可以真实反映组织对员工的实际授权状况，心理授权以被授权者为对象，研究个体所感知到的被授权的状态，以及是否能够通过心理授权实现授权管理的目标，心理授权是授权管理研究的关键要素，也是授权管理的最终目标。

通过对授权概念发展和分类的梳理，明确了心理授权是员工对授权的心理感知程度，心理授权的目的是产生内在激励，因此心理授权是从心理学视角对员工授权状况的研究。与心理授权研究最为密切相关的是 Bandura (1977)[①] 提出的自我效能感概念，自我效能感是指员工相信自己的能力能完成特定的任务。Bandura 认为，员工对自我工作能力的判断会影响其对环境的判断和工作行为的选择，当员工认为承担的工作任务超出了自己能力所及时会减少努力程度或采取逃避的行为甚至放弃工作任务，而当员工认为自己有能力时就会自信地承担任务、迎接工作中的各项挑战并努力完成任务。基于 Bandura 的观点，Conger 和 kanungo (1988)[②] 认为，授权不仅是权力的授予，也意味着个体能力的提高，通过授权能提高员工的自我效能感，使员工从心理感知到被赋能，从而使员工认为自己能够胜任工作，增强其工作动机，这是对心理授权最早的研究雏形。他们还认为，授权在本质上不仅是对个体外部行为的设定，同时也是改变个体内在信念的过程，内在信念的改变造成了自我效能感的提高。Zimmerman 和

---

① Bandura, A., "Self - efficacy: Toward a Unifying Theory of Behavioral Change", *Psychological Review*, No. 84, 1977, pp. 191 - 215.

② Conger, J. A., Kanungo, R. N., "The Empowerment Process: Integrating Theory and Practice", *Academy of Management Review*, Vol. 13, No. 3, 1988, pp. 471 - 482.

Rappaport（1988）[1] 也开始关注心理授权的研究，他把心理授权定义为对个人层面授权的分析，指出了心理授权与组织授权的区别，并提出二者之间的影响关系。Thomas 和 Velthouse（1990）发展了 Conger 和 kanungo 的观点，同时拓宽了授权的含义，他认为，授权的概念不能局限于单一的含义，强调心理授权是更加宽泛的授权，从员工对工作认知的内在动机的影响来研究授权，员工通过四个方面的认知表现其内在的任务激励，这四个对工作角色的认知导向是：影响力、工作能力、工作意义和自我选择，同时他还描述了员工达到这些标准的认知过程，他的观点得到了后来进行心理授权研究的学者们的广泛认同。Spreitzer（1992）[2] 把心理授权定义为动机结构，总结了心理授权研究者们的观点，从心理学视角对员工个体感受被授权状况进行研究，认为心理授权是员工个体对组织的授权措施的感知而不是措施本身决定了授权的程度，并且 Spreitzer 首次对心理授权进行了实证分析。Menon（2001）[3] 对心理授权状态的构成做了研究，他认为，员工感受到的工作支配权、工作能力以及组织目标的激励共同构成心理授权状态，Menon 的研究与之前关于心理授权研究不同的是将组织目标激励增加到心理授权的感知状态，目标激励是指员工认为组织的目标、使命或未来的愿景符合个人的期待，实现组织目标的过程也可以为自己带来利益，包括个人的成长和收益，但 Menon 的研究并没有被大多数研究者所采纳。

通过对心理授权研究的不断深入，尤其是基于内在动机路径的研究，心理授权作为内在动机的一种形式，也是一个内在动机概念，并且扩展和丰富了内在动机理论。另外，心理授权不是一个稳定的普遍的个性特征，对同一个个体处在不同时间和不同工作环境中其感受到的心理授权程度不同。同样，特定的工作环境对不同个体感受到的心理授权程度也是不同的，心理授权程度的高低关键在于个体对授权体验的程度高低，并不完全取决于授权的措施或个体的特征。当然，研究员工心理授权的程度是有其

① Zimmerman, M. A., Rappaport, J., "Citizen Participation, Perceived Control, and Psychological Empowerment", *American Journal of Community Psychology*, Vol. 16, No. 5, 1988, pp. 725 – 750.

② Spreitzer, G. M., When Organizations Dare: The Dynamics of Individual Empowerment in Workplace, Ph. D. Michigan: University of Michigan, 1992.

③ Menon, S. T., "Employee Empowerment: An Integrative Psychological approach", *Applied Psychology: An International Review*, Vol. 50, No. 1, 2001, pp. 153 – 180.

重要意义的，心理授权发展了授权管理的理论，心理授权带来的是积极的而不是消极的工作角色导向，这对员工个体和组织都有重要的意义，可以使员工更加积极主动工作而且感到自身有能力承担工作角色、完成工作任务，甚至可以改变工作情境，以此达到塑造组织环境、提高组织绩效的目的。因此，心理授权研究的核心思想就是通过提高员工对授权的认知从而激发其内在工作动机，成为提升组织效能与管理效能的关键要素。

第二节　心理授权模型和结构维度

随着授权理论研究的发展，为厘清授权各个过程环节的内在逻辑关系，研究者们建立了能够描述授权管理过程的系统模型。由于研究范式和研究路径的不同，学者们尝试深入分析心理授权机制的复杂性，提出并验证了许多心理授权的理论模型，其中最有代表性的模型和结构维度有以下几类：

一　自我效能感模型

Conger 和 Kanungo（1988）[①] 最早提出心理授权概念，他们将授权定义为员工自我效能感的增加，并以此为基础构建了第一个心理授权的过程模型。这个模型的授权过程包含五个阶段：第一阶段，识别或诊断导致员工无权状态的情形，这些情形主要来自组织的因素，如监督情况、奖酬系统和工作性质；第二阶段，根据所识别出的无权状态的原因，运用管理策略和技术消除这些环境因素，在这一阶段运用参与管理的方法，针对第一阶段的组织因素建立目标反馈系统模型、实行奖酬多样化和工作丰富化；第三阶段，在使用第二阶段方法消除导致无权感的外部条件后，还要增加下属的自我效能感，运用四种资源为下属提供自我效能感的信息，这四种资源能直接使个体接收到个人效能信息，包括增强可得性、不同的体验、口头说服和情绪唤醒；第四阶段，接收到以上阶段提供的信息，以此作为结果，下属感受到被授权的状态，也体现在个体效能信念的增强；第五阶段，体现授权对行为的影响结果，尤其是完成任务目标的主动性或持久

① Conger, J. A., Kanungo, R. N., "The Empowerment Process: Integrating Theory and Practice", *Academy of Management Review*, Vol. 13, No. 3, 1988, pp. 471 –482.

性。这一模型描述了授权过程的五个阶段，模型的核心是围绕着员工自我效能产生的授权体验心理状态，描述了提高授权的前因条件和行为结果，但是将心理授权限定在自我效能的提高上也是这一模型的不足之处，并且这一模型未进行检验。

二　认知评价授权模型

Thomas 和 Velthouse（1990）[①] 的研究对 Conger 和 Kanungo 的自我效能感授权模型进行了改进，从认知对员工工作的内在动机的影响来研究授权，提出了认知评价授权模型。这个模型是以员工的内在动机作为授权的核心元素，建立了以环境事件、任务评价和行为为中心的评价模型（如图2-2所示），模型突出个体的心理状态是如何通过个体的感知形成，并指出内在动机的认知内容包括四项任务评价（影响力、能力、选择及意义），这四项任务评价决定了个体体验到的授权程度，模型描述了员工达成这些任务评价标准的认知过程。

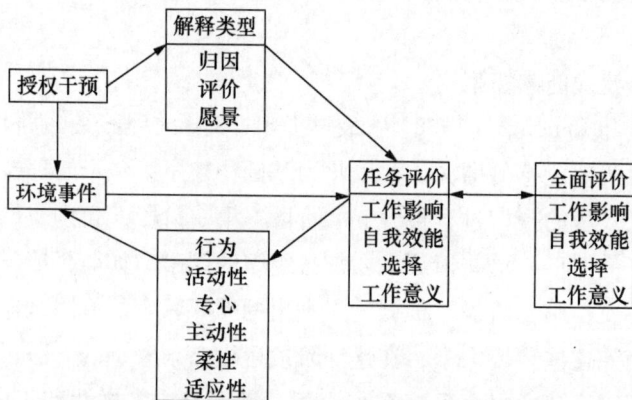

图2-2　心理授权认知评价授权模型（Thomas and Velthouse, 1990）

在认知评价授权模型中，四项任务评价的含义是：影响力（impact）是指在工作中员工的工作行为能对结果产生多大程度影响；自我效能（competence）也称作胜任力，是指员工感到能熟练完成工作的程度；选择性（choice）是指员工把个人偏好建立在所采取的工作行为类型上的程

---

① Thomas, K. W., Velthouse, B. A., " Cognitive Elements of Empowerment: An Interpretive Model of Intrinsic Task Motivation", *Academy of Management Review*, Vol. 15, No. 4, 1990, pp . 666 –681.

度；意义（meaning）是指员工根据自己的价值观和价值标准对当前工作任务目标的价值程度的判断。以上四项任务评价并不是简单记录客观事实，而是个体对工作任务和客观现实的解释和建构。认知评价授权模型还反映了个体的内在任务动机及其行为不仅仅取决于外在环境因素，也取决于这些环境因素如何被解释及其解释的类型，最终共同构成个体对工作的全面评价。因此，该模型反映了授权的整个认知过程，与 Conger 和 Kanungo 的自我效能感授权模型相比，在心理授权的概念、产生激励的工作评价解释和接受授权过程等方面有了提高，但不足的是 Thomas 和 Velthouse 也没有开发相应的认知授权评价量表。

三　心理授权四维度模型

Spreitzer（1995）[①] 继续发展了 Thomas 和 Velthouse 的认知评价授权模型，提出一个揭示心理授权的形成和作用机制的框架模型，他认为个体所处的工作环境和个人特性决定了个体的心理授权感知程度，并对个体行为、组织的创新行为以及组织管理有效性等产生积极的影响。这个模型探讨了影响个体心理授权形成的前因和心理授权影响后果，提出了包括授权的工作环境和个体心理授权两部分的比较完整的授权过程。另外，Spreitzer（1992）[②] 对心理授权的研究集中在认知授权的维度界定与量表开发上，他总结出心理授权的四个维度：工作意义（meaning）、自我效能（competence）、自我决定（self determination）和工作影响力（impact）。这四个维度与 Thomas 和 Velthouse（1990）认知评价授权模型提出的四项任务评价类似，不同的是 Spreitzer 把第三个维度命名为自我决定。该模型四个维度含义分别是：工作意义是指个体根据自己的价值观和价值标准对工作的目的进行的价值判断，反映了个体的价值观和信仰与工作角色之间的一致性程度。员工根据个人的观念和标准评价组织目标的价值，认为自己的工作有意义有价值的员工更愿意努力完成工作任务，并使用组织赋予的自主决定权力来完成组织目标；自我效能也叫工作能力或胜任力，是指员工对自己是否拥有成功完成工作所需的技能、能力和知识等的感知；自我决定是指个体是否能够控制、选择自己的工作行为和工作过程，具体表

---

① Spreitzer, G. M. , "Psychological Empowerment in the Workplace: Dimensions, Measurement, and Validation", *Academy of Management Journal*, Vol. 38, No. 50, 1995a, pp. 1442 – 1465.

② Spreitzer, G. M. , When Organizations Dare: The Dynamics of Individual Empowerment in Workplace, Ph. D. Michigan: University of Michigan, 1992.

现为在工作方法、工作程序等方面进行自主决策，员工不希望自己仅仅是被动的执行者，更希望自己是工作的主体，因此自我决定也称作工作自主性；影响力是指员工对自己是否具有能够影响组织管理或者工作结果的信念，体验到自己具有影响力的员工能够积极参与组织决策，把自己看成是具有能动性的工作主体，而不是被动的环境客体，影响力与特定的工作情境密切相关。这四个维度组成了心理授权的完整结构，四个维度之间不是互为因果的关系，而是反映了心理授权结构的不同侧面，如果缺少某一个维度，将会减少个体整个授权的感知程度。因此，心理授权是一个程度反应变量，Spreitzer 的研究还验证了这四个维度在工作环境中的效度，开发出具有四个维度 12 个题项的量表，该量表得到了多数心理授权研究者的认同和应用，并且他还认为心理授权指数可以计算获得，由工作意义维度与个人控制相乘得出，其中个人控制由胜任力、自我决定和影响力三个维度之和构成。

四　心理授权过程整合模型

心理授权过程模型、认知模型以及四维度模型比较关注心理授权研究的某一个方面，随着心理授权研究的不断深入，Robbins 等 (2002)[①] 提出了心理授权过程的整合模型。他们认为，研究授权理论的目的是寻找影响员工工作行为的环境因素以及个体感知和态度等的相互作用，授权干预变量的研究在授权模型中应该体现出来，因此心理授权过程整合模型描述了从授权干预设计到员工行为变化的整个过程。模型如图 2 - 3 所示。

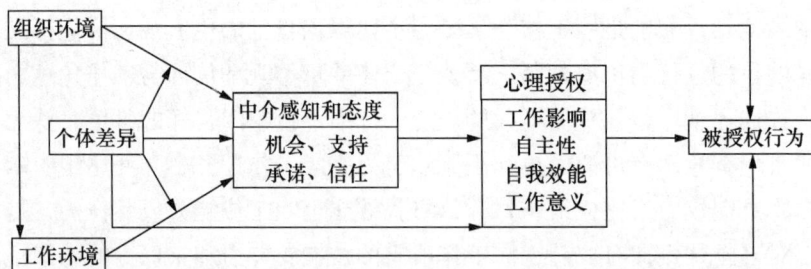

图 2 - 3　心理授权过程整合模型 (**Robbins, Crino and Fredendall, 2002**)

---

① Robbins, T. L., Crino, M. D., Fredindall, L. D., "An Integrative Model of the Empowerment Process", *Human Resource Management Review*, Vol. 12, No. 3, 2002, pp. 419 - 443.

该模型将组织环境作为最基础因素，通过对工作环境、干预感知和态度对员工的心理授权产生间接的影响，同时组织环境也直接影响了被授权的行为；个体特征的差异变量与外部组织环境和工作特征相结合通过影响中介感知和态度影响员工心理授权，同时个体差异对个体的心理授权产生最为直接的作用；工作环境因素包括工作结构（权利和职位的转换、资源和信息的共享）、人力资源实践（培训、绩效反馈和评估、薪酬体系和制度）以及当前的管理措施等方面，也通过中介的感知和态度影响员工的心理授权，同时工作环境也直接影响被授权行为。这一模型进一步扩展了 Spreitzer 的心理授权模型，除了将组织环境、工作环境和个体特征差异作为影响心理授权的前因要素外，同时设计了与授权干预相关的机会、支持、承诺和信任等中介感知和态度，以此对心理授权的过程进行描述。近些年许多学者从心理授权与组织其他变量关系的不同方面，都提出相应的心理授权模型，但心理授权过程整合模型是最早进行的比较完整和系统研究心理过程的模型。

第三节　心理授权的影响因素

Spreitzer 的心理授权理论模型提出了心理授权的前因和后果变量，他建立的模型以个体的控制点、个体的自尊水平、对组织信息的了解程度和组织的奖励作为影响心理授权的重要因素，他通过实证研究验证该理论模型，结果表明个体的自尊水平与心理授权存在正相关、个体对信息的了解能够提高个体的心理授权水平，但是研究结果没有证明个体的控制点与心理授权存在显著的相关，这与他建立的理论模型有一定偏差，但他认为可能是由于测量误差造成的。Robbins 等建立的过程整合模型，比较系统地将心理授权的影响因素进行了归纳，组织环境、工作环境及个体特征是影响心理授权的最基本的三个方面，许多学者提出的其他心理授权相关的影响因素基本可以包含在这三类之中，本书将影响员工心理授权的因素归纳为个体因素、工作因素和组织因素三大类。

一　个体因素对心理授权的影响

个体因素对心理授权的影响主要包括人口学变量和人格特征两方面。

（一）人口学变量对心理授权的影响

已有的文献研究认为，影响心理授权的主要人口学变量包括员工性别、年龄、教育程度、任职期限、职务、薪资水平等变量，但研究得出的结论并不完全一致。Spreitzer（1996）[1] 的研究发现，教育程度与心理授权存在显著正相关；Schneider（1987）[2] 指出，受过良好教育和任职期限较长的员工更能体验授权感。Koberg 等（1999）[3] 的研究发现员工任职期限和职位级别与心理授权呈显著正相关关系，但是性别、教育程度等与心理授权之间的关系并不显著。Hayes（1994）[4] 对一家公司的 647 名员工进行了调查，研究发现具有主管职务的员工的授权体验更多。针对不同行业员工的个体特征对心理授权的研究也在逐步开展，Bordin（2007）[5] 和 Samad（2007）[6] 分别以新加坡 IT 行业的员工和马来西亚电讯业员工为对象进行调查研究，研究显示，员工的年龄与心理授权显著正相关。我国学者雷巧玲和赵更申（2009）[7] 研究了高科技企业的 351 位知识型员工的性别、婚姻、年龄和学历四项个体特征对其心理授权的影响，结果表明，这四项个体特征对心理授权都有显著影响，其影响程度由大到小依次为：学历、婚姻、性别、年龄，而且男性、已婚者的心理授权的均值明显高于女性和未婚者。刘云和石金涛（2010）[8] 以国内企业在职员工为调查对象，分析了 956 份有效样本数据，研究认为员工的心理授权水平随着教育程

---

[1]　Spreitzer, G. M., "Social Structural Characteristics of Psychological Empowerment", *Academy of Management Journal*, Vol. 39, No. 2, 1996, pp. 483 – 504.

[2]　Schneider, B., "The People Make the Place", *Personnel Psychology*, No. 40, 1987, pp. 437 – 453.

[3]　Koberg, C. S., Boss, R. W., Senjem, J. C. et al., "Antecedents and Outcomes of Empowerment: Empirical Evidence from the Health Care Industry", *Group & Organization Management*, Vol. 24, No. 1, 1999, pp. 71 – 91.

[4]　Hayes, B. E., "How to Measure Empowerment", *Quality – Progress*, Vol. 27, No. 2, 1994, pp. 41 – 46.

[5]　Bordin, C., Bartram, T., Casimir, G., "The Antecedents and Consequences of Psychological Empowerment Among Singaporean IT employees", *Management Research News*, Vol. 30, No. 1, 2007, pp. 34 – 46.

[6]　Samad, S., "Social Structure Characteristics and Psychological Empowerment: Exploring the Effect of Openness Personality", *Journal of American Academy of Business*, Vol. 12, No. 1, 2007, pp. 70 – 76.

[7]　雷巧玲、赵更申：《知识型员工个体特征对心理授权影响的实证研究》，《科学学与科学技术管理》2009 年第 8 期。

[8]　刘云、石金涛：《组织创新气氛对员工创新行为的影响过程研究——基于心理授权的中介效应分析》，《中国软科学》2010 年第 3 期。

度、年龄、任职年限、职务级别等人口学变量的增加出现逐渐增加的趋势，男性的心理授权水平比女性高。

许多研究者还考察了人口学变量对心理授权各维度的影响，Hochwlder 和 Brucefors（2005）[1] 认为，年龄与心理授权的工作能力、自主决策及影响力维度都呈显著正相关，年老员工在总体心理授权及这三个维度上都高于年轻员工；Hancer 等（2003）[2] 的研究发现在工作意义维度上女性的得分高于男性，高中以下文化程度的得分也要高于高中以上文化程度的员工；任职期限两年以上员工的自我效能高于两年以内者；另外正式员工在心理授权整体以及工作意义维度和自我效能维度上高于非正式员工。可见，一些主要的人口学变量虽然对心理授权有显著影响，但不同样本所表现出的影响关系并不完全相同，主要原因是由于样本职业群体不同。另外，心理授权各维度所表现出的人口学变量特征也存在一些差异。

（二）人格特征对心理授权的影响

个体的人格特征也是影响心理授权的重要因素，Spreitzer（1995）理论模型中将自尊、控制点等个体人格特征作为影响心理授权的前因变量，之后他又验证了自尊与心理授权的显著正相关关系。Menon（2001）的研究也证实了自尊与心理授权总体及各维度均存在显著正相关关系。但其他人格特征方面的研究并没有形成体系，零散地见于一些学者的研究，比如认真性、忠诚度、进取心、责任感等。凌俐等（2007）[3] 认为，员工的个人主义、集体主义倾向等因素可能会对心理授权产生一定的影响，但该观点并没有经过验证。Judge（2009）[4] 提出了"核心自我评价"的人格构念，是指个体的自尊、自我效能感、控制点和情绪稳定性等方面的整合概念，是个体对自我能力和价值的最基本的评价和估计。Judge 和 Hurst（2007）[5] 的研究也证实了核心自我评价对心理授权具有正向影响作用，

---

① Hochwlder, J., Brucefors, A. B., "Psychological Empowerment at the Workplace As a Predictor of Ill Health", *Personality and Individual Differences*, Vol. 39, No. 7, 2005, pp. 1237 – 1248.

② Hancer, M., George, R. T., "Psychological Empowerment of Non – supervisory Employees Working in full – service Restaurants", *Hospitality Management*, Vol. 22, No. 1, 2003, pp. 3 – 16.

③ 凌俐、陆昌勤：《心理授权研究的现状》，《心理科学进展》2007 年第 15 卷第 4 期。

④ Judge, T. A., "Core Self – evaluations and Work Success", *Current Directions in Psychological Science*, Vol. 18, No. 1, 2009, pp. 58 – 62.

⑤ Judge, T. A., Hurst, C., "Capitalizing on one's Advantages: Role of Core Self – evaluations", *Journal of Applied Psychology*, Vol. 92, No. 5, 2007, pp. 1212 – 1227.

由于核心自我评价较高的个体通常会选择比较有挑战性的工作，从而促使其工作动机的内化，进一步强化心理授权的感知。张琳琳等（2013）[1] 对我国新生代员工进行核心自我评价与工作投入的关系也进行了研究，证实了核心自我评价与过度教育的交互作用对新生代员工的心理授权产生显著影响。

二　工作因素对心理授权的影响

工作因素主要指工作特征，是工作或任务本身所固有的特征，与工作有关的属性或因素都可以是工作特征。工作特征一般与工作行业有关，可以表现在工作任务的重要性、完整性、工作所需技能的多样性、工作自主性等方面。

Kraime 等（1999）[2] 的研究认为，工作特征的不同方面与心理授权的各维度存在一定程度的相关性；Linden 等（2000）[3] 的研究认为，工作特征对心理授权具有显著的正向预测作用。国内外学者针对不同行业的员工进行了心理授权的研究，也说明了工作特征与心理授权的密切关系，但多数研究结合了员工个体特征开展，Huei – Fang 等（2008）[4] 在对我国台湾企业员工的研究中发现工作再设计与心理授权有着影响作用，适当的工作再设计可以提高员工的心理授权水平。王桢等（2012）[5] 针对中国服务行业的情绪劳动工作人员心理授权进行研究，发现一些特殊的情绪性劳动职业人员心理授权程度不高；王顺江等（2012）[6] 考察了企业内部营销努力对一线营销服务员工的心理授权状况影响，结论显示对心理授权的四个维

---

① 张琳琳、David M. DeJoy、李楠：《新生代员工核心自我评价与工作投入的关系：有调节的中介模型》，《软科学》2013 年第 27 卷第 4 期。

② Kraime, M. L., Seibert, S. E., Linden, R. C., "Psychological Empowerment As a Multidimensional Construct: A Test of Construct Validity", *Educational and Psychological Measurement*, Vol. 59, No. 1, 1999, pp. 127 – 142.

③ Linden, R. C., Wayne, S. J., Sparrowe, R. T., "An Examination of the Mediating Role of Psychological Empowerment on the Relations between the Job, Interpersonal Relationships, and Work Outcome", *Journal of Applied Psychology*, Vol. 85, No. 3, 2000, pp. 407 – 416.

④ Huei – fang Chen et al., "The Impact of Work Redesign and Psychological Empowerment Organizational Commitment in a Changing Environment: An Example from Taiwan's State – owned Enterprise", *Public Personnel Management*, Vol. 37, No. 3, 2008, pp. 279 – 303.

⑤ 王桢、李旭培、罗正学等：《情绪劳动工作人员心理授权与离职意向的关系：工作倦怠的中介作用》，《心理科学》2012 年第 35 卷第 1 期。

⑥ 王顺江、陈荣、郑小平：《心理授权对员工满意、忠诚和绩效影响的实证分析》，《系统工程》2012 年第 30 卷第 5 期。

度具有不同的正向影响作用。我国近年来针对教师、科技人员、护士、农民工、餐饮业一线员工等不同行业心理授权的研究也在逐步开展，不同行业和不同工作特征的员工的心理授权程度会有显著的不同，但这一类研究基本以心理授权作为前因变量或中介变量，探讨心理授权对结果变量的影响，目前并没有开展不同行业的员工心理授权的对比研究，查阅资料后所知的仅有的一篇文献研究来自陈雪峰、时勘（2008）[①] 将心理授权作为中介变量研究参与式领导行为的作用机制，他们对事业单位行政工作人员、企业一线员工和科研机构的科研人员 3 组样本进行问卷调查，分析了心理授权四个维度在参与式领导行为对员工满意度和组织承诺的影响作用机制，也说明了不同工作特征的员工心理授权的不同。

三　组织因素对心理授权的影响

Thomas 和 Velthouse（1990）认为，授权不是个体特性，而是通过工作环境所形成的认知。随着心理授权模型的不断发展完善，组织和环境因素成为影响员工心理授权水平的核心变量，Spreitzer（1996）的心理授权模型中研究了工作的社会结构特性对员工授权感的影响关系，研究认为，员工工作角色的清晰度、社会政治支持、工作参与性、信息共享、上司的控制幅度等都与员工的心理授权感有相关关系。Mishra 和 Spreitzer（1998）[②] 的研究指出，通过对工作环境的改善，为员工提供信息、机会、资源及回馈等要素，可以提高员工的工作自觉性，使员工认为自己具有控制力以及影响力，并相信自己有权力解决问题。许多学者也沿着组织和环境因素展开了对员工心理授权影响的研究，将这些组织因素归纳为组织文化、组织气氛、组织结构及领导风格等方面。

（一）组织文化对心理授权的影响

组织文化是组织环境的重要组成要素，主要是指组织的精神文化，包括组织的价值观念、组织目标、组织精神以及组织风貌等。组织文化能对心理授权产生重要的影响。Zimmerman（1990）[③] 认为，心理授权是员工

---

① 陈雪峰、时勘：《参与式领导行为的作用机制：来自不同组织的实证分析》，《管理世界》2008 年第 3 期。

② Mishra, A. K., Spreitzer, G. M., "Explaining How Survivors Respond to Downsizing: The Roles of Trust, Empowerment, Justice, and Work Redesign", *Academy of Management Review*, Vol. 22, No. 3, 1998, pp. 567 – 588.

③ Zimmerman, M. A., "Toward a Theory of Learned Hopefulness: A Structural Model Analysis of Participation and Empowerment", *Journal of Research in Personality*, Vol. 24, No. 1, 1990, pp. 71 – 86.

对所在组织工作环境的感知，是相关因素动态驱动的结果。我国学者雷巧玲等（2006）① 将组织文化区分为员工导向型文化（侧重如何能够更好地满足员工的需求）和任务导向型文化（强调把工作做好并取得成效），将心理授权分为内在状态和比较状态两个维度，研究两种类型文化对知识型员工的心理授权两个维度的影响，研究认为，员工导向型文化对提高员工心理授权的内在状态和比较状态比较有利，而任务导向型文化则不利于知识型员工提高心理授权的内在状态。Spreitzer（1996）② 对企业中层管理人员进行的研究中发现，管理人员能够获得信息的程度会影响其心理授权的水平。Siegall 和 Susan（2000）③ 研究了组织信息的分享传递对员工的心理授权有重要影响作用，尤其是当员工对组织的发展方向和目标非常了解，并认同组织文化时，有助于员工认识到工作的意义，将自己的工作目标与组织发展目标一致，提出有价值的决策建议。因此在组织文化的影响因素中，良好的信息分享会对心理授权起到正向影响作用。

（二）组织气氛对心理授权的影响

James（1978）④ 提出了组织氛围的概念，认为它是指组织所具有的能够影响个体工作行为的一系列组织特性。组织氛围可以使个体了解自己的组织工作环境，并对其做出判断，因此组织氛围会影响到个体的工作态度和行为。Seibert（2004）⑤ 认为，具有良好的授权气氛的组织氛围有助于提升员工个体的心理授权水平，其中授权气氛指的是员工对于与授权相关的管理政策、组织结构以及管理实践等的共同知觉。比如参与式组织气氛、团队合作、组织支持等。Spreitzer（1996）认为，参与式的组织氛围会对员工的心理授权产生影响，组织允许员工参与组织的管理决策，会使员工认为自己对组织管理决策具有重要性，可以更好地发挥其主动性和创

① 雷巧玲、赵更申、段兴民：《企业文化与知识型员工心理授权的关系研究》，《科研管理》2006 年第 27 卷第 5 期。

② Spreitzer, G. M., "Social Structural Characteristics of Psychological Empowerment", *Academy of Management Journal*. Vol. 39, No. 2, 1996, pp. 483 –504.

③ Siegall, M., Susan, G., "Contextual Factors of Psychological Empowerment", *Personnel Review*, Vol. 29, No. 6, 2000, pp. 703 –722.

④ James, L. R., Hater, J. M., Brunl, J. R., "Psychological Climate: Implications from Cognitive Social learning", *Theory and Interactional Psychology*, No. 31, 1978, pp. 783 –813.

⑤ Seibert, S. E., Silver, S. R., Randolph, W. A., "Taking Empowerment to the Next Level: A Multiple – Level Model of Empowerment, Performance, and Satisfaction", *The Academy of Management Journal*, Vol. 47, No. 3, 2004, pp. 332 –349.

造性，更多地为组织做出贡献。Kiekman 和 Rosen（1999）[1] 的实证研究也表明参与工作决策的制定能够显著地预测员工心理授权水平。我国学者谢礼珊（2006）[2] 对服务性企业员工的心理授权影响因素研究也表明员工参与管理决策是影响员工心理授权的重要因素。在对团队合作的组织气氛研究中，Koberg 等（1999）[3] 研究发现团体的效率和团体价值与总体心理授权水平呈正相关；Mok 和 Au – Yeung（2002）[4] 认为，团队协作精神对心理授权总体水平以及工作意义、影响力两个维度也具有显著的正向预测作用；组织气氛还包括组织支持感、组织公正、组织创新气氛等，这些因素也会影响员工心理授权，国内学者也进行了比较深入的研究，林美珍（2013）[5] 对授权氛围、心理授权氛围与员工的心理受权（授权）进行了研究，结果表明，企业和部门层次变量会显著正向影响员工心理受权，员工的角色模糊对心理受权有显著的负向影响，另外还认为企业的授权氛围会通过部门的心理受权氛围间接影响员工的心理受权，并调节部门的支持型领导氛围对员工心理受权产生影响。

　　与组织氛围紧密相关的是心理氛围对心理授权的影响研究，心理氛围指的是个体对所属组织的认识和看法，James 和 James（1989）[6] 认为，个体对工作环境作出认知评价是基于自己的工作价值观得出的，这种评价反映了组织环境特征对个体的重要程度，员工的心理氛围对自身的工作状态和工作行为具有重要影响。一些研究者从理论角度提出心理氛围作为个体对自身心理状况的评价，会对心理授权产生重要影响，Thomas 和 Velthouse（1990）认为，个体对于事件的评价和解释方式会影响个体心理授

　　[1]　Kiekman, B. L., Rosen, B., "Beyond Self – management: Antecedents and Consequences of Team Empowerment", *Academy of Management Journal*, Vol. 42, No. 1, 1999, pp. 58 – 74.

　　[2]　谢礼珊：《服务性企业员工心理授权的影响因素及其作用》，《南开管理评论》2006 年第 9 卷第 4 期。

　　[3]　Koberg, C. S., Boss, R. W., Senjem, J. C. et al., "Antecedents and Outcomes of Empowerment: Empirical Evidence from the Health Care Industry", *Group & Organization Management*, Vol. 24, No. 1, 1999, pp. 71 – 91.

　　[4]　Mok, E., Au – Yeung, B., "Relationship between organizational Climate and Empowerment of Nurses in Hong Kong", *Journal of Nursing Management*, Vol. 10, No. 3, 2002, pp. 129 – 137.

　　[5]　林美珍：《授权氛围、心理受权氛围与员工的心理受权》，《科研管理》2013 年第 34 卷第 9 期。

　　[6]　James, L. A., James, L. R., "Integrating Work Environment Perceptions: Explorations into the Measurement into the Measurement of Meaning", *Journal of Application Psychology*, Vol. 74, No. 5, 1989, pp. 739 – 751.

权四个认知成分，他们认为心理氛围反映的是个体性质变量而不是组织性质变量，是个体对工作环境的认识，而不是实际的工作环境状况，它的测量依赖个体对组织环境的描述，因此心理氛围会影响个体对授权的感知。Martin 和 Bush（2006）[1] 研究发现心理氛围正向影响销售人员的心理授权；Carless（2004）[2] 调查了服务性行业员工的心理授权水平，认为心理氛围对心理授权存在积极影响；我国学者王国猛、郑全全（2008）[3] 的研究也证实了心理氛围与心理授权的正向影响关系。

（三）组织结构对心理授权的影响

组织结构主要指组织内部各组成要素产生作用的方式，比如组织内上下级关系、组织人员配备等，在组织结构设计中对员工心理授权有重要影响的因素主要有控制范围和角色清晰度等。

控制范围也叫管理幅度，是指管理者可以有效指导下属员工的数量。Martinko 和 Gardner（1982）[4] 认为，较大的管理控制幅度有助于个体在自己的职责范围内做出决定，能够增强管理者的自主感和影响力；Lawler（1992）[5] 考察了心理授权的自我效能维度与管理控制幅度之间的关系，研究表明如果上级管理者对下属的工作进行过多的控制，下属就会感到上级管理者不信任自己具有完成工作的能力，从而降低自我效能感，因此工作控制范围幅度小不利于提高下属的心理授权感。

角色清晰度的相反概念也称为角色模糊，组织结构规定了每一个职位都应有一套相应的清晰职责，便于员工明确自己的工作职责。Sashkin（1984）[6] 认为，角色模糊会导致员工不知道组织对他的工作要求，进而

---

① Martin, C. A., Bush, A., "Psychological Climate, Empowerment, Leadership Style, and Customer – oriented Selling: An Analysis of the Sales Manager – sales Person Dyad", *Journal of the Academy of Marketing Science*, Vol. 34, No. 3, 2006, pp. 419 –438.

② Carless, S. A., "Does Psychological Empowerment Mediate the Relationship between Psychological Climate and Job Satisfaction", *Journal of Business and Psychology*, Vol. 18, No. 4, 2004, pp. 405 –425.

③ 王国猛、郑全全：《心理授权、心理氛围与工作绩效的关系》，《心理科学》2008 年第 31 卷第 2 期。

④ Martinko, M. J., Gardner, W. L., "Learned Helplessness: An Alternative Explanation for Performance Deficits", *Academy of Management Review*, Vol. 7, No. 2, 1982, pp. 195 –204.

⑤ Lawler, E. E., *The Ultimate Advantage: Creating the High – involvement Organization*, Sanfrancisco: Jossey – Bass, 1992.

⑥ Sashkin, M., "Participative Management is an Ethical Imperative", *Organizational Dynamics*, Vol. 12, No. 4, 1984, pp. 4 –22.

缺乏自主感，也很难发挥自己的影响力，同时也影响到个体的自我效能感，总体上会降低员工的心理授权感知程度。

（四）领导风格对心理授权的影响

在组织因素中领导风格和领导方式能够对心理授权产生影响，已有许多学者关注领导行为对下属心理授权产生的影响。Parker（1999）[1] 的研究认为，领导支持对心理授权有正相关关系；Menon（2001）认为，集权化的领导者对下属的心理授权产生负向影响；Hepworth 和 Towler（2004）[2] 认为，魅力型领导会影响下属的心理授权；Aryee（2006）[3] 认为，高质量的领导—成员交换关系会影响员工的心理授权。在领导风格对心理授权影响的研究中，最为集中的是变革型领导对心理授权的影响，Conger 和 Kanungo（1988）[4] 指出，变革型领导传递给员工关于组织使命的信息，能够促进员工的心理授权；Shamir（1991）[5] 则强调了变革型领导对员工自主独立性的影响；Keller 和 Dansereau（1995）[6] 也认为，领导如果表现出信任员工的工作能力、关心员工的情感和需要、支持员工的想法和行为，那么员工的心理授权的感知程度将会增强；Dvir 等（2002）[7] 认为，通过向员工委派重要任务、引导员工进行自我思考等，这些领导的变革型行为会对员工的心理授权有正面的影响；Avolio 等（2004）[8] 也证明了

---

① Parker, C. P., "A Test of Alternative Hierarchical Model of Psychological Climate: PCg, Satisfaction, or Common Method Variance", *Organizational Research Methods*, Vol. 2, No. 3, 1999, pp. 257 – 274.

② Hepworth, W., Towler, A., "The Effects of Individual Differences and Charismatic Leadership on Workplace Aggression", *Journal of Occupational Health Psychology*, Vol. 9, No. 2, 2004, pp. 176 – 185.

③ Aryee, S., "Leader – member Exchange in a Chinese Context: Antecedents, the Mediating Role of Psychological Empowerment and Outcomes", *Journal of Business Research*, Vol. 59, No. 7, 2006, pp. 793 – 801.

④ Conger, J. A., Kanungo, R. N., "The Empowerment Process: Integrating Theory and Practice", *Academy of Management Review*, Vol. 13, No. 3, 1988, pp. 471 – 482.

⑤ Shamir, B., "The Charismatic Relationship: Alternative Explanations and Predictions", *Leadership Quarterly*, No. 2, 1991, pp. 81 – 104.

⑥ Keller, T., Dansereau, F., "Leadership and Empowerment: A Social Exchange Perspective", *Human Relation*, Vol. 48, No. 2, 1995, pp. 127 – 146.

⑦ Dvir, T., Eden, D., Avolio, B. J. et al., "Impact of Transformational Leadership on Follower Development and Performance: A Field Experiment", *Academy of Management Journal*, Vol. 45, No. 4, 2002, pp. 735 – 744.

⑧ Avolio, B. J., Zhu, W., Koh, W. et al., "Transformational Leadership and Organizational Commitment: Mediating Role of Psychological Empowerment and Moderating Role of Structural Distance", *Journal of Organizational Behavior*, Vol. 25, No. 8, 2004, pp. 951 – 968.

心理授权受到变革型领导的影响。我国学者更多地集中研究心理授权在变革型领导与员工工作行为或工作态度之间的中介作用，李超平等（2006）① 的研究表明，变革型领导中的德行垂范维度影响下属的心理授权；吴志明、武欣（2007）② 的研究验证了变革型领导对心理授权的工作意义维度和自我效能维度的影响。

第四节　心理授权的影响结果

Spreitzer 将心理授权作为前因变量进行了比较丰富的研究。Spreitzer（1995）的研究表明，企业中层管理者的心理授权与组织的管理效能积极相关，同时对组织员工的创新行为有积极影响；Spreitzer（1996）考察了心理授权对员工的相关工作态度和行为的影响，结果表明心理授权与员工的工作卷入、组织承诺及公民行为都存在显著的正相关关系；Spreitzer（1997）③ 还分别研究了制造业的管理者和基层员工的心理授权状况，证明了心理授权的不同维度与工作满意、工作效能和工作压力中的不同因素有显著相关关系。此后，许多学者对心理授权的结果变量进行了大量研究，本书将心理授权的影响结果归纳为对工作行为、工作态度和工作结果三个方面的影响。

一　心理授权对工作行为的影响

（一）心理授权对创新行为的影响

Amabile 等（1996）④ 的研究表明，如果员工认为自己具有较高的工作自主权时，他们的内在动机会提高，因而创造性也较高，即心理授权对

---

① 李超平、田宝、时勘：《变革型领导与员工工作态度：心理授权的中介作用》，《心理学报》2006 年第 38 卷第 2 期。

② 吴志明、武欣：《变革型领导、组织公民行为与心理授权关系研究》，《管理科学学报》2007 年第 10 期。

③ Spreitzer, G. M., Kizilo, M. A., Nason, S. W., "A Dimensional Analysis of the Relationship between Psychological Empowerment and Effectiveness, Satisfaction, and Strain", *Journal of Management*, Vol. 23, No. 5, 1997, pp. 679–704.

④ Amabile, T. M., Conti, R., Coon, H. et al., "Assessing the Work Environment for Creativity", *Academy of Management Journal*, Vol. 39, No. 5, 1996, pp. 1154–1184.

员工创造力具有正向影响作用。Janssen（2005）[1] 通过研究证明，心理授权的影响力维度对员工创新行为具有显著的正向影响。刘耀中（2008）[2] 对心理授权的结构维度与员工创新行为的关系进行了研究，认为心理授权与员工创新行为存在显著相关。Zhang 和 Bartol（2010）[3] 的研究认为，心理授权对员工参与创造性过程的意愿起着重要的作用，当员工认为自己的工作是有意义的，并且具有工作的自主决策权时，就更愿意参与到创造性的工作中，有利于创新行为。

（二）心理授权对组织公民行为的影响

Organ（1988）[4] 提出当员工认为他有更多影响力时，他很有可能会有更多额外投入，这种投入被称为组织公民行为。Dennis 和 Margaret（2005）[5] 的研究认为，心理授权在整体上与组织公民行为的关系并不显著，只有工作影响力维度影响组织公民行为。近几年研究者将心理授权对象扩大为团队，王国猛等（2010）[6] 探讨了团队心理授权如何影响团队主动性，结论证明了团队心理授权对组织公民行为、团队主动性有正向影响作用。

二　心理授权对工作态度的影响

学者们对心理授权在组织承诺、工作满意度、离职意向、工作倦怠等工作态度方面的影响进行了研究，得出比较可靠的结论。

（一）心理授权对组织承诺的影响

心理授权对组织承诺影响的问题一直是学者们研究的热点，Thomas

---

① Janssen, O. , "The Joint Impact of Perceived Influence and Supervisor Supportiveness on Employee Innovative Dehavior", *Journal of Occupational and Organizational Psychology*, Vol. 78, No. 4, 2005, pp. 573 –579.

② 刘耀中:《心理授权的结构维度及其与员工创新行为的关系研究》,《西北师大学报》（社会科学版）2008 年第 45 卷第 6 期。

③ Zhang, X. , Bartol, K. M. , "Linking Empowering Leadership and Employee Creativity: The Influence of Psychological Empowerment, Intrinsic Motivation, and Creative Process Engagement", *Academy of Management Journal*, No. 53, 2010, pp. 107 –128.

④ Organ, D. W. , *Organizational Citizenship Dehavior: The Good Soldier Syndrome*, Lexington, MA, Lexington Books, 1988.

⑤ Dennis, W. , Margaret, A. S. , "Equity and Relationship Quality Influences on Organizational Citizenship Dehaviors: The Mediating Role of Trust in the Supervisor and Empowerment", *Personnel Review*, No. 34, 2005, pp. 406 –422.

⑥ 王国猛、郑全全、黎建新等:《团队心理授权、组织公民行为与团队主动性关系的实证研究》,《科学学与科学技术管理》2010 年第 1 期。

和 Velthouse（1990）①、Spreitzer（1996）② 在对心理授权影响结果的研究表明，感觉自己被授权的员工更有可能向其所在的组织回报以更高的组织承诺。Eisenberger 等（1990）③ 的研究发现，员工如果认为自己被组织重视，感受到被授权的程度越高，就会对工作更尽职，会对组织有更高的情感依附，表现出对组织的忠诚度就越高，即组织承诺的程度更高。Linden 等（2000）④ 认为，如果组织能让员工认为心理授权的程度越高，即员工感觉到的工作意义、影响力、能给员工提供自主决策、给予挑战和责任的机会，就会增加员工对组织的认同和忠诚度，心理授权能够促进员工对组织的承诺。Kark 等（2003）⑤ 认为，心理授权程度高的员工会认为自己对组织是重要的、有影响力的、因此更愿意留在组织中，组织承诺得到了提高。Bhatnagar 等（2004）⑥ 在对印度的大样本调查研究支持了心理授权对组织承诺的情感、规范和持续承诺三个维度都有显著的预测作用的观点。Avolio 等（2004）⑦ 研究也表明，心理授权高的员工更有可能向组织提供更多的承诺。

国内学者李超平等（2006）⑧ 的研究表明心理授权的工作意义、自我效能和自主性维度都对员工的组织承诺有显著的正向影响。雷巧玲、赵更

① Thomas, K. W., Velthouse, B. A., "Cognitive Elements of Empowerment: An Interpretive Model of Intrinsic Task Motivation", *Academy of Management Review*, Vol. 15, No. 4, 1990, pp. 666 – 681.

② Spreitzer, G. M., "Social Structural Characteristics of Psychological Empowerment", *Academy of Management Journal*, Vol. 39, No. 2, 1996, pp. 483 – 504.

③ Eisenberger, R., Fasolo, P., Davis – La Mastro, V., "Perceived Organizational Support and Employee Diligence, Commitment, and innovation", *Journal of Applied Psychology*, No. 75, 1990, pp. 51 – 59.

④ Linden, R. C., Wayne, S. J., Sparrowe, R. T., "An Examination of the Mediating Role of Psychological Empowerment on the Relations between the Job, Interpersonal Relationships, and Work Outcome", *Journal of Applied Psychology*, Vol. 85, No. 3, 2000, pp. 407 – 416.

⑤ Kark, R., Shamir, B., Chen, G., "The Two Faces of Transformational Leadership: Empowerment and Dependency", *Journal of Applied Psychology*, Vol. 88, No. 2, 2003, pp. 246 – 255.

⑥ Bhatnagar, J. et al., "The Level of Psychological Empowerment in Lndian Managers", *Global Business Review*, Vol. 5, No. 2, 2004, pp. 217 – 227.

⑦ Avolio, B. J., Zhu, W., Koh, W. et al., "Transformational Leadership and Organizational Commitment: Mediating Role of Psychological Empowerment and Moderating Role of Structural Distance", *Journal of Organizational Behavior*, Vol. 25, No. 8, 2004, pp. 951 – 968.

⑧ 李超平、李晓轩、时勘等：《授权的测量及其与员工工作态度的关系》，《心理学报》2006 年第 38 卷第 1 期。

申（2007）[1] 研究了知识型员工的心理授权对组织承诺的影响，结论显示心理授权的工作意义、能力维度与知识型员工感情承诺正相关，与知识型员工继续承诺负相关；自我决策及影响力维度对知识型员工的感情承诺和继续承诺均正相关。

（二）心理授权对工作满意度的影响

Rafiq 和 Ahmed（1993）[2] 对一线服务员工的研究指出，被授权的员工具有较高的积极性和自主性，其自信心得到增强，员工对授权的感知会影响工作满意和员工的服务质量。Thomas 和 Tymon（1994）[3] 的实证研究证明了心理授权的工作自主性和影响力维度与工作满意度的提高有很强相关性。Spreitzer（1997）[4] 系统地分析了心理授权各维度与工作满意度的关系，得出心理授权的工作意义、自主性和工作能力维度都与工作满意度存在正相关性的结论。

我国也有许多学者在研究工作满意度时关注心理授权的影响作用，李超平（2006）[5] 的研究表明，心理授权的工作意义和自主性维度对工作满意度有显著的正向影响。王顺江等（2012）[6] 以石化行业为背景，通过问卷调查方法调查了617名石化企业一线员工的心理授权水平及如何影响员工忠诚，并识别出工作满意度在二者之间的中介作用。

（三）心理授权对离职意向的影响

Janssen（2005）[7] 提出，员工具有较高的自我效能感会更倾向于维持

①　雷巧玲、赵更申：《心理授权与知识型员工组织承诺的关系研究》，《科技进步与对策》2007年第24卷第9期。

②　Rafiq, M. , Ahmed, P. K. , "The Scope of Internal Marketing: Defining the Boundary Between Marketing and Human Resource Management", *Journal of Marketing Management*, Vol. 9, No. 3, 1993, pp. 219 – 232.

③　Thomas, K. W. , Tymon, W. G. , "Does Empowerment Always Work: Understanding the Role of Intrinsic Motivation and Personal Interpretation", *Journal of Management Systems*, No. 6, 1994, pp. 39 – 54.

④　Spreitzer, G. M. , Kizilo, M. A. , Nason, S. W. , "A Dimensional Analysis of the Relationship Between Psychological Empowerment and Effectiveness, Satisfaction, and Strain", *Journal of Management*, Vol. 23, No. 5, 1997, pp. 679 – 704.

⑤　李超平、李晓轩、时勘等：《授权的测量及其与员工工作态度的关系》，《心理学报》2006年第38卷第1期。

⑥　王顺江、陈荣、郑小平：《心理授权对员工满意、忠诚和绩效影响的实证分析》，《系统工程》2012年第30卷第5期。

⑦　Janssen, O. , "The Joint Impact of Perceived Influence and Supervisor Supportiveness on Employee Innovative Behavior", *Journal of Occupational and Organizational Psychology*, Vol. 78, No. 4, 2005, pp. 573 – 579.

现有的工作，即低的离职倾向。王桢等（2012）[①] 对某大型通信企业呼叫中心的 309 名客服代表进行调查分析，结果显示心理授权先影响情绪衰竭，再影响玩世不恭，最后对离职意向起负向预测作用。

（四）心理授权对工作倦怠的影响

工作倦怠也称作职业枯竭或职业倦怠，在心理授权与工作倦怠关系研究方面，Heather 等（2001）[②] 的研究表明，心理授权和工作疲劳呈显著负相关。情绪衰竭作为工作倦怠的一个维度，Sarmiento 等（2003）[③] 认为，心理授权与情绪衰竭有显著负相关关系；Hasida 和 Dana（2005）[④] 的研究也表明，心理授权和情绪衰竭维度存在显著负相关，但与低成就感和去个性化两个维度的相关性不显著。

我国学者李超平等（2006）[⑤] 的研究认为，授权对员工工作倦怠产生负向影响，其中工作意义维度负向影响工作倦怠，但自我决定维度与工作倦怠的关系不显著。姚计海（2011）[⑥] 对我国中小学校长心理授权和工作倦怠进行了研究，研究表明，校长心理授权各维度与其工作倦怠各维度都存在非常显著的负相关，校长心理授权对工作倦怠具有显著的负向预测作用。

三 心理授权对工作结果的影响

Hackman 和 Oldham（1976）[⑦] 的工作特征模型描述了员工工作中关键的心理状态，包括是否体验到的工作的意义、承担工作结果的责任感和了解工作活动的实际结果三个方面，这几个关键的心理状态都与 Thomas

---

① 王桢、李旭培、罗正学等：《情绪劳动工作人员心理授权与离职意向的关系：工作倦怠的中介作用》，《心理科学》2012 年第 35 卷第 1 期。

② Heather, K., Spence, L., Joan, F., "Promoting Nurses' Health: Effect of Empowerment on Job Strain and Work Satisfaction", *Nursing Economics*, Vol. 19, No. 2, 2001, pp. 42 – 52.

③ Sarmiento, T. P., Laschinger, H. K., Iwasiw, C., "Nurse educators' Workplace Empowerment, Burnout, and Job Satisfaction: Testing Kanter's Theory", *Journal of Advanced Nursing*, Vol. 46, No. 2, 2003, pp. 134 – 143.

④ Hasida, B. Z., Dana, Y., "The Relationship Between Empowerment, Aggressive Behaviors of Customers, Coping, and Burnout", *European Journal of Work and Organizational Psychology*, Vol. 14, No. 1, 2005, pp. 81 – 99.

⑤ 李超平、李晓轩、时勘等：《授权的测量及其与员工工作态度的关系》，《心理学报》2006 年第 38 卷第 1 期。

⑥ 姚计海、刘丽华：《中小学校长心理授权与工作倦怠的关系研究》，《心理发展与教育》2011 年第 5 期。

⑦ Hackman, J. R., Oldham, G. R., "Motivation Through the Design of Work: Test of a Theory", *Organizational Behavior and Human Performance*, No. 16, 1976, pp. 250 – 279.

和 Velthouse（1990）定义的心理授权的意义相似，这是心理授权与工作绩效之间存在相关关系的最直接的判断。Bowen 和 Lawler（1995）[1] 将心理授权直接定义为与员工分享四个组织要素：组织绩效的信息、基于组织绩效的奖酬、有助于组织绩效的知识、影响组织绩效的决策权力。Sigler 和 Pearson（2000）[2] 通过实证研究表明，心理授权与员工个人生产率呈正相关关系。Hechanova 等（2006）[3] 的研究表明，心理授权对员工工作绩效具有显著正向影响作用。

我国学者对心理授权的影响结果也比较集中于对工作绩效的影响研究，王国猛和郑全全（2008）[4] 对心理授权、心理氛围和工作绩效的关系进行了研究，证实了两两之间都存在显著正相关关系。王国猛等（2011）[5] 同时也探讨了通过团队组织公民行为的中介作用，团队心理授权对团队绩效产生的影响。王顺江等（2012）[6] 对售后服务员工的心理授权水平如何影响员工满意、员工忠诚与任务绩效进行了探讨。

通过以上对心理授权作为前因变量的梳理，进一步验证了心理授权研究的核心思想就是通过提高员工对授权的认知，从而激发其内在工作动机，成为提升员工个人和组织效能的关键因素。

第五节　心理授权作为中介变量的研究

随着对心理授权研究的逐步深入，学者们开始以心理授权的前因变量

---

① Bowen, D. E., Lawler, E. E., "Empowering Service Employees", *Sloan Management Review*, Vol. 36, No. 4, 1995, pp. 73 – 85.

② Sigler, T. H., Pearson, C. M., "Creating an Empowering Culture: Examining the Relationship Between Organizational Culture and Perceptions of Empowerment", *Journal of Quality Management*, Vol. 5, No. 1, 2000, pp. 27 – 52.

③ Hechanova, M. R. M., Alampay, R. B. A., Franco, E. P., "Psychological Empowerment, Job Satisfaction and Performance among Filipino Service Workers", *Asian Journal of Social Psychology*, Vol. 9, No. 1, 2006, pp. 72 – 78.

④ 王国猛、郑全全：《心理授权、心理氛围与工作绩效的关系》，《心理科学》2008 年第 31 卷第 2 期。

⑤ 王国猛、赵曙明、郑全全等：《团队心理授权、组织公民行为与团队绩效的关系》，《管理工程学报》2011 年第 2 期。

⑥ 王顺江、陈荣、郑小平：《心理授权对员工满意、忠诚和绩效影响的实证分析》，《系统工程》2012 年第 30 卷第 5 期。

和结果变量研究为基础，深入探讨心理授权的中介作用，目的是寻找更为完整的影响员工工作行为的途径。Linden 等（2000）[1] 研究了心理授权在工作特征与工作满意度之间的中介作用，结果表明心理授权的工作意义和自我效能维度在二者之间起中介作用。Avolio 等（2004）[2] 验证了心理授权在变革型领导与员工组织承诺之间具有中介作用。Seibert（2004）[3] 的研究证明心理授权在授权气氛和个体绩效、工作满意度之间起中介作用。Carless（2004）[4] 的研究表明，员工对工作环境的感知通过心理授权的中介作用影响工作满意感，心理授权在心理气氛与工作满意感之间起到中介作用。

将心理授权作为中介变量的研究在我国获得了非常有价值的研究结论。我国学者的研究多为借鉴已有的国外研究结论，强调在中国背景下心理授权中介作用的研究，并将研究的前因变量集中在领导行为和组织气氛两个方面。

（一）以领导行为为前因变量的心理授权中介作用研究

李超平等（2006）[5] 认为，心理授权在变革型领导与员工工作态度之间起到一定的中介作用，并提出了员工心理授权的全中介模型，结论表明心理授权的工作意义维度在领导的愿景激励、德行垂范行为与员工工作态度之间起中介作用，愿景激励还通过心理授权的自我效能维度影响组织承诺，但自主性与工作影响维度在二者之间并不具有中介作用。陈永霞等（2006）[6] 研究了变革型领导与员工组织承诺的关系，结论表明，在中国

---

① Linden, R. C., Wayne, S. J., Sparrowe, R. T., "An Examination of the Mediating Role of Psychological Empowerment on the Relations between the Job, Interpersonal Relationships, and Work Outcome", *Journal of Applied Psychology*, Vol. 85, No. 3, 2000, pp. 407 – 416.

② Avolio, B. J., Zhu, W., Koh, W. et al., "Transformational Leadership and Organizational Commitment: Mediating Role of Psychological Empowerment and Moderating Role of Structural Distance", *Journal of Organizational Behavior*, Vol. 25, No. 8, 2004, pp. 951 – 968.

③ Seibert, S. E., Silver, S. R., Randolph, W. A., "Taking Empowerment to the Next Level: A Multiple – level Model of Empowerment, Performance, and Satisfaction", *The Academy of Management Journal*. Vol. 47, No. 3, 2004, pp. 332 – 349.

④ Carless, S. A., "Does Psychological Empowerment Mediate the Relationship Between Psychological Climate and Job Satisfaction", *Journal of Business and Psychology*, Vol. 18, No. 4, 2004, pp. 405 – 425.

⑤ 李超平、田宝、时勘：《变革型领导与员工工作态度：心理授权的中介作用》，《心理学报》2006 年第 38 卷第 2 期。

⑥ 陈永霞、贾良定、李超平等：《变革型领导、心理授权与员工的组织承诺——中国情景下的实证研究》，《管理世界》2006 年第 1 期。

情景下心理授权在两者间起完全中介作用。吴志明、武欣（2007）① 研究了心理授权及其各维度在变革型领导行为与员工的组织公民行为之间的中介作用，研究表明心理授权中的工作意义和自我效能两个维度在二者之间起到中介作用。丁琳、席酉民（2008）② 研究了变革型领导对员工创造力的作用机理，结论表明心理授权在变革型领导和组织对创造力的支持之间存在中介作用，但对员工的创造力无显著影响。吴敏等（2009）③ 通过对中国民营企业中 502 对领导与下属的研究，分析了心理授权在变革型领导与组织公民行为和工作绩效关系中的中介作用，认为变革型领导行为通过心理授权的中介对员工绩效产生影响。刘景江、邹慧敏（2013）④ 考察了变革型领导和心理授权对员工创造力的影响作用，结论表明员工心理授权在变革型领导和员工创造力两者之间起到部分中介作用。

（二）以组织气氛等为前因变量的心理授权中介作用研究

王国猛、郑全全（2008）⑤ 研究了心理授权、心理氛围与工作绩效之间的关系，证明心理氛围能有效地预测工作绩效，其中心理授权的自我效能和自主性两个维度是心理氛围与工作绩效之间关系的缓冲变量。佟丽君、吕娜（2009）⑥ 研究了组织公正、心理授权与员工进谏行为的关系，验证了心理授权的自主性、自我效能感和工作影响维度在程序公正对进谏行为的影响过程中起部分中介作用。刘云、石金涛（2010）⑦ 研究了组织创新气氛对员工创新行为的影响过程，研究结论表明，心理授权在主管支持、组织支持、同事支持与员工的创新行为之间分别起到完全中介或部分

---

① 吴志明、武欣：《变革型领导、组织公民行为与心理授权关系研究》，《管理科学学报》2007 年第 10 期。

② 丁琳、席酉民：《变革型领导对员工创造力的作用机理研究》，《管理科学》2008 年第 21 卷第 6 期。

③ 吴敏、刘主军、吴继红：《变革型领导、心理授权与绩效的关系研究》，《软科学》2009 年第 23 卷第 10 期。

④ 刘景江、邹慧敏：《变革型领导和心理授权对员工创造力的影响》，《科研管理》2013 年第 34 卷第 3 期。

⑤ 王国猛、郑全全：《心理授权、心理氛围与工作绩效的关系》，《心理科学》2008 年第 31 卷第 2 期。

⑥ 佟丽君、吕娜：《组织公正、心理授权与员工进谏行为的关系研究》，《心理科学》2009 年第 32 卷第 5 卷。

⑦ 刘云、石金涛：《组织创新气氛对员工创新行为的影响过程研究——基于心理授权的中介效应分析》，《中国软科学》2010 年第 3 期。

中介作用。谢俊等（2013）① 验证了心理授权在组织程序公正与员工创造力的关系中起部分中介作用，在组织人际公正与员工创造力关系中起完全中介作用。徐细雄、淦未宇（2011）② 针对特定群体的心理授权的中介作用开展研究，以"海底捞"为案例从微观企业层面针对农民工心理授权在组织支持契合与雇员组织承诺之间的中介作用进行研究，建立了一个新生代农民工雇佣关系管理的理论框架。可见，国内对心理授权中介作用的研究已向组织情境和个体类型深化。

第六节　心理授权的测评方法

Zimmerman 和 Rappaport（1988）③ 针对社区生活中的心理授权编制了心理授权问卷，该量表通过直接借用他人相关的量表来对心理授权的个体内部成分和行为成分进行测量，由于此量表的开发是探索性研究，在以后有关组织员工的研究中并没有得到普遍使用。

Thomas 和 Velthouse（1990）④ 提出的认知评价授权模型指出内在动机的认知内容包括四项任务评价（影响力、能力、选择及意义），但并没有开发出相应的量表。Spreitzer（1995）⑤ 在此基础上编制了心理授权量表，该量表包括四个维度 12 个题项，各维度的内部一致性信度在 0.79—0.85 之间，对该量表的信度和效度进行的检验结果表明该量表比较理想，该量表被以后的许多研究者所采用，量表题项见表 2 - 2。

---

① 谢俊、汪林、储小平等：《织公正视角下的员工创造力形成机制及心理授权的中介作用》，《管理学报》2013 年第 10 卷第 2 期。
② 徐细雄、淦未宇：《组织支持契合、心理授权与雇员组织承诺：一个新生代农民工雇佣关系管理的理论框架——基于海底捞的案例研究》，《管理世界》2011 年第 12 期。
③ Zimmerman, M. A., Rappaport, J., "Citizen Participation, Perceived Control, and Psychological Empowerment", *American Journal of Community Psychology*, Vol. 16, No. 5, 1988, pp. 725 - 50.
④ Thomas, K. W., Velthouse, B. A., "Cognitive Elements of Empowerment: An Interpretive Model of Intrinsic Task Motivation", *Academy of Management Review*, Vol. 15, No. 4, 1990, pp. 666 - 681.
⑤ Spreitzer, G. M., "Psychological Empowerment in the Workplace: Dimensions, Measurement, and Validation", *Academy of Management Journal*, Vol. 38, No. 50, 1995a, pp. 1442 - 1465.

表 2 - 2　　　　　　　　Spreitzer（1995）心理授权测量量表

维度	题　项
工作意义	我所做的工作对我是有意义的
	我的工作任务对我是有个人意义的
	我所做的工作对我是很重要的
自主性	我有很大的自主权来决定如何做自己的工作
	我可以自主决定如何来做我的工作
	我有很大的独立性和自由度来安排自己的工作
胜任能力	我已掌握工作所需要的技能
	我会自我肯定自己的工作能力
	我对自己完成工作的能力很有信心
工作影响	我对发生在本部门的事情有很大的影响力
	我对本部门发生的什么事情有很大的控制权
	我对发生在同事间的事情有显著的影响

资料来源：对原量表内容进行翻译，并根据以下资料整理。

①陈永霞、贾良定、李超平等：《变革型领导、心理授权与员工的组织承诺——中国情景下的实证研究》，《管理世界》2006 年第 1 期。

②张秋惠、赵晓波：《授权对员工满意度、感知顾客满意度影响研究——以餐饮业一线员工为例》，《中国人力资源开发》2012 年第 2 期。

Menon（1999）[1] 在分析 Spreitzer 量表基础上，认为个体对组织目标的内化也应是心理授权的一个重要成分。Menon（2001）[2] 在后续的研究中也编制了心理授权量表，该量表包括组织目标内化、控制感和能力感三个维度 9 个题项，但没有涉及个体与环境的相互作用成分和行为成分，该量表经实证检验三个维度分量表的信度系数都大于 0.80，三个维度能够解释心理授权总变异量的 77%，三个维度结构也通过了验证性因素分析，研究还认为心理授权的最重要的维度是组织目标内化，而不是人们通常所认为的控制感维度。问卷内容如表 2 - 3 所示。

---

① Menon, S. T., "Psychological Empowerment: Definition, Measurement, and Validation", *Canadian Journal of Behavioral Science*, Vol. 31, No. 3, 1999, pp. 161 - 167.

② Menon, S. T., "Employee Empowerment: An Integrative Psychological Approach", *Applied Psychology: An International Review*, Vol. 50, No. 1, 2001, pp. 153 - 180.

表2-3 Menon 三维度结构心理授权问卷

维度	题　项
控制感	在部门中我能够决定工作方式
	在部门中我能够影响决策
	我有权在工作上做决策
能力感	我有能力将工作做好
	我有将工作做好的技术和能力
	我能有效完成工作任务
目标内化	我被现在正在努力做到的事情所鼓舞
	我被组织目标所鼓舞
	我抱着极大的热情朝着组织目标工作奋斗

资料来源：对原量表内容进行翻译。

　　Akey 等（2000）[1] 开发的心理授权测量量表是在 Zimmerman 和 Rappaport（1988）[2] 理论基础上针对家庭情景中的个体心理授权开发的，研究的因素分析结果表明心理授权是一个四维结构，包括知识和技能评价、对控制和能力的态度、正式参与组织、非正式参与组织，四个维度的内部一致性系数大于0.84，信度系数大于0.91。

　　我国学者李超平等（2006）[3] 在 Spreitzer（1995）[4] 的授权量表基础上进行了修改，形成了心理授权中文版量表，该量表得到我国研究者的普遍使用。由于文化背景的不同，在西方背景下所开发的工具在中国文化背景下是否适用是一个有待考察的问题，李超平等对修改后的问卷进行调查，通过所得的942份有效问卷，检验了 Spreitzer 心理授权测量量表，利用探索性因素、验证性因素分析考察了心理授权量表的四因素结构，得到

　　[1] Akey, T. M., Marquis, J. G., Ross, M. E., "Validation of Scores on the Psychological Empowerment Scale: A Measure of Empowerment for Parents of Children with a Disability", *Educational and Psychological Measurement*, Vol. 60, No. 3, 2000, pp. 419–438.

　　[2] Zimmerman, M. A., Rappaport, J., "Citizen Participation, Perceived Control, and Psychological Empowerment", *American Journal of Community Psychology*, Vol. 16, No. 5, 1988, pp. 725–50.

　　[3] 李超平、李晓轩、时勘等：《授权的测量及其与员工工作态度的关系》，《心理学报》2006年第38卷第1期。

　　[4] Spreitzer, G. M., "Psychological Empowerment in the Workplace: Dimensions, Measurement, and Validation", *Academy of Management Journal*, Vol. 38, No. 50, 1995a, pp. 1442–1465.

了较好的数据支持，四个维度的内部一致性信度在 0.72—0.86 之间，具有良好的信度。他们的研究为国内开展心理授权方面的研究提供了一个有效的工具。量表内容如表 2-4 所示。

表 2-4　　　　　　　李超平等修订的心理授权测量量表

维度	题　项
工作意义	我所做的工作对我来说非常有意义
	工作上所做的事对我个人来说非常有意义
	我的工作对我来说非常重要
自我效能	我掌握了完成工作所需要的各项技能
	我自信自己有干好工作上的各项事情的能力
	我对自己完成工作的能力非常有信心
自主性	我自己可以决定如何着手来做我的工作
	在如何完成工作上，我有很大的独立性和自主权
	在决定如何完成我的工作上，我有很大的自主权
工作影响	我对发生在本部门的事情的影响很大
	我对发生在本部门的事情起着很大的控制作用
	我对发生在本部门的事情有重大的影响

国内对心理授权测量的研究还见于王金良、张大均（2011）[1] 针对中小学教师心理授权的测量，他们认为 Spreitzer 的心理授权量表测量的只是个体内部体验成分，他们以 Zimmerman（1995）[2] 的心理授权理论为基础，编制了心理授权体验、心理授权技能和心理授权行为三个分问卷构成的测量量表，并注重反映我国实际教育情境的中小学教师情况，研究采用了开放式和半开放式问卷调查、教师访谈、专家访谈，对 1272 份有效问卷进行了分析。问卷共 44 个题项，心理授权体验包括自我效能、自主性、影响力和地位 4 个因素；心理授权技能包括沟通交流技能和决策参与技能 2 个因素；心理授权行为包括影响教学行为和决策参与行为 2 个因素，信效度均达到心理测量学要求。该测量量表扩展了心理授权的含义，测量内

---

[1]　王金良、张大均：《中小学教师心理授权的测量》，《心理发展与教育》2011 年第 1 期。

[2]　Zimmerman, M. A., "Psychological Empowerment: Issues and Illustrations", *American Journal of Community Psychology*, Vol. 23, No. 5, 1995, 23 (5), pp. 581-600.

容比较全面、结果可信，并有针对性地以中小学教师为测量对象，但该量表题项较多，针对性较强，不利于研究者的广泛使用。

第七节　心理授权研究面临的问题

心理授权概念的提出融合了管理学与心理学研究，大大丰富了管理理论，尤其是发展和深化了授权管理研究。然而通过文献的梳理发现在心理授权的研究中也存在一些问题，需要研究者们深入思考。

（一）针对个体心理授权比较的研究不足

心理授权的研究最早是在西方文化背景下产生的，国外针对企业、社区、教育行业、医疗行业等不同类型人员进行了研究，我国自 2006 年起陆续出现中国文化背景下的心理授权的研究，研究群体基本以企业员工为主，主要针对一线员工展开研究，取得了丰富的数据支撑，也有对教师、护士、农民工的研究，分别得出了有价值的研究结论。但对特定组织环境下特定职业群体的心理授权状况没有开展更深入的比较研究，心理授权是个体在特定工作环境下形成的一系列心理认知，不是永久不变的个性特点，当组织环境发生变化时，员工心理授权程度也会产生波动。现有的研究大都是关于特定行业个体心理授权的静态研究，对调查对象开展持续跟踪的研究很少，因此没有得出个体心理授权感知的形成或变化过程的研究结论，如何比较心理授权程度的高低，组织或领导如何把握授权尺度也是授权管理要解决的难题。今后的研究应该加大时间跨度的纵向过程研究，深入考察心理授权的产生、发展和变化的趋势及其内在机制。

（二）缺乏对心理授权影响因素研究体系

目前，对心理授权的影响因素的研究主要集中在组织因素方面，比如组织文化、组织气氛、组织结构和领导行为等，然而心理授权只是授权管理的最后一个环节，是个体心理感知到的被授权的状态，简单地将授权的组织环境以及作为授权主体的领导者作为影响心理授权的影响因素的研究已经不能完整揭示授权管理的过程，对授权管理理论或方法的割裂、单独研究心理授权也是不完整的，因此在研究者们对心理授权有了充分认识后应该将它回归到授权管理的系统研究中，将授权研究方法进行整合，从理论上进行授权途径的探索，形成多维的、体系化的授权管理理论应该是将来研究的方向。

（三）实践中缺少提高员工心理授权感知程度的具体措施研究

心理授权的研究面临着理论与实践脱节的窘境，国外对心理授权理论的研究在近年没有新的进展，国内的研究也仅仅是将国外理论进行中国化情景的证实研究，近些年虽然涌现出关于心理授权研究的大量成果，但仍旧局限在已有的心理授权的模型、测量、影响因素、结果变量或中介变量的研究中，对如何提高员工的心理授权却很少有研究，已有的理论研究在实践管理中并没有显现出重要的作用。心理授权是一种状态性心理变量，其对管理的重要性也得到了学者的肯定，从理论上存在控制和干预心理授权状态的可能，因此加强对提高心理授权的实证研究，面向授权管理实践设计出具体有效的措施，提供具有可操作性的系统的对策建议应该是今后的研究目标。

第三章　高校组织环境下教师获得
心理授权的途径研究

高校组织环境是否会对教师的心理授权产生影响？在不同高校环境中教师心理授权还会受到什么因素的影响？应该沿着什么途径提高教师的心理授权？本章主要从理论上对以上问题进行分析。

第一节　高校教师心理授权的结构维度

本书按照 Spreitzer（1992）[1] 对心理授权四维度的界定，将高校教师心理授权的四个维度定义为：工作意义、自我效能、工作自主性和工作影响力。

工作意义是指高校教师根据自己的观点和标准对工作目的进行的价值判断，教师对工作意义的判断反映了教师的信仰、价值观和行为与教师角色之间的一致性程度。教师根据自己的观念和标准对所在高校和所从事的教师工作进行评价，认为自己的工作有意义有价值的教师更愿意履行教师职责，在实现自身工作价值的同时努力实现高校的发展目标。工作意义维度可以从教师对自己工作的重要性以及是否能够体现教师个人价值来反映，高校教师的工作意义感一般来自对教师职业本身的认同。

自我效能维度是指教师对自己是否拥有成功完成教师工作所需的技能、能力和知识等的感知，是教师对自己完成工作任务的能力的信念。高校教师的自我效能感具体体现在教师的教学、科研与社会工作几个方面。在教学方面，教师一方面要掌握教学课程的最全面的专业知识，另一方面

----

① Spreitzer, G. M., When Organizations Dare: The Dynamics of Individual Empowerment in Workplace, Ph. D. Michigan: University of Michigan, 1992.

应具备教学的基本技能，同时在教学过程中还担负着育人的重要职责，帮助学生在学业和人格上健康成长；在科研方面，应具备进行科学研究的基本素养，把握学科最新动态，发现科研问题、探索科学原理，并具备创新能力；在社会工作方面，教师还承担着重要的社会服务工作，其进行的科学研究要与社会实践相联系，服务于生产实践部门或承担社会公益工作等等。因此，由高校教师职业属性所带来的高知识、高技能的要求，使得高校教师对自我效能的感知最为复杂。

工作自主性维度是指教师对自己的工作行为和过程进行控制、选择或者自主决策的感觉，具体表现为教师的工作方法、程序等是否能够进行自主决策。高校教师职业一直都被认为是高自主性、高自由度的职业，教师在工作中都会认为自己是工作的主体，而不是被动的执行者，这一点在教师教学及科研工作中都有明确的体现。比如，教师在教学过程中是否能够自主决定教学方法和教学进度等方面的内容，在科学研究中是否能够根据自己的科学兴趣来决定科学研究的方向和研究内容等，因此工作自主性维度是高校教师心理授权的最直接的表现形式，其自主性程度的高低对心理授权的感知最为强烈。

工作影响力维度是指教师对自己是否能够影响高校的发展战略、学校管理或者工作结果的信念，体验到自身具有影响力的教师能够积极参与学校的管理决策。高校教师的工作影响力体现在对高校决策的参与或本部门工作决策的影响，对发生在本部门的事情是否有影响力或控制力，还体现在对学生的影响力和学术影响力方面。甚至高校教师往往关注自己的学术影响力超过关注自己是否对本校事务具有一定的影响力，这也是高校教师与其他职业人员的心理授权体验不同之处。

第二节　高校组织环境

一　组织环境概念和分类

环境包括自然环境和人造环境，组织的环境从广义上认为，就是组织以外的与组织相关的一切事物，是指通过组织境界与组织发生直接或间接关系的事物和社会现象。Duncan（1972）① 认为，环境是指组织中作出决策的个体或群体需要考虑的物理和社会因素的总和。组织理论对环境的定义限于环境中对组织敏感的和必须对组织的生存做出反应的一些因素，Richard（1998）② 认为，组织环境是存在于组织边界之外的并对组织具有潜在的或部分影响的所有因素。

组织环境从结构上可以分为外部环境和内部环境。外部环境关注组织主体以外的各种因素，是指对组织发生实际影响或潜在影响的一切现象，包括对组织绩效具有潜在作用的外部力量或各种机构。外部环境也称宏观环境、社会环境或一般环境，主要包括政治环境、经济环境、文化环境、技术环境等，还可以包括法律、人口、自然、社会、资源因素等。组织内部环境也称微观环境、具体环境，是指组织间关系、组织集合、组织网络等，反映组织主体内部各因素之和，包括个体层面、团队层面和组织层面因素。Fremont 和 James（1970）③ 把工作环境也看作具体环境。克莱尔（2005）④ 定义了组织的内部环境要素：结构、行为方式、文化、资源和职能。内部环境一般可以分为：物理环境、心理环境、文化环境等。物理环境是指工作的硬件设备条件等；心理环境是指能够给组织人员带来心理感受的环境，包括组织内部的人际关系、组织团队的合作精神、组织成员的归属感、责任心等；组织文化环境又包括了两个层面的内容：一是组织的制度文化，主要包括组织的规章制度、组织结构等；二是组织的精神文化，包括组织的价值观念、组织信念、管理哲学以及组织的精神风貌等。对组织环境的分类如图 3-1 所示。

二　高校组织环境分析

（一）我国高校组织环境的发展变化

中国高等教育发展迅速，已经成为高等教育大国，高校的组织环境是决定组织发展的重要因素。在计划经济时期，我国教育领域由政权支配，国家对高等教育进行集中、统一、全面、直接的管理。20 世纪 50 年代建

① Duncan, R. B., "Characteristics of Organizational Environments and Perceived Environmental Uncertainty", *Administrative Science Quarterly*, Vol. 17, No. 3, 1972, pp. 313 - 327.

② Richard, L. D., *Essentials of Organization Theory and Design（Edition）*, South - western College publishing, 1998.

③ 弗莱蒙特·E. 卡斯特、詹姆斯·E. 罗森茨维克：《组织与管理：系统方法与权变方法》，中国社会科学出版社 2000 年版，第 167—170 页。

④ 克莱尔·克朋：《组织环境：内部组织与外部组织》，经济管理出版社 2005 年版。

组织环境
- 外部环境 也称 宏观环境 社会环境 一般环境 → 政治环境、经济环境、文化环境、技术环境等 还可以包括法律、人口、自然、社会、资源因素
- 内部环境 也称 微观环境 工作环境 具体环境
  - 物理环境
  - 文化环境 → 组织制度文化、组织精神文化
  - 心理环境

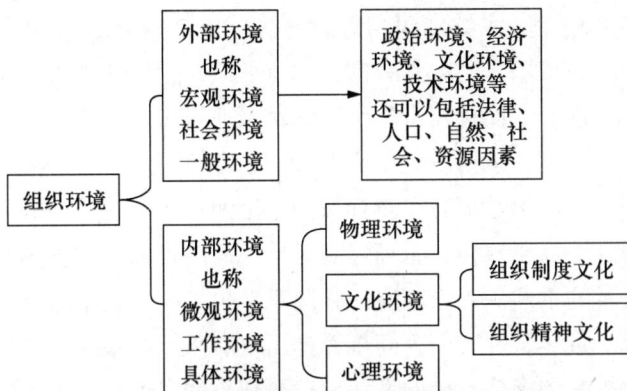

图 3 - 1　组织环境分类（根据资料整理）

立了与国民经济各部门、各行业相适应的高度集中的高等教育管理体制。教育主管部门对大学办学的一切事务都进行统一管理，在高校的建立、经费来源、财务制度、人事制度、专业设置、招生计划、教学活动、科学研究、毕业生分配、基本建设、后勤服务等方面都做了明确而具体的规定。在这种统一集权的组织外部环境管理体制背景下，大学组织内部运行按单一的行政机构规则行事。改革开放后，我国高校的外部环境出现了显著的变化，政府已经认识到中国的高等教育还存在许多亟待解决的问题，如何探索一条适合中国国情的高等教育发展道路，是中国高等教育走向世界的必由之路。1985 年 5 月颁布了《中共中央关于教育体制改革的决定》[1]，明确提出要扩大高等学校的办学自主权，改变政府对高等学校的管理体制，使高等学校积极主动适应经济和社会发展的需要。这项改革确立了大学的"自由活动空间"，即大学的办学自主权。进入 20 世纪 90 年代，随着改革开放的深入，中国高等教育的发展进入了一个新的历史时期，政府陆续制定颁布了一系列法规。1994 年 7 月，国务院颁发的《关于中国教育改革和发展纲要的实施意见》[2] 明确指出，高等学校要成为面向社会自主办学的法人实体，建立自我发展、自我约束的机制。1998 年 8 月，全

---

[1]　《中共中央关于教育体制改革的决定》，http://www.jyb.cn/china/zhbd/200909/t20090909_309252.html.

[2]　国务院关于《中国教育改革和发展纲要》的实施意见，《中华人民共和国国务院公报》1994 年第 16 期。

国人大颁布《中华人民共和国高等教育法》①，其中明确规定"高等学校应当面向社会，依法自主办学，实行民主管理"，突出强调了高等学校的办学自主权，规定了高校具有招生、学科专业设置、教学、科研开发和社会服务、国际交流、机构设置与人事和财产管理七个方面的办学自主权。这是新中国颁布的第一部高等教育法，它全面肯定了改革开放以来高等教育在办学理念、培养目标、管理体制等方面所取得的共识。随着高等教育管理体制改革的不断深入，政府的管理职能也发生了根本变化，从计划经济时代的统一直接管理转变为间接管理，政府采取政策、财政、评估等间接管理手段控制和支持高校的发展。我国高校的发展，受到了国家政策环境、经济发展状况以及政治文化背景和国家地区的具体情况的影响，同时也受到了高等教育本身发展规律的制约。随着西方发达国家高等教育大众化理念的传播，我国人民群众对接受高等教育的需求也在不断增长，政府对教育政策不断调整，中国高等教育已经确立了明确的、与世界高等教育发展同步的理念与方向，中国高校努力迈向高等教育强国的行列。

（二）高校外部环境分析

组织的外部环境是决定组织发展的重要因素，我国高校的发展受到外部环境的影响，在高等教育发展飞速的今天，外部环境给高校同时带来了挑战和机遇。

1. 政治及法律环境

这一环境规定了高校的正式合法性，并决定了高校开展活动的范围。1998 年 8 月颁布的《中华人民共和国高等教育法》确立了高等教育基本制度、规定了高等学校设立的条件和程序、高等学校的组织和活动、高等学校教师和其他教育工作者的权利义务及管理、高等学校的学生管理以及高等教育投入和条件保障等。2010 年发布的《国家中长期教育改革和发展规划纲要（2010—2020 年）》② 提出，我国高等教育 2020 年事业发展目标，对高等教育提出了全面提高高等教育质量，在人才培养、科学研究水平、社会服务能力和优化结构、办出特色等方面都有新的要求，同时提供了深化高等教育体制改革和加强政策措施保障的新思路。

---

① 《中华人民共和国高等教育法》，http：//www. moe. edu. cn/publicfiles/business/htmlfiles/moe/moe_ 619/200407/1311. html，2013 年 12 月 26 日。

② 《国家中长期教育改革和发展规划纲要（2010—2020 年）》，http：//www. gov. cn/jrzg/2010-07/29/content_ 1667143. htm，2010 年 7 月 29 日。

2. 经济环境

高校的经济环境主要是指外部经济发展水平和高校获得的经费支持状况，随着我国经济的快速发展，外部经济环境为高校提供了良好的发展空间，我国近年对高等教育投入也越来越重视，已经居世界前列，根据2010 年统计数据，我国高等教育经费支出占当年全国教育经费总支出的28.4%。① 以2008 年统计数据进行世界各国的比较，中国高等教育支出占全国教育总支出的比例为29.03%，这一比例略高于同年发达国家平均水平（23.91%），远远高于同年世界平均水平（19.45%），说明我国在国民教育的整体规划中比较重视高等教育。② 但另一项数据并不乐观，我国的财政性高等教育经费占国内生产总值的比例却低于发达国家和世界平均水平，财政性高等教育经费占国内生产总值的比例仅为0.64%，低于0.97%的世界平均水平，说明中国教育经费的总体投入偏低，高等教育经费投入比例因此也相对较低，我国对教育投入和高等教育的财政投入力度还应提高。另外，由于政府权力对教育领域的放宽，以及对资源垄断的松动，高校的外部资源环境出现了除政府资源以外的"自由流动资源"。这些社会上释放出的"自由流动资源"是高校积极追逐的资源对象，也逐渐成为维持高校生存和发展的一条重要资源途径。③ 尤其在资金来源方面高校逐步拓宽了教育经费来源，允许受教育者合理分担培养成本、学校可以设立基金接受社会捐赠等多渠道的筹措经费机制，将会逐步改善高校原有单一的经费来源，其中接受社会捐赠渠道的开放和规范管理，可以实现高校与社会的良性互动，优化高校经济环境。

3. 社会文化环境

社会环境包括人口、组织、社会阶层等，这些形成组织的社会生态环境。文化环境可以渗透组织参与者的价值观和行为方式之中，从而影响组织结构和组织运行。改革开放后，我国高校发展相对平稳，到2005 年前后，高等教育整体规模居于世界第一。1999 年扩招以来，我国高校在校生从原来不到700 万人，到2012 年已经增加到3325 万人，增长幅度显

---

① 教育部财务司：《中国教育经费统计年鉴》（2011），中国统计出版社2011 年版。

② 王春春、张男星：《寻找世界坐标：中国高等教育发展呈现七大趋势来源》，《中国教育报》2013 年12 月16 日。

③ 钟凯凯：《我国大学组织要素特征探析》，《山西财经大学学报》2012 年第34 卷第4 期。

著，毛入学率也从原来的不到 10% 增加到 30%①，已经进入国际上公认的高等教育的大众化阶段。根据《国家中长期教育改革和发展规划纲要 (2010—2020 年)》中高等教育发展设定的目标，到 2020 年高等教育总规模将增加到 3550 万，高等教育毛入学率将提高到 40%，20—50 岁主要劳动年龄人口的受高等教育的比例会从现在不到 10% 提高到 20%。② 随着加速发展的知识经济革命、中国社会经济的快速发展、人口的增长以及终身学习和终身教育理念的提出，社会各阶层普遍接受高等教育观念，越来越多的人需要接受高等教育，中国的高等教育逐渐由精英教育向大众化和普及化方向发展。另外许多有着不同背景和不同经历的学习人口，也选择就读高等学校，学生生源充足。国家对高校实行分类管理，引导高校合理定位，各类型高校形成各自的办学风格，在不同领域、不同层次具有鲜明特色，高校整体社会声誉度较好，发展前景广阔。

4. 技术环境

在科学技术飞速发展的今天，高校外部技术环境随着我国科技综合实力的增强而得到改善，先进的科学技术为高校的发展提供了坚实的基础，国家将高校作为主力军，大力开展自然科学、技术科学、哲学社会科学研究，鼓励高校进行科技创新。同时，高校本身就承担着国家科技创新的任务，也代表着最先进的科学技术，高校自身与外部技术环境呈现相辅相成共同发展的格局。在技术环境中教育信息化条件对高校发展的影响非常重要，2012 年 3 月，教育部印发了《教育信息化十年发展规划 (2010—2020 年)》③ 的通知，提出重点推进信息技术与高等教育的深度融合，促进教育内容、教学手段和方法现代化，促进高等教育质量全面提高。信息化和网络技术作为高校技术环境的必备要素已经得到国家的重点支持，必将为高校发展提供有力支撑。

5. 国际环境

国际环境为高校发展带来了机遇，也带来了竞争。国家鼓励建成一批

① 《中国教育概况——2012 年全国教育事业发展情况》，http：//www. moe. gov. cn/publicfiles/business/htmlfiles/moe/moe_ 633/201308/155798. html。
② 《国家中长期教育改革和发展规划纲要 (2010—2020 年)》，http：//www. gov. cn/jrzg/2010 -07/29/content_ 1667143. htm。
③ 教育部关于印发《教育信息化十年发展规划 (2011—2020 年)》的通知，http：//www. moe. edu. cn/publicfiles/business/htmlfiles/moe/s3342/201203/133322. html。

国际知名的高水平高等学校，鼓励学校面向世界扩大对外交流，支持高校参与国际学术合作和国际科学研究，支持与境外高水平科研机构建立联合研发基地。高校通过各种形式的对外合作与交流，学习国际先进技术与管理手段。在与国际开放融合的同时也应该看到我国高校面临的竞争和挑战，以学生生源为例，中国是高等教育出国留学生数量最大的国家。2009年，中国高等教育出国留学人数超过 50 万人，约占全球高等教育留学生总数的 15%；但同年来中国留学人数仅有 6 万多人，约占全球留学生总数的 1.8%。① 虽然近几年中国逐渐成为发展中国家的留学目的地，但与发达国家相比，中国仍然是以输出留学生为主的国家，中国高校的吸引力远远低于发达国家。根据英国《泰晤士报·高等教育特刊》揭晓的 2013年全球大学声誉排行榜②，中国大陆只有北京大学（45 名）和清华大学（50 名）两所大学进入 200 强。进入前 300 名的有 4 所大学，分别是复旦大学、中国科技大学、中国人民大学和南京大学。进入 300 名到 400 名的有上海交通大学、浙江大学、武汉理工大学和中山大学，根据这项排名，进入世界前 400 名的中国内地大学总数为 10 所，与美国、英国、德国等发达国家相比仍有较大差距。从这项排名看中国高校的国际声誉与发达国家的差距较大，这也是我国高校综合实力国际竞争力不足的体现，我国高校面临的国际环境比较严峻。

6. 自然环境

对高校影响最直接的自然环境是区域与地域环境。由于我国各地区经济发展的不均衡，以及自然条件状况的不同，使得不同地区高校外部资源出现了显著差异。多年以来中西部地区的高等教育相对落后，2013 年 2 月由教育部、国家发展改革委、财政部制定的《中西部高等教育振兴计划（2012—2020 年）》③ 提出，到 2020 年，中西部高等教育的发展目标是：结构更加合理，特色更加鲜明，办学质量显著提升，建成一批有特色、高水平的高等学校。具体内容包括：使高校办学条件得到根本改善；

---

① 王春春、张男星：《寻找世界坐标：中国高等教育发展呈现七大趋势来源》，《中国教育报》2013 年 12 月 16 日。

② 《英刊公布世界大学排名，北大清华位列前》，http：//news. xinhuanet. com/abroad/2013 – 10/03/c_ 125482086. htm。

③ 《中西部高等教育振兴计划（2012—2020 年）》，http：//www. moe. edu. cn/publicfiles/ business/htmlfiles/moe/s7361/201303/148468. html。

教师队伍素质整体提升；学科专业建设和人才培养更加适应社会发展；改革体制机制；提高国际化水平；增强高校文化传承创新能力；提升科学研究对社会发展的贡献。通过计划的实施，将优化我国高等教育的地域布局结构，在重点支持中西部高等教育发展的同时，也鼓励东部高等教育的率先发展，使我国高校整体环境得到提升。在地域环境改善的同时，高校的区域发展也得到了各地政府的重视，许多省市建立大学城、高校区，优化高校的区域结构，也为高校的发展提供了良好的空间环境。

（三）高校内部环境分析

组织内部环境的概念与结构环境、组织文化和组织氛围等有重要相似性，广义组织环境的概念可以包括以上元素，并全面反映这些元素的结合。组织的内部环境包括物理环境、心理环境、文化环境等。高校的物理环境主要指学校的硬件环境，比如校园环境、工作场所、科研仪器设备条件等；心理环境主要指教师感受到的组织氛围，如高校内部的人际关系、师生关系等；文化环境包括制度文化和精神文化，如高校的组织结构、管理职能和规章制度以及高校的办学理念、管理理念和精神风貌等。

1. 高校物理环境

物理环境主要指组织具体的硬件设备和条件，高校物理环境包括：校园整体的规划布局、教学活动场所安排、教学设施配备、人均教学物资分配、教室整体布局、教室采光通风情况、多媒体及语音教室情况、学生公寓面积及设施、教师办公场地、教师办公室内部摆设及格局、实验室面积、实验仪器和设备、图书馆面积及馆藏、运动场所及体育设施、餐厅面积及卫生情况、生活服务及娱乐设施、校园绿化建设、校园交通设施、校园周边环境等具体要素。

2. 高校组织氛围

组织氛围是客观存在的可以表现出的组织的一种环境特征，是组织成员对组织制度、实践和程序的一种正式和非正式的知觉，组织氛围通常被假定会影响组织成员的行为和态度。由于氛围需要个人体验和解释，所以组织氛围也常常与员工的心理氛围概念等同，研究人员也只能采用组织内成员个人对组织氛围的看法的方法来评估它，因此组织氛围是一个客观的高层次的现象，但依赖主观评价而产生。Hoy 等（1986）[1] 认为，高校组织气氛包括管理体制、领导行为、教师行为和成就压力四个部分。West 等（1998）[2] 通过对英国高校的研究认为，高校组织气氛主要有分析与沟通、工作目标、创新支持、反馈、奖励、职业发展、管理效率、参与决策和规范化八个方面。高校教师属于高知识、高技能型人才，一般对工作氛围的体验要求较高，但其工作自由度较高，在工作时间和工作方式上比较灵活，教师也适应了职业特征带来的宽松的工作氛围。比如，高校的知名度如何，高校的发展潜力如何，高校的办学定位是否正确，学校发展规划是否科学合理，教风、学风是否良好，教师角色是否清晰，为教师设定的工作目标是否明确，职业发展前景如何，同事关系是否融洽，教学和科研团队建设情况，是否具有良好的学术交流平台，校务公开状况如何等，都可以通过教师感受到的心理氛围反映出来。

3. 高校组织文化

组织文化是组织在长期生存和发展中形成的，是组织成员共有的信念、价值、惯例、工作方式和行为规范的总和，是组织的精神基础。组织文化可以捕捉到潜在的组织成员的信仰系统和组织中个人的价值观，Denison 等（1995）[3] 认为，组织文化是潜在的价值观、信仰和原则，是组织管理系统的基础，还包括了说明和加强这些基本原则的管理实务行为。组织文化是整个文化的最微观层次，高校组织文化的第一个层次是所有高校师生共有的基本信念和理念，被高校师生接受认可的传统、惯例、常规行为和行为方式等，组织信念是组织文化的核心部分。组织文化的第二个层次是价值观，高校价值观是带有规范性和正当性的价值体系，包括师生道德、伦理等，价值观是评价高校师生行为的尺度，还体现出高校的目标以及为达到目标而判断行为正确与错误的标准。组织文化的第三个层次是表层的人为创造物，高校组织文化中可被直接观察到的部分，比如校训、校徽、校歌，固定的文化仪式等，高校通过这些表达形式塑造高校形

① Hoy, C., Wayne, K., Sharon, I. R., "Elementary school climate: A revision of the OCDQ", *Educational Administration Quarterly*, Vol. 43, No. 22, 1986, pp. 93 – 110.

② West, M. A., Smith, H. et al., "Research excellence and departmental climate in British Universities", *Journal of Occupational and Organizational Psychology*, Vol. 142, No. 25, 1998, pp. 261 – 281.

③ Denison, D., Hooijberg, R., Quinn, R. E., "Paradox and Performance: Toward a Theory of Behavioral Complexity in Managerial Leadership", *Organization Science*, No. 6, 1995, pp. 524 – 540.

象并传达到高校外部。我国一些重点高校就有非常著名的高校校训，比如北京大学（爱国　进步　民主　科学）、清华大学（自强不息　厚德载物）、复旦大学（博学而笃志　切问而近思）、南开大学（允公允能　日新月异）、武汉大学（自强弘毅　求是拓新）、南京大学（诚朴雄伟　励学敦行）、天津大学（实事求是）等。有的校训遵循建校传统，有着深远的历史意义；有的校训思想独立，勇于创新，这些校训体现出了高校办学理念、办学精神和办学特色，是高校组织文化的最典型的表现形式。

4. 高校组织结构

组织结构包含两方面内容：一是组织各部分的排列，是组织内各部门和层级之间相对稳定的关系，是一个比较静态的结构；另一个是组织成员的行为在部门中以及在各层级上同组织中的其他人的行为相互作用，使人们的组织行为形成的一定类型。高校组织结构是为达到高校目标设计的，影响组织结构的因素很多，其中组织成员为了实现组织目标而进行的组织设计至关重要。另外，高校的规模、技术、制度等都对高校组织结构产生不同程度影响，常见的组织结构的形式有直线制、职能制、直线职能制、矩阵制和事业部制等。高校组织结构形式一般采用直线职能制，但也有采用矩阵制组织结构。高校的组织结构设计的重要任务就是分工和整合，分工决定了工作如何划分，保证所有的工作任务都分配到每个工作岗位；整合是对不同分工的部门进行协调、建立联系，目的是将不同部门、不同工作岗位的人员在实现组织目标和任务的过程能够统一起来。比如高校内各院系设置就是明确的分工，但在学科的交叉融合基础上进行教学与科研就是整合的过程。高校组织结构设计的基本要素包括管理层次和管理幅度的设计以及职权的设定。随着高等教育规模的扩大和高校自身的发展，组织结构与建立培育教职员工行为的管理机制紧密相连，保证高校运行目标的实现。组织结构强调的是具体的实际的过程，比如通过合理的结构形成的激励或职业管理，使教职员工明确自身在高校内的工作任务和职责。

三　高校组织环境对教师心理授权的影响

组织环境集中了资源、权力、政治，以及与本组织相关的其他具体组织，组织的外部环境影响组织生存与发展并且组织一般难以控制，组织只能调整自身来适应外部环境，组织的各种内在环境对组织的影响可以通过组织对环境的控制来实现。高校组织环境在高等教育发展的时代背景下有着更为广泛的含义，高校的内外部环境通过对高校影响进一步影响高校教师的工作状况。那么在高校环境与教师之间有着什么样的作用关系？高校组织环境是否会对其教师的心理授权产生影响？其相关程度及影响结果如何？这些问题需要进一步阐明。国内外学者对组织环境与组织的关系研究文献主要集中于两类：一类是组织环境与组织战略的关系研究；另一类是组织环境对员工创新行为或绩效的影响研究。这两类对组织环境的研究目的和研究侧重点不同，前者侧重研究组织外部环境的作用，后者侧重研究组织内部环境对员工的影响作用。本书的研究以高校内部环境对教师的影响为主，将内部环境要素进行细分研究，但由于环境本身的复杂性以及研究的整体性，也将外部环境作为一个整体变量来研究其对教师产生的影响。因此，本书通过对高校组织环境的分析，将高校组织环境要素界定为以下几个方面：高校外部环境、高校组织文化（精神与表现）、高校组织结构（制度与管理）、高校工作环境（硬件条件等）和高校组织氛围（教师心理体验），并通过理论分析考察这些环境要素对高校教师心理授权的影响。

（一）高校外部环境对教师心理授权的影响

高校外部环境包含政治、法律、社会、文化、技术、资源、国际、自然环境等方面，教师作为高校主体，这些外部环境必然会对教师产生影响。对教师心理授权影响比较突出的外部环境包括政策法律、经济环境、社会文化环境、国际环境等方面，这些方面不同程度影响教师的心理授权的四个维度。

国家对高等教育的重视和相关法律的不断完善使高校教师更加认同教师职业，肯定自己从事的工作，提高对教师工作意义的感知；政策和法律也为教师提供了权利保障，比如1993年10月颁布的《中华人民共和国教师法》①规定了教师的相关权利，第七条第一款规定：教师"具有进行教育教学活动，开展教育教学改革实验的权利"，第七条第二款规定：教师享有"从事科学研究、学术交流，参加专业的学术团体，在学术活动中充分发表意见"的权利，有指导学生和评定学生的权利等，这些权利从法律上可以保证教师教学、科研工作的自主性；第七条第五款规定：教师有"对学校教育教学、管理工作和教育行政部门工作提出意见和建议，

---

① 《中华人民共和国教师法》，http：//www. moe. edu. cn/publicfiles/business/htmlfiles/moe/moe_ 619/200407/1314. html。

通过教职工代表大会或其他形式参与学校的民主管理"的权利，明确教师参与学校管理的方式主要通过教职工代表大会实现，为教师发挥其工作影响力提供了法律支持；第七条第六款规定：教师享有"参加进修或者其他方式的培养"的权利，通过培训可以提高教师的工作能力，增强自我效能的感知。因此，高校外部政策和法律环境的支持对提高教师心理授权的各个维度都有影响。所在高校是否能够获得充足的教育经费，能否获得社会资源支持，会影响教师对工作价值的判断；高校充足的经费可以改善教师工作条件，加大对教师教学与科研经费的投入，使教师提高工作能力，也会增强其工作自主性。教师所在高校的知名度较高、社会声誉良好也会使教师感觉到自己所从事的教师工作有意义，大学教师职业普遍得到社会的尊敬，也可以提高教师的工作意义感，激励教师为了完成好各项工作而付出更多的努力，提高自身的工作能力；高校良好的社会声誉也为教师扩大自身的学术影响力提供了平台。高校的国际环境为教师提供扩大学术影响力的平台，通过对外合作办学，进行学术合作与交流等方法可以提高教师的工作能力，扩大工作影响力。总之，高校外部环境的支持和改善会直接或间接提高教师对心理授权的感知程度，并分别从教师的工作意义、自我效能、工作自主性和影响力四个维度得到体现。

（二）高校组织文化对教师心理授权的影响

高校组织文化直接影响教师的心理授权的感知程度，高校教师认同所在学校的组织文化，认可并遵循学校的传统、惯例和行为规则，就会提高教师心理授权。高校先进的教育思想观念、明确的办学思路、合理的发展规划会促进教师肯定自我工作，并遵循着学校的理念和价值观，认为高校的发展会有利于自我价值的实现，完成学校目标的同时达到个人目标；教师根据高校组织文化的价值观评价自我工作的能力及影响力，并尽可能提高自我效能以完成工作任务。在良好的组织文化指引下教师可以积极参与学校的各项管理决策，实现其工作影响力的扩大。因此在具有良好组织文化的高校中工作的教师心理授权程度会较高。

（三）高校组织结构对教师心理授权的影响

我国高等学校作为文化事业单位被纳入国家行政序列进行管理，高校具有一定的行政隶属关系和相应行政级别。高校的组织结构围绕着行政权力建立，模仿政府行政系统设置，高校组织内部的集权化程度较高，组织结构形式比较单一，但随着组织外部环境的变化，高校管理体制的改革也在进行着。高校组织结构对教师心理授权的影响主要体现在管理制度对教师工作能力、工作自主性和工作影响力维度的影响上，高校组织结构虽然按照行政系统设置，但对教师的管理相对较为宽松，各高校根据自身办学需求和办学特点设置相应的管理制度，采取不同的管理风格，也会对教师的心理授权产生一定的影响。总体来说，高校管理机构设置明确、部门职责分工清晰、对教师岗位及职责设定规范合理、采取有效的绩效评价体系等，都会提高教师心理授权程度。

（四）高校物理环境和组织氛围对教师心理授权的影响

高校物理环境是指客观存在的工作环境，高校组织氛围是由教师个体体验到客观环境的特征表现，物理环境和组织氛围反映了高校的硬环境和软环境，二者共同构成了教师对所在高校的客观评价。许多学者研究了组织氛围对心理授权的影响，广义的组织氛围也包含着个体感受到的客观环境和条件，高校物理环境的优劣直接影响教师对工作意义、工作自主性的感知，优美的校园环境、可供教师使用的先进的仪器设备和完善的技术保障都会增加教师对自我工作重要性和工作价值的认可度，也为教师自我效能的提高提供基础保障；组织氛围所包含的和谐的人际关系、组织公平公正的气氛、友好的师生交流氛围、广阔的学术交流平台、完善的决策参与机制、良好的教风学风等都会提高教师对工作意义的认可，促进教师提高工作能力，适度把握工作自主性、不断增强工作影响力，使教师充分感受到被授权的状态。

通过以上对高校的内外部环境和教师心理授权的分析，从理论上解释了高校环境对教师心理授权整体及其四个维度有不同程度影响，但高校环境如何影响教师的心理授权，环境是否直接作用于心理授权，还需要从授权理论体系和授权研究方法进一步展开分析。

第三节　高校结构授权

一　结构授权模型

结构授权模型最早是由 Kanter（1977）[①] 提出的，模型的核心思想是

---

① Kanter, R. M., *Men and Women of the Corporation*, New York: Basic Books, 1977.

在权力结构维度基础上设计授权的维度。模型将权力定义为"调动资源去完成工作的能力",权力的结构分为信息、支持和资源三个维度。信息是指员工工作所需的知识和信息;支持是指上级、同事、下属的反馈与帮助;资源是指为完成工作目标所需要的资源,包括资金、原材料、报酬和其他资源等。那么在此基础上,员工为了得到授权,就需要获得信息享用权、接受的支持和工作所必需的资源享用权。信息享用权包括技术知识、专家,还包括组织内流传的非正式信息;接受的支持是指得到上司或组织里的其他重要人物的正面反馈、拥有一定的处理权和支持等;资源享用权是指有能力得到达成工作要求所需的物质资源和奖励等。模型中除核心的这三条权力线之外,还包括能影响结构性授权的机会,当员工认为自己可获得权力和机会时,就会产生授权感,并会与他人分享自己的权力,从而在工作中形成授权气氛,提高工作效率;当员工无法获得权力和机会时,就会产生无权感、沮丧感和挫折感。因此组织的任务是保证员工获得权力线的畅通,使员工能够获得完成工作所必需的信息、支持、资源和发展机会。Kanter 的理论还认为,权力线来自组织内部的正式和非正式系统,可以形成正式和非正式权力,拥有较多正式权力的员工的工作有一定自主性,并且在组织总体目标中处于中心地位的职位;当上级、同事、下属的关系被积极引导时,其关系联盟就产生了非正式的权力,正式和非正式权力都可以为员工提高工作效率创造条件。

结构授权比较公认的模型还有 Bowen 和 Lawler(1995)[1] 提出的授权模型。该模型通过组织功能分解给员工授权,是组织自上而下分配权力、信息、知识和奖酬给予员工。员工在这些方面分享得越广泛,其授权水平就越高。同时,这四个因素互相影响、存在交互作用,在授权时应对这四个因素进行变革来获得更积极的结果。另外,从宏观层面研究结构授权的还有 Randolph(1995)[2] 对组织授权给员工所需的措施的评估,他认为,授权的三个关键点是信息分享、层级小组和给予自治权。Bowen 和 Lawler 的授权模型以及 Randolph 对授权研究的核心观点都是强调在信息的分享、组织政策的调整、管理过程的支持和组织结构的改变等方面进行具体的授

---

① Bowen, D. E., Lawler, E. E., "Empowering Service Employees", *Sloan Management Review*, Vol. 36, No. 4, 1995, pp. 73 – 85.

② Randolph, W. A., "Navigating the Journey to Empowerment", *Organizational Dynamics*, Vol. 23, No. 4, 1995, pp. 19 – 32.

权实践，给予员工更多的决策参与权和工作中的自主权，另外，应该在组织内建立良好的授权文化氛围。

Russell 等（2003）①的研究从影响员工授权感的组织环境因素出发，认为结构授权包括灵活的信息共享渠道、动态的组织机制和对工作决策的控制权三个维度。其中，灵活的信息共享渠道是指组织的员工能够畅通地获取与工作相关的信息，这些信息为员工提供了进行更好决策的依据；动态的组织机制主要指组织的规章制度清晰，并可以根据实际情况进行调整，帮助员工在变化的工作情景中进行有效决策；对工作决策的控制权是指组织允许员工灵活地进行与其工作相关的决策，员工在其工作职责范围内具有较大的决定权和控制权。

二　结构授权的测量

虽然学者们对结构授权的模型研究较为丰富，但对结构授权的测量研究并不多，Bowen 和 Lawler 的模型以及 Randolph 的研究都没有得到实证研究。Chandler（1986）②的研究针对护士工作环境开发了包括机会、信息、支持和资源的结构授权四维度问卷。Kanter（1993）③模型中提出的四条权力线与 Chandler 的测量一致，但没有重新设计完整的问卷来测量整个模型的概念。之后，Laschinger（2004）等④一直致力于结构授权的研究，以护理领域为研究对象，在 Chandler 的结构授权测量量表基础上进行了修改，开发出六维度问卷（CWEQII），该问卷包括了 Chandler 量表的机会、信息、支持和资源四个维度，又增加了正式权力、非正式权力两个维度。正式权力的测量也称为工作活动测量问卷，共 12 个题项；非正式权力的测量称为组织关系测量问卷，共 24 个题项，这些量表在 Laschinger 等的研究中分别得到了较好的信效度验证。表 3 - 1 是 Laschinger 对结构授权测量的维度及定义：

---

①　Russell, M. A., Wendy, M. D., Steven, G. C., "The Organizational Empowerment Scale Review", *Personnel Review*, Vol. 32, No. 3, 2003, pp. 297 - 318.

②　Chandler, G. E., The Relationship of Nursing Work Environment to Empowerment and Powerlessness, Ph. D. University of Utah, 1986.

③　Kanter, R. M., *Men and Women of the Corporation* (2nd ed.), New York: Basic Books, 1993.

④　Laschinger, H., "Hospital Nurses' Perceptions of Respect and Organizational Justice", *Journal of Nursing Administration*, No. 34, 2004, pp. 354 - 364.

表 3 - 1   Laschinger 结构授权维度

维度	内容	题项来源
机会 (Structure of opportunity)	在组织内成长和流动的机会，以及通过挑战来赢得增长知识和技能的机会。具体表现为有可能晋升、参加培训等工作条件	有效工作环境问卷 （CWEQ） 36 题项
信息的获得 (Access to information)	能够了解正式和非正式的信息，较早地获知组织决定和政策的变化。主要指为完成任务所需的数据，包括技术知识、专家和非正式的知识	
资源的可得性 (Access to resource)	能够向外部施加影响以获得达到工作要求所需的物质、金钱、奖酬或其他所需资源	
支持的可得性 (Access to support)	允许创新性冒险行为，不需经过高层允许便可自作判断。得到来自上级、同事和下属的正负面反馈	
正式权力 (Formal power)	工作赋予的职权，即允许自主决定工作流程、进展、方法等的权力	工作活动问卷 （JAS）12 题项
非正式权力 (Informal power)	来自组织内主管、同事、下属之间关系和联盟的权力，是员工在组织内外建立的个人人际关系所带来的权力	组织关系问卷 （ORS）24 题项

资料来源：对原量表内容进行翻译整理。

另外，Matthews 等（2003）[1] 在授权测量中也针对促进授权的宏观环境因素进行测量，该量表包括 3 个维度 19 个题目：动态的结构框架、现场决策的控制和信息共享的流动性。实证分析表明，问卷三个维度的信度分别为 0.90、0.91、0.81。该量表与 Russell 等（2003）[2] 对组织授权的测量维度相似，我国学者韩小芸、黎耀奇（2011）[3] 应用 Russell 等的组织授权测量量表研究组织授权、员工授权和顾客授权等变量之间的关系，

---

[1] Matthews, R. A., Diaz, W. M., Cole, S. G., "The Organizational Empowerment Scale", *Personnel Review*, No. 32, 2003, pp. 297 - 318.

[2] Russell, M. A., Wendy, M. D., Steven, G. C., "The Organizational Empowerment Scale Review", *Personnel Review*, Vol. 32, No. 3, 2003, pp. 297 - 318.

[3] 韩小芸、黎耀奇：《授权的多层次运用研究》，《中山大学学报》（社会科学版）2011 年第 51 卷第 5 期。

验证了量表的结构和信效度。

三　高校结构授权分析

根据结构授权含义及维度划分，本书认为高校的结构授权是指高校在组织结构和制度设计等方面能够赋予教师权利的一系列管理措施和方法。我国高校实行分类管理制度，国家在政策指导和资源配置方面鼓励高校办出各自的特色，在国家统一指导下形成各自的办学理念和风格，因此高校在管理制度建设方面具有一定的灵活性，不同层次、不同类型和不同领域的高校积极探索适合各自办学目标的各种管理方法，尤其在教师队伍建设方面的制度革新最为频繁。高校教师担任着培养国家创新人才的重任，教师本身就是紧跟新潮流、创造新趋势的群体，一成不变的人员管理模式不适合高校教师职业，高校必须在体制、制度方面进行不断改进，为这个充满自主与活力的教师群体创造发展空间。结构授权方法和理论为高校教师管理提供了具体管理方式，本书根据 Laschinger（2004）[①] 结构授权维度的研究将高校结构授权分为以下几个方面。

（1）机会的提供。具体表现为提供晋升、培训等的机会，主要体现在高校教师的职称评定、教育教学培训等方面，高校教师自愿参加教师职称评定，在符合基本晋升条件下根据高校教师职务指标限额择优评定，教师参加各级各类培训也采取信息公开、自愿参与的方式，教师可以合理安排自己的教学科研工作任务，参加学校提供的各类培训。

（2）信息可得性。指高校各项管理制度公开透明，可以为教师提供及时、公开的与工作相关信息，比如可提供丰富的学术交流信息和科学研究共享信息的网络技术，校务公开制度、教职工代表大会制度等一系列保持信息畅通的管理结构和制度的保障。

（3）支持的可得性。指高校允许教师的创新行为，在教师的教学改革和科研创新方面允许有失败，同时使教师可以得到领导或同事的合理建议和指正，高校结构授权提供给教师的支持是高校非常关键的要素，教师在创新中如果得不到正确的保护和支持将会打击其工作积极性，丧失工作热情。

（4）资源的可得性。指教师通过高校结构授权可以得到与教学科研

① Laschinger, H. , "Hospital nurses' Perceptions of Respect and Organizational Justice", *Journal of Nursing Administration*, No. 34, 2004, pp. 354 – 364.

有关的资金和物质资源，比如教师可以通过申请教学研究改革和科学研究项目获得高校的经费资助，并在研究过程中得到学校给予的时间、场地、人员等方面的保障。

（5）正式权利和非正式权利。高校结构授权除提供有效的工作环境之外，还包括授予教师正式权利和非正式权利。正式权利的授予是结构授权最基本的内容，从管理制度方面明确教师的职责范围，保障教师可以自主处理权利范围内的事情；非正式权利则是指教师在工作职责之外建立的由个人人际关系带来的权利，如高校通过开展各种业余活动增强教师的人际交往，促进教师之间的沟通与理解，增加教师的非职务权利，为工作带来便利。

第四节　高校领导授权

一　领导授权理论与模型

领导授权研究强调领导行为，即研究领导者的授权行为，也有学者将对领导授权的行为研究等同于以领导为研究对象的授权型领导研究。因此本部分内容的理论分析包括领导授权的理论和授权型领导理论两方面内容。在传统的领导理论研究中，领导管理研究内容比较丰富，但传统集权情境下的有效领导行为的研究成果不能直接搬到授权情境的理论研究中，现代意义上的领导授权的研究相对比较滞后，伴随着心理授权理论的发展，领导授权逐步扩大了原有概念内涵。2000 年以后，领导授权行为领域陆续有一些比较成熟的研究成果发表出来，最有代表性的研究有 Konc-zak 等（2000）[1]、Arnold 等（2000）[2] 以及 Pearce 和 Sims（2002）[3] 的研

---

[1] Konczak, L., Stelly, D. J., Trusty, M. L., "Defining and Measuring Empowering Leader Behaviors: Development of an Upward Feedback Instrument", *Educational and Psychological Measure*, No. 60, 2000, pp. 301 – 313.

[2] Arnold, J. A., Arad, S., Rhoades, J. A. et al., "The Empowering Leadership Questionnaire: The Construction and Validation of a New Scale for Measuring Leader Behaviors", *Journal of Organizational Behavior*, No. 21, 2000, pp. 249 – 269.

[3] Pearce, C. L., Sims, H. P., "Vertical Versus Shared Leadership as Predictors of the Effectiveness of Change Management Teams: An Examination of Aversive, Directive, Transactional, Transformational, and Empowering Leader Behaviors", *Group Dynamics: Theory Research and Practice*, No. 6, 2002, pp. 172 – 197.

究成果，我国学者王辉等（2008）① 对中国情景下的领导授权也进行了比较深入的研究。

1. Konczak 等（2000）的六维度领导授权行为理论

Konczak 等通过实证研究提炼出了领导授权行为的六个维度：授予权力、责任性、自我决策、信息分享、技能发展和对创新绩效的指导。

授予权力是领导授权行为最重要的维度，是授权定义的核心部分，权力授予就是领导把权力赋予下属，即使是早期的授权理论或传统的领导管理理论也是将权力授予作为最直接的领导授权的方式，从授权管理的过程来说，无论哪个步骤都需要领导对下属进行权力的授予。

责任性维度是指在领导授权过程中将工作责任同时赋予下属，一般来说，权力的下放与责任的授予是同时进行的，仅仅授予权力而对下属不强调绩效结果不是成功的授权，权力的改变必须以绩效测量系统作为保证，正确衡量下属的工作绩效才能使被授权者对赋予的权力和工作承担责任，因此责任性伴随着权力的授予是领导授权的一个重要维度。

自我决策强调领导鼓励下属进行独立决策，自我决策是领导授权新内涵的重要维度，目的是提高下属的自我效能。自我决策不仅仅是下属具有采取措施解决问题、处理问题的能力，而应该是使下属具有能够独立制定决策目标、设计决策计划、规范决策程序等方面的能力。

信息分享是指领导分享信息给下属，这些信息和知识对组织绩效的提高和工作任务的完成有重要作用，信息分享是领导授权的必要条件，下属如果不能获得有价值的工作信息则很难完成工作任务，那么领导的所谓授权也成为形式，因此信息的提供和分享是实质性的授权，掌握信息可以保证下属能够高绩效地完成任务目标。

技能发展是指领导在授权的同时提高下属的相关技能，优秀的领导对下属的管理不是通过命令和指挥完成的，而是扮演教练与提供帮助者的角色，通过为下属提供适当培训的方式来提高下属的相关技能，可以使下属更好地完成领导授予的工作任务，因此技能发展和信息分享都是领导授权必不可少的条件，也是实现授权的重要手段。

对创新绩效的指导主要指对下属绩效的反馈，领导授权的责任性维度

---

① 王辉、武朝艳、张燕等：《领导授权赋能行为的维度确认与测量》，《心理学报》2008 年第 40 卷第 12 期。

明确要下属进行绩效考核，因此对下属绩效的反馈是非常关键的环节，尤其是允许下属由于创新而造成的错误的发生，领导在下属的创新中要鼓励冒险，并给予指导。

2. Arnold 等（2000）[①] 的团队领导授权行为理论

Arnold 等以团队领导授权为研究对象，最初设计了领导授权的八类行为，通过实证研究探索合并了几个维度，最终形成五维度的领导授权行为，即教练、提供信息、以身作则、关怀、参与式决策。

教练是指领导或管理者是以教练的角色教育团队成员，鼓励和帮助他们解决工作中遇到的问题，指导并促进团队提高工作绩效。

提供信息是指领导为团队成员提供关于组织发展、组织目标、政策等信息，提供完成工作任务所需要的有关信息和知识，领导授权在信息方面的支持是必不可少的。

以身作则是指领导用实际行动对团队成员做出示范和表率，作为榜样要比下属付出更多的努力并有更优异的表现，增加团队成员对领导的信任，提升领导魅力。

关怀维度包含最初设计的表达关心、团队互动和群体管理几类行为，这个维度更多地体现授权型领导与下属人际关系方面的行为，关注下属的工作状况，融洽的团队气氛的建立，融洽的交流、与团队成员近距离工作、关注团队工作过程，了解他们的工作满意度情况等。

参与式决策是指领导在决策中允许团队成员参与决策，鼓励团队成员发表自己的意见，让团队成员投入到决策中来，允许有创新等。

3. Pearce 和 Sims（2002）[②] 的领导授权行为理论

Pearce 和 Sims 对授权型领导的研究强调下属的自我领导能力和自我管理能力的发展，上文分析中提到领导授权与授权型领导的研究角度不同，但其研究内容是近似的。授权型领导概念在许多理论研究中已有阐述，比如社会认知理论、行为管理理论、参与目标设置理论等。Pearce 和

---

① Arnold, J. A., Arad, S., Rhoades, J. A. et al., "The Empowering Leadership Questionnaire: The Construction and Validation of A New Scale for Measuring Leader Behaviors", *Journal of Organizational Behavior*, No. 21, 2000, pp. 249 – 269.

② Pearce, C. L., Sims, H. P., "Vertical Versus Shared Leadership As Predictors of the Effectiveness of Change Management Teams: An Examination of Aversive, Directive, Transactional, Transformational, and Empowering Leader Behaviors", *Group Dynamics: Theory Research and Practice*, No. 6, 2002, pp. 172 – 197.

Sims 根据以上理论设计了领导授权行为的几个维度：鼓励下属独立行为、鼓励下属寻找机会、鼓励团队合作、鼓励下属的自我发展、鼓励下属参与目标设定、鼓励自我奖赏。

鼓励独立行为是授权型领导行为最直接的表现形式，鼓励下属遇到问题时自己寻找解决问题的方法，不必请示领导，同时也要求下属承担相应责任。

鼓励寻找机会来源于认知行为矫正理论中对机会的理解，比如"认为绩效障碍不是一个问题而是一种学习的机会"，领导授权鼓励下属当出现问题时寻找机会，而不仅仅看作障碍。

鼓励团队合作也强调了团队领导授权的重要性，并从下属角度鼓励下属积极构建自己的团队，形成良好的团队工作氛围，使下属成员一起努力工作。

鼓励自我发展是指授权型领导鼓励下属寻找机会学习、提高技能等，不仅仅是由领导提供培训和指导，而是由下属积极主动寻找可以实现自我发展的途径，鼓励学习新知识和新技能。

鼓励下属参与目标设定是根据目标设置理论的研究而确定的，Erez 和 Arad 等（1986）[①] 认为，参与目标设定会带来高绩效，授权型领导重视发展员工自我管理的能力，会更多地让员工参与目标设定。没有下属参与设定的目标，会降低下属的工作积极性，甚至出现组织目标与个人目标不一致的现象。

鼓励自我奖赏包括鼓励下属出色完成工作任务时奖赏自己，也包括遇到新任务和挑战时要给自己鼓舞，自我奖赏是下属对自我工作的肯定，也是提高下属自我评价能力的一种手段。

二　领导授权的测量

学者在研究领导授权理论和模型的同时都构建了测量量表，这些量表经过实证研究都获得了比较好的检验结果。

1. Konczak 等（2000）[②] 编制的 LEBQ 问卷

Konczak、Stelly 和 Trusty 的研究是以一家消费品公司为研究对象，对

---

① Erez, M., Arad, R., "Participative Goal Setting: Social, Motivational, and Cognitive Factors", *Journal of Applied Phychology*, No. 71, 1986, pp. 591 – 597.

② Konczak, L., Stelly, D. J., Trusty, M. L., "Defining and Measuring Empowering Leader Behaviors: Development of an Upward Feedback Instrument", *Educational and Psychological Measure*, No. 60, 2000, pp. 301 – 313.

424 名下属与 13 名上级进行了授权行为的相关评价，编制的授权型领导行为问卷（Leader Empowering Behavior Questionnaire，LEBQ）具有良好的信效度，如表 3 – 2 所示。LEBQ 问卷在 Hakimi 等（2010）[①] 以及 Slaughter（2012）[②] 的研究中被采用。

表 3 – 2 **Konczak 等编制的 LEBQ 问卷**

维度	项目
授予权力 （Delegation of authority）	主管会赋予我一些改善工作过程和流程的决策权力
	主管会赋予我一些改善事务所必需的变化权
	主管授予我的权利和赋予我的职责是相一致的
责任性 （Accountability）	主管认为我应该对被指派的任务负责
	我必须对绩效和结果负责
	主管让部门的人对客户满意度负责
自我决策 （Self – directed decision making）	当发生问题时，主管倾向于让我自己解决
	对于工作怎么展开，主管让我自己决定
	主管鼓励我解决工作中遇到的问题
信息分享 （Information sharing）	主管和我分享信息，确保我能高品质完成任务
	主管会给我提供有关满足顾客需求的相关信息
技能发展 （Skill development）	主管鼓励我采用系统方法解决问题
	主管提供给我很多学习新技能的机会
	主管确保将学习和发展技能作为我们部门的优先事项
对创新绩效的指导 （Coaching for innovative performance）	我能够学习和发展，主管是愿意承担风险的
	主管鼓励我尝试新的想法，即使有可能不成功
	当我犯错误时，主管更多的是对我的纠正而不是指责

资料来源：对原量表内容进行翻译，并根据以下资料整理。

杨英：《授权风险考量与领导授权行为研究》，博士学位论文，华中科技大学，2010 年。

---

① Hakimi，N. et al.，"Leader Empowering Behavior：The Leader's Perspective"，*British Journal of Management*，Vol. 21，No. 3，2010，pp. 701 – 716.

② Slaughter，B. B.，The Relationship Between Leader Gender and Empowering Behavior，Ph. D. Fielding Graduate University，2012.

2. Arnold 等（2000）编制的 ELQ 问卷①

Arnold 等从团队层面设计了授权领导行为问卷（Empowering Leadership Questionnaire，ELQ），该量表共五个维度 38 个题项，如表 3 - 3 所示。这些题项在学者 Srivastava 等（2006）②、Raub 和 Robert（2010）③、Carmeli 等（2011）④ 的研究中被部分采用，我国学者魏钧、张德（2006）⑤，时勘等（2012）⑥ 的研究也采用了该量表。

表 3 - 3　　　　　　　　Arnold 等（2000）编制的 ELQ 问卷

维度	项目
以身作则 （Leading by example）	领导给自己的行为设定高的绩效标准
	领导工作非常拼命
	我工作组里没有人比领导工作更努力
	领导的行为是一个很好的榜样
	领导能够以身作则
参与式决策 （Participative Decision - making）	鼓励工作小组成员发表意见和建议
	聆听工作小组成员的想法和建议
	决策时采纳工作小组成员的建议，让我们很感动
	给工作小组所有成员一个发表意见的机会
	即使不认同，领导也会考虑其他工作小组成员的意见
	做决策时一意孤行

① Arnold, J. A., Arad, S., Rhoades, J. A. et al., "The Empowering Leadership Questionnaire: The Construction and Validation of a New Scale for Measuring Leader Behaviors", *Journal of Organizational Behavior*, No. 21, 2000, pp. 249 – 269.

② Srivastava, A. et al., "Empowering leadership in management teams: Effects on knowledge sharing, efficacy, and performance", *Academy of Management Journal*, Vol. 49, No. 6, 2006, pp. 1239 – 1251.

③ Raub, S., Robert, C., "Differential Effects of Empowering Leadership on in – role and Extra – role Employee Behaviors: Exploring the Role of Psychological Empowerment and Power Values", *Human Relations*, Vol. 63, No. 11, 2010, pp. 1743 – 1770.

④ Carmeli, A. et al., "How CEO empowering leadership shapes top management team processes: Implications for firm performance", *Leadership Quarterly*, Vol. 22, No. 2, 2011, pp. 399 – 411.

⑤ 魏钧、张德：《研发人员授权行为有效性研究》，《科学学研究》2006 年第 24 卷第 4 期。

⑥ 时勘、高利苹、黄旭等：《领导授权行为对员工沉默的影响：信任的调节作用分析》，《管理评论》2012 年第 24 卷第 10 期。

续表

维度	项目
提供信息 （Informing）	说明公司的决定
	传达公司的目标
	告诉我们工作小组如何融入组织
	解释公司政策对我们工作小组意味着什么
	解释公司对我们工作小组的规则和期望
	对自己做出的决定和行为给予我们解释
教练 （Coaching）	当我们需要更多培训时会帮助参考培训科目
	对工作小组成员提高工作绩效会提供建议
	鼓励工作小组成员一起解决问题
	鼓励工作小组成员互换信息
	给工作小组成员提供帮助
	教导工作小组成员如何自己解决问题
	关心工作小组的成果
	当我们表现不错时会告诉我们
	支持我们工作小组的成果
	帮助工作小组成员集中在目标上
	帮助和其他工作组发展良好人际关系
关怀 （Showing concern/ Interacting with the team）	关心工作小组成员的个人问题
	关心工作小组成员的幸福
	对工作小组成员一视同仁
	非常耐心地与工作小组成员探讨其担忧
	关注工作小组成员的成功
	随时监控工作小组的进展
	与工作小组成员相处融洽
	回答工作小组成员问题时很诚恳和公平
	知道工作小组正在做什么工作
	找时间和工作小组成员进行交流

资料来源：对原量表内容进行翻译，并根据杨英《授权风险考量与领导授权行为研究》（华中科技大学，2010 年）整理。

3. 国外其他学者编制的领导授权测量量表

Pearce 和 Sims（2002）[①] 对领导行为的类型进行研究，经过实证研究将原有 6 个维度的 22 个题目的问卷最后缩减为 6 题，该问卷也具有较好的信度和效度，能够很好代表管理者的授权行为。我国学者王永丽等（2009）[②] 应用了该测量量表研究授权型领导、团队沟通对团队绩效的影响。

Ahearne 等人（2005）[③] 开发的领导者授权行为量表重在强调如何影响下属的动机水平、提高员工的内在积极性和自主性，包含强调工作意义、促进参与式决策、传递对绩效的信心、提供自主权以减弱科层制约束四个维度 12 个题项。

4. 我国学者王辉等（2008）[④] 编制的领导授权赋能行为测量量表

王辉等采用实证研究方法对中国企业情境下领导授权赋能行为的维度及其测量进行了研究。他的研究首先采用开放式问卷由下至上构建领导授权行为维度，收集了 877 条领导授权赋能行为的描述，通过归类分析将中国企业情境下的领导授权赋能行为归纳为 9 个类别的封闭式问卷。经过探索性和验证性因子分析后确认了领导授权赋能行为的 6 因素结构，具体包括：个人发展支持、过程控制、权力委任、结果和目标控制、参与决策、工作指导，该问卷的结构效度、信度和预测效度较好。个人发展支持是指领导创造机会使下属获得发展，给予下属一定的支持；过程控制是指领导掌握下属工作的进展情况；权力委任是指领导赋予下属在工作中的自主决策权；结果和目标控制是指领导注重下属的工作结果，并为下属设定工作目标；参与决策是指领导采取一定的措施使下属积极参与组织决策，并使下属对决策产生影响；工作指导是指领导对下属的工作提供帮助、鼓励以

① Pearce, C. L., Sims, H. P., "Vertical Versus Shared Leadership as Predictors of the Effectiveness of Change Management Teams: An Examination of Aversive, Directive, Transactional, Transformational, and Empowering Leader Behaviors", *Group Dynamics: Theory Research and Practice*, No. 6, 2002, pp. 172 – 197.

② 王永丽、邓静怡、任荣伟：《授权型领导、团队沟通对团队绩效的影响》，《管理世界》2009 年第 4 期。

③ Ahearne, J. M. et al., "To Empower or Not to Empower Your Sales Force? An Empirical Examination of Influence of Leadership Empowerment Behavior on Customer Satisfaction and Performance", *Journal of Applied Psychology*, Vol. 90, No. 5, 2005, pp. 945 – 955.

④ 王辉、武朝艳、张燕等：《领导授权赋能行为的维度确认与测量》，《心理学报》2008 年第 40 卷第 12 期。

及提供信息和资源等方面的支持。该量表是在我国企业背景下开发的第一个授权领导行为量表，包含有中国文化特点的权力的分享、适当的监控以及有力支持三个方面的核心内容，后续得到了国内一些研究者的检验和应用，为国内管理者的授权行为理论研究带来许多新的启示。量表内容如表3-4所示。

表3-4　　王辉等（2008）编制的领导授权赋能行为测量量表

维度	题项
个人发展支持	我的主管很关心我的个人成长和职业生涯的规划
	我的主管经常给我提供培训和学习的机会
	我的主管允许我在工作中失误，使我能够从中学到东西
	我的主管会因为我工作任务完成出色而为我争取升职的机会
	我的主管会因为我工作任务完成出色而为我争取加薪的机会
	我的主管经常为我创造露脸和锻炼的机会
过程控制	我的主管会严肃地指出我工作中的过错
	我的主管经常询问我的工作进展情况
	我的主管会因为我没完成工作目标而给予批评
	我的主管会定期抽查我的工作是否在顺利地进行
权力委任	我的主管不干涉我职权范围内的工作
	我的主管充分授权，让我全面负责我所承担的工作
	我的主管给我相应的权限，让我在工作中能自主决策
结果和目标控制	我的主管注重工作目标
	我的主管为我设定工作目标，并要求我确保完成
	我的主管按时考核我的工作是否完成
	我的主管注重工作结果
参与决策	在工作中遇到问题时，我的主管积极倾听我的意见和建议
	在做决策时，我的主管尊重和重视我的建议
	我的主管经常创造机会使我能充分发表自己的意见
	涉及我和我的工作时，我的主管在做决策前会征求我的意见
工作指导	我的主管经常鼓励我，增强我的信心
	当我在工作中遇到困难，我的主管及时给予帮助
	我的主管对我的工作给予足够的支持

三　高校领导授权分析

通过对领导授权的理论和模型研究的分析，本书认为，高校领导授权主要是指高校领导对教师的授权赋能行为，领导通过授权激励教师更加主动积极地开展工作，使教师主动承担授予的权力的同时，承担由权力带来的相应责任。结合学者对领导授权已有的研究和高校特点，本书将高校领导授权行为分为以下几个方面：

（1）领导对教师个人发展的支持。领导授权行为不仅仅是权力的授予，更是能力的赋予，对于高校教师而言，通过支持教师的个人发展提高教师工作能力是对教师最有效的授权行为，比如领导应当给教师提供尽可能多的参加培训机会，在教师由于个人发展影响工作时帮助教师解决遇到的困难，给予时间和技术上的支持。

（2）目标参与。领导授权行为可以通过使教师参与目标制定来体现，高校教师具有比较独立的教学科研能力和工作方法，当领导允许教师参与到工作目标的制定，而不是命令教师完成由领导单方面制定的工作目标时，教师会认为自己受到领导重视。另外，教师参与制定的目标得到了教师的认同，与教师个人目标是一致的，有利于教师更积极地完成目标，从而提高领导授权的有效性。

（3）过程和结果控制。高校领导授权还应该包括对教师的工作过程和工作结果的适当控制，实际上高校教师在教学和科研工作中已经具有较大的工作自主权，这也是高校教师职业的特点，但授予权力并不等于完全放权，领导在教师执行工作任务过程中如果能够给予适度的关心和不定期的绩效考核，将有利于教师工作绩效的提高，也是领导授权程度的具体体现。

（4）权力委任。高校领导授权最直接的形式，即将领导的部分权力委任给教师，并不是领导权力的减少，而是权力的转移。当教师主动接受领导赋予的权力，并承担相应的责任时，教师会尽职尽责地完成好领导赋予的权力。

（5）参与决策。在实际工作中高校教师并不倾向于参与决策，教师往往是被决策者，领导制定并执行政策，教师只是按照要求完成工作任务，这就造成了教师被动消极应付工作的局面。因此，高校领导应该积极调动教师参与决策的积极性，改善领导授权行为，鼓励教师在政策制定和工作决策中表达自己的意愿，提出合理的建议，才能使决策制定更加合理有效。

（6）信息提供与工作指导。高校领导授权的具体表现方式应该是给予必要的工作指导，但由于高校教师的高知识特性，在工作中领导一般不会过多进行工作方式方法的干预，工作的指导一般体现在给予有利于教师完成工作任务的信息方面，因此提供信息与工作指导是高校领导授权具体的方式和方法。

第五节　高校授权管理方法的理论整合

本章第二节分析了高校组织环境对教师心理授权的影响。而组织环境是通过什么样的途径影响心理授权还需要进一步分析，本节将从授权理论体系的构成来探讨影响心理授权的因素。授权理论的研究是按照关系路径和动机路径来研究的，第二章介绍和分析了心理授权是沿着动机路径进行研究，传统的关系路径的研究包括结构授权和领导授权，本章第三节和第四节分别对高校结构授权和领导授权进行了分析，Tymon（1988）[1]、Appelbaum 等（1999）[2] 认为，这三种授权类型是授权理论的三种研究方法。那么分别以组织、领导和下属为研究对象的结构授权、领导授权和心理授权之间是什么关系？三者在整个授权理论体系中起到什么作用是本节要分析探讨的问题。

一　结构授权对领导授权的影响

通过上文对领导授权的分析，领导授权一方面来自领导的风格是否会主动进行授权管理；另一方面则应来自组织的客观环境是否赋予领导进行授权管理的条件，因此组织结构授权的环境会对领导授权产生直接影响。领导授权行为的研究与组织授权结构的研究是密切关联的，Laschinger（2004）[3] 结构授权的维度包含为员工提供机会、信息、支持、资源方面的授权内容，在很大程度上需要通过领导直接授予下属，下属感受到的结构授权也大多直接来自领导的授权行为，另外结构授权赋予员工的正式权

① Tymon, W. G. Jr., An Empirical Investigation of a Cognitive Model of Empowerment, Ph. D. Temple University: Philadelphia, 1988.

② Appelbaum, S. H., Hebert, D., Leroux, S., "Empowerment: Power, Culture and Leadership – A Strategy or Fad for the Millennium", *Journal of Work – place Learning: Employee Counseling Today*, Vol. 11, No. 7, 1999, pp. 233 – 254.

③ Laschinger, H., "Hospital Nurses' Perceptions of Respect and Organizational Justice", *Journal of Nursing Administration*, No. 34, 2004, pp. 354 – 364.

力或非正式权力也会对领导与员工关系产生影响；另外，按照王辉等人（2008）① 对领导授权结构维度的划分，当领导对下属提供个人发展的支持、权力委任、允许下属参与决策等行为的重要外部条件也来源于组织结构授权的许可，领导与下属能够共享组织的愿景，为下属提供支持需要组织结构系统的支撑、组织授权通过工作再设计、工作扩大和丰富化等方式使领导在授权过程中能够给予下属工作指导，进行工作过程、结果和目标的控制，扮演教练和导师的角色。因此，结构授权从组织层面为处在管理层的领导授权行为提供了实施授权的环境，二者相结合使下属授权模式能够充分发挥授权式管理的效用。

　　虽然从理论上分析结构授权对领导授权具有重要影响，但在文献资料中并没有发现专门针对二者关系的研究，大多文献对领导授权的影响因素研究以领导个体特征和领导风格为主，比如 Spreitzer 和 Mishra（1996）② 提出，领导是否选择授权下属取决于他是否愿意承担授权的风险；我国学者杨英等人（2010）③ 探讨了领导对授权风险的考量，研究认为，任务绩效授权风险和组织利益授权风险与领导授权赋能行为负相关；韦慧民、龙立荣（2011）④ 探讨了领导对下属的认知和情感信任与领导授权赋能行为之间的关系；张文慧、王辉（2009）⑤ 基于管理者的个体特征探讨了领导授权赋能行为的前因变量，将环境的不确定性作为调节变量进行研究，但并没有具体分析领导授权的组织因素。学者们的研究还没有专门涉及领导自身之外的组织因素对领导授权的影响，因此本书拟从实证角度展开高校领导授权是否受到结构授权影响的研究。

二　结构授权对心理授权的影响

　　结构授权是沿着关系路径对授权开展研究的一种研究方法，关系路径

　　① 王辉、武朝艳、张燕等：《领导授权赋能行为的维度确认与测量》，《心理学报》2008 年第 40 卷第 12 期。

　　② Spreitzer, G. M., Mishra, A. K., "Giving up Control without Losing Control: Trust and its Substitutes Effects on Manager, Involving Employees in Decision Making", *Group and Organization Management*, No. 24, 1996, pp. 155 – 187.

　　③ 杨英、龙立荣、周丽芳：《授权风险考量与授权行为：领导—成员交换和集权度的作用》，《心理学报》2010 年第 42 卷第 8 期。

　　④ 韦慧民、龙立荣：《认知与情感信任、权力距离感和制度控制对领导授权行为的影响研究》，《管理工程学报》2011 年第 25 卷第 1 期。

　　⑤ 张文慧、王辉：《长期结果考量、自我牺牲精神与领导授权赋能行为：环境不确定性的调节作用》，《管理世界》2009 年第 6 期。

方法的研究基本假设是认为组织的授权措施会对员工的工作态度和工作行为产生直接的因果效应。这种假设受到沿着动机路径研究心理授权研究者的质疑，他们提出结构授权应该考虑被授权者的心理感受，应该研究结构授权的管理干预是否会影响员工心理授权的感知程度，并进一步影响员工的工作行为，并将研究重点放在员工心理授权的影响因素上。前文已经讨论了员工个体因素、工作因素以及组织环境变量对心理授权的影响，但针对结构授权对心理授权影响的研究并不多见，国外学者 Russell 等（2003）① 采用实证研究方法证明了组织授权的三个维度与员工心理授权的四个维度都有显著的正相关关系，研究提出了组织结构授权的三个维度，动态的组织机制、灵活的信息共享渠道和员工对工作决策的控制权，当组织具备这些条件时，员工会感知到动态的组织机制赋予自主决策的权力，为完成工作自己能够掌握相关信息和资源，可以对面临的问题进行自主决策，那么员工会认为自己具备了完成工作的能力，更有可能完成好工作任务，也会觉得自己的工作更有意义，从而提高心理授权的感知程度。我国学者刘云、石金涛（2010）② 提出，心理授权与结构授权是授权管理的两个方面，应该考虑两者对个体行为的共同影响，但并没有明确二者之间的关系以及如何联合作用于个体的行为。韩小芸、黎耀奇（2011）③ 研究了不同层次的授权，对组织授权、员工授权和顾客授权等变量之间的关系进行验证，结果表明组织授权通过影响企业内部员工心理授权和行为间接影响顾客的授权心理和态度，证明了组织授权对员工心理授权有直接的正向影响。

三　领导授权对心理授权的影响

授权情景下的领导授权不同于传统管理情景下的授权，领导授权不仅是一种授权方法，也是赋予下属能力的重要手段，事实上，与心理授权研究的维度已经实现了统一。国内外学者对领导授权的研究多侧重于领导授权赋能行为对下属、团队和组织的积极影响，其中多以心理授权为中介进

---

① Russell, M. A., Wendy, M. D., Steven, G. C., "The Organizational Empowerment Scale Review", *Personnel Review*, Vol. 32, No. 3, 2003, pp. 297 – 318.

② 刘云、石金涛：《授权理论的研究逻辑——心理授权的概念发展》，《上海交通大学学报》（哲学社会科学版）2010 年第 18 卷第 1 期。

③ 韩小芸、黎耀奇：《授权的多层次运用研究》，《中山大学学报》（社会科学版）2011 年第 51 卷第 5 期。

行研究，如 Konczak 等（2001）[1] 认为，领导是个体在工作中获得信息、知识、权力和反馈的重要来源，领导的授权赋能行为就是与下属分享权力，通过使下属感知到被授权的状态而产生提升下属内在动机与工作积极性。Thomas 和 Velthouse（1990）[2] 用社会结构特征概念解释工作环境对下属心理授权感知的作用，其中领导行为就是一个重要的社会结构特征因素。我国学者王辉等（2009）[3] 考察了领导—部属交换对领导授权赋能行为的影响，研究认为，领导授权赋能行为对下属心理授权感知和工作满意度有显著影响；唐贵瑶等（2012）[4] 梳理了国外授权型领导研究的文献，结论认为领导授权是通过心理授权对员工行为产生影响的，同时也提出对领导授权效能结果的研究应该考虑更多的情境与个体因素。鉴于学者们在领导授权与心理授权关系研究方面还存在调节变量的影响，本书认为领导授权在多数情境下是会对心理授权产生正向影响的，但应该灵活地根据工作性质与下属素质等因素选择最为有效的授权方式。

四　高校授权途径——结构授权、领导授权与心理授权的关系

在授权理论研究，中国内外学者基本都按照关系路径和动机路径进行针对性研究，涌现了大量的研究成果，然而结构授权、领导授权和心理授权其实是在授权管理中针对不同研究对象而采取的三种研究方法，研究者应该联合考虑三者对个体行为的共同影响。我国学者景涛等（2009）[5] 对授权管理理论体系整合性基础框架的构建进行了研究，将企业文化、授权化结构管理、授权化管理策略和技术、授权化领导行为和员工心理授权五个要素整合为比较完整的授权过程，但没有对模型的要素以及变量间关系的假设进行实证研究。基于对已有理论研究的分析和借鉴，本书试图从授权研究的方法中归纳出一条比较完整和清晰的授权途径，从授权基础、授权主体、授权客体三个方面建立个体获得授权的途径模型，并通过高校的

---

[1]　Konczak：《授权的多层次运用研究》，《中山大学学报》（社会科学版）2011 年第 51 卷第 5 期。

[2]　Thomas, K. W. , Velthouse, B. A. , " Cognitive elements of empowerment: An interpretive model of intrinsic task motivation", *Academy of Management Review*, Vol. 15, No. 4, 1990, pp . 666 – 681.

[3]　王辉、张文慧、谢红：《领导—部属交换对授权赋能领导行为影响》，《经济管理》2009 年第 4 期。

[4]　唐贵瑶、李鹏程、李骥：《国外授权型领导研究前沿探析与未来展望》，《外国经济与管理》2012 年第 34 卷第 9 期。

[5]　景涛、陈丹、徐颖：《授权管理理论体系整合性基础框架构建研究》，《科学管理研究》2009 年第 27 卷第 1 期。

授权管理进行理论整合的实证分析。

首先，高校结构授权作为授权的基础，营造授权的氛围和建立授权的制度体系，并通过高校组织系统来分享权力。教师被授权是通过高校的组织指挥链授予职责来实现的，缺乏制度体系保障和权力授予机制的高校组织将无法保证权力的有效授予，因此本书认为，高校结构授权提供了教师被授权的基础，是实现高校有效授权的基本前提。

其次，高校领导作为授权主体，在授权中发挥着重要的带动和导向作用，在高校组织管理制度框架下，领导能够积极与教师分享权力，表现出明显的授权化特征行为，这样，才能使教师更容易感受到被授权的状态。领导授权强调授权方式和方法，一般通过激励手段授权给教师，比如制定令教师感兴趣的目标、提供机会支持教师的发展、分享有利信息、鼓励教师进行教学与科研创新等，并对教师提供具体的工作指导和必要的管理过程控制，另外授予教师权力的同时也授予教师相应的责任。因此，高校领导授权从具体的操作层面明确了授予教师权力的范围、责任和方式，保证了授权的合理性，是实现有效授权的重要条件。

最后，高校教师的心理授权是以教师为研究对象，关注教师的心理体验，其核心思想就是通过提高教师对授权的认知从而激发其工作动机，成为提升高校整体效能与管理效能的关键要素。因此，对教师心理授权的研究不仅仅是一种授权研究方法，也是整个授权过程的终点，教师获得心理授权的程度是授权管理研究的最终目标。[①]

本节通过对结构授权、领导授权和心理授权相互关系的分析，在整体的授权理论框架下确定了高校教师授权管理的途径：结构授权作为授权基础，对领导授权和心理授权都具有直接影响作用，领导授权作为授权的条件对心理授权直接产生影响，授权管理以最终提高教师的心理授权为目标。

第六节　高校组织环境下教师获得心理授权的模型与假设

本章第一节介绍了高校教师心理授权的结构维度，第二节从理论上分

---

① 王瑞文、刘金兰：《从授权研究方法到授权途径的探索—基于高校教师的调查》，《国家教育行政学院学报》2014 年第 4 期。

析了高校组织环境对教师心理授权产生的影响，第五节通过介绍结构授权、领导授权和心理授权三者的关系，整合了高校授权管理的理论，本节将在上文研究基础上探讨高校组织环境下教师获得心理授权的途径。

组织环境对结构授权是否产生影响，可以从分析结构授权含义及模型入手。结构授权是通过一系列的组织措施，如提供机会、信息、支持、资源等使得员工获得授权，组织环境所包含的组织外部环境包含了广泛的政治、经济、社会、文化等要素，组织内部环境包含的组织文化、组织结构、组织氛围及工作环境等要素会对组织能否为员工提供授权环境产生重要的影响。比如员工所获得的与工作相关的信息是否畅通、资源是否具备等结构授权维度与组织环境的组织结构是否合理、组织文化和组织氛围是否良好等维度具有直接的关系，因此从理论上认为组织环境会对结构授权产生一定的影响。

基于理论研究和国内外已有研究成果的梳理，本书针对高校环境下教师心理授权的获得途径提出以下研究假设：

H1：高校组织环境正向影响高校结构授权

H2：高校结构授权正向影响高校领导授权

H3：高校组织环境正向影响高校教师心理授权

H4：高校结构授权正向影响高校教师心理授权

H5：高校领导授权正向影响高校教师心理授权

通过对影响高校教师心理授权前因变量的分析，本书根据以上假设建立高校环境下教师心理授权获得途径的理论模型，如图3－2所示。

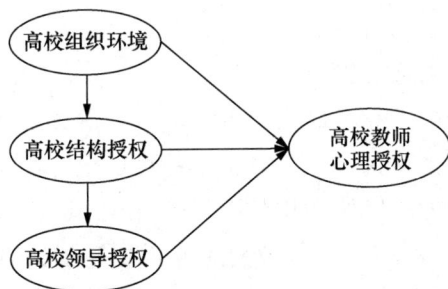

图3－2 高校教师心理授权获得途径理论模型

第四章　高校教师心理授权
对工作状况的影响

心理授权对员工工作态度、工作行为和工作结果具有影响，从理论上分析高校教师心理授权也是影响教师工作的重要因素。针对高校教师群体，教师心理授权各维度的体验必然不同于企业员工，高校教师心理授权作为一种内在激励，其激励效果如何？是否与查阅到的文献结论一致？其心理授权的哪些维度对教师工作有影响，影响程度如何，是本书要研究的另一个主要内容。本章以高校教师心理授权作为前因变量，选取教师组织承诺和工作绩效作为反映教师工作态度和工作结果的变量，对其之间的关系进行理论分析，构建高校教师心理授权对工作状况影响的理论模型。

第一节　高校教师组织承诺

一　组织承诺的内涵与分类

（一）组织承诺的内涵

组织承诺是员工工作态度的一个重要方面，从 20 世纪六七十年代开始就得到了社会学和管理学研究的关注。Becker（1960）[1] 是最早研究组织中员工承诺行为的学者，他认为组织承诺是指员工随着对组织"单方面投入"的增加而产生的一种心甘情愿地可以全身心参加组织中工作的情感。他的研究认为员工对组织产生承诺是由于其对组织投入的增加而不愿意离开该组织，是员工从成本权衡的角度带来的被动地留在组织中的心

---

① Becker, H. S., "Notes on the Concept of Commitment", *American Journal of Sociology*, No. 97, 1960, pp. 15 – 22.

理现象。Kanter（1968）[1] 的研究肯定了组织承诺是个体经过成本权衡之后对组织的承诺意向，另外还从员工的感情取向角度认为组织承诺是个人对组织奉献的程度和对组织忠诚的程度，这一研究将组织承诺内涵发展到情感依赖阶段，扩展了组织承诺的内涵。随后 Buchanan（1974）[2] 的研究也认为组织承诺是个体由于认同所属组织目标和价值观而产生的对组织依赖和忠诚的情感体验。Porter 等（1976）[3] 认为组织承诺是员工对组织的一种情感上的依赖，而不是经济或成本上的投入，是指个人对组织情感上的依附程度和参与组织的相对程度。Mowday 等（1979）[4] 之后又进一步将组织承诺定义为个体对组织的投入与认同程度，这一定义被多数研究者使用。另外 Marsh 和 Manari（1977）[5] 认为，员工从伦理道德规范上接受对组织的承诺而留在组织中；Wiener（1982）[6] 认为，承诺是社会性接受行为，这种行为超越了与承诺目的相关的、正式的规范性的期望。这一类对组织承诺的定义不同于成本权衡角度的被动性，虽然也不同于员工从感情方面的主动承诺，但是员工从道德规范的角度知觉到对组织应当承担责任和义务，也是从主动和积极的方面对组织做出的一类正向承诺。因此组织承诺的内涵从最早的单边投入的继续承诺，发展到扩充了感情投入承诺，再增加了道德规范承诺，呈现出了研究的多维性，并得到了目前组织承诺研究者的认同。

（二）组织承诺的分类

随着组织承诺内涵的不断发展，学者们对组织承诺从不同维度进行了分类，本书整理了国内外关于组织承诺的分类维度的主要观点，如表 4 - 1 所示。

---

① Kanter, R. M. , "Commitment and Social Organization: A Study of Commitment Mechanisms in Auatopian Communities", *American Sociological Review*, No. 33, 1968, pp. 499 – 523.

② Buchanan, B. , "Building Organizational Commitment: Socialization of Managers in Work Organizations", *Administrative Science Quarterly*, Vol. 19, No. 4, 1974, pp. 533 – 546.

③ Porter, L. W. , Steers, R. M. , Mowday, R. T. et al. , "Organizational Commitment, Job Satisfaction and Turnover Among Psychiatric Technicians", *Journal of Psychology*, No. 59, 1976, pp. 603 – 609.

④ Mowday, R. T. , Steers, R. M. , Porter, L. W. , "The Measurement of Organizational Commitment", *Journal of Vocational Behavior*, Vol. 14, No. 2, 1979, pp. 224 – 247.

⑤ Marsh, R. , Manari, H. , "Organizational Commitment and Turnover: A Predictive Study", *Administrative Science Quarterly*, No. 22, 1977, pp. 57 – 75.

⑥ Wiener, Y. , "Commitment in Organization: A Normative View", *Academy of Management Review*, No. 7, 1982, pp. 418 – 428.

表 4 - 1　　　　　　　　　国内外关于组织承诺的分类

作者	维度	解　释
Becker（1960）	继续承诺	累积并无法改变的投入
	道德投入	对组织目标、规范及价值观的高度认同
	计算投入	基于理性的利益交换
Kanter（1968）	继续承诺	由于个人在组织中投入的成本，认为一旦离开组织付出的代价太高
	凝聚承诺	员工对组织关系的归属程度
	控制承诺	要求员工根据组织价值观重新塑造自我
Porter 等（1976）	价值承诺	对组织目标的强烈认同
	努力承诺	渴望为组织发挥作用
	留职承诺	维持组织成员资格的欲望
Staw（1977）[1]	态度承诺	员工认同组织的目标及价值观并愿意做出努力
	行为承诺	个人由于投入了成本必须与组织联结在一起的状况
Steven 等（1978）[2]	心理承诺	员工在工作早期认为自己应该留在组织中，应该符合规范
	交换承诺	员工在后期衡量自己的贡献与组织给予的报酬
Meyer 和 Allen（1991）[3]	感情承诺	员工表现出对组织的情感依赖、自愿为组织忠诚、认同组织目标和价值并努力工作
	继续承诺	员工认为离开组织会有损失，不得不继续留在组织
	规范承诺	员工受到长期社会影响形成的社会责任，认为自己有义务继续留在组织
凌文辁等（2000）[4]	感情承诺	对单位负有深厚的感情、认同组织，并愿意不计较报酬为单位做出奉献，甚至在任何诱惑下都不会跳槽
	规范承诺	由于社会规范、职业道德认为自己应对组织忠诚热爱并负有责任、认为自己应全身心投入工作

---

① Staw, B. M., "Two Sides of Commitment", *Paper Presented at Annual Meeting of Academy of Management*, Orlando, Florida, Augest, 1977.

② Steven et al., "Assessing Personal, Role, and Organizational Predictors of Management Commitment", *Academy of Management Journal*, No. 21, 1978, pp. 380 - 396.

③ Meyer, J. P., Allen, N. J., "A Three - component Conceptualization of Organizational Commitment", *Human Resource Management Review*, Vol. 1, No. 1, 1991, pp. 61 - 90.

④ 凌文辁、张治灿、方俐洛：《中国职工组织承诺的结构模型研究》，《管理科学学报》2000 年第 3 卷第 2 期。

续表

作者	维度	解　释
凌文辁等（2000）	理想承诺	在组织中可以发挥专长、实现个人理想、组织可以提供有利的工作条件和晋升的机会、利于个人成长
	经济承诺	认为离开组织会带来经济上的损失而不得不留下
	机会承诺	待在这个组织是由于自己的技术水平低没有另找工作的机会或找不到别的满意工作
刘小平、王重鸣（2002）[①]	态度承诺	员工由于社会责任而留在组织，表现出对组织的投入和参与的程度
	权衡承诺	权衡自身利益后，由于害怕失去在组织工作多年获得的地位，而不得不继续留在该组织
雷巧玲（2008）[②]	感情承诺	个人对特定组织的认同和投入程度
	继续承诺	为了不失去由于多年的投入换来的工作位置和福利待遇，而不得不继续留在组织中

资料来源：根据文献整理。

根据以上对组织承诺的维度和分类研究可以得出，虽然组织承诺维度的数量和定义有所不同，但在研究的内容上存在很多重叠，国外的研究基本以 Meyer 和 Allen（1991）[③] 的三维度分类为主，我国凌文辁等人的研究在此基础上增加了理想承诺维度，并将继续承诺分为经济承诺和机会承诺，共五个维度。其他人的研究多采用感情承诺和继续承诺两个维度的分类。从理论上看，规范承诺和感情承诺都来自员工内心自发的工作动机和内部约束，而不是来自外部的物质刺激，这两个概念内涵存在了较大相关性，在研究中也出现了规范承诺信度较低的情况，因此我国一些学者倾向于将这两个维度合并为感情承诺，或剔除规范承诺的方法，而采用二维度的分类方法进行研究。

---

① 刘小平、王重鸣：《中西方文化背景下的组织承诺及其形成》，《外国经济与管理》2002年第1期。

② 雷巧玲：《文化驱动力——基于企业文化的心理授权对知识型员工组织承诺影响的实证研究》，经济管理出版社2008年版。

③ Meyer, J. P., Allen, N. J., "A Three – component Conceptualization of Organizational Commitment", *Human Resource Management Review*, Vol. 1, No. 1, 1991, pp. 61 – 90.

二　组织承诺的影响因素

许多学者研究了影响员工组织承诺的因素，Becker（1960）[1] 提出的组织承诺概念中，认为员工的单方面投入，比如，员工在组织中的工作年限、工作努力程度、投入的金钱等，是影响组织承诺的因素，员工在这些方面投入越多，组织承诺水平就越高。Porter 等（1976）[2] 认为，员工年龄和工龄、工作责任感、员工获得的工资报酬、在组织中的地位、工作的自由度以及升迁的机会等因素影响对组织的感情承诺。Steers（1977）[3] 认为，影响员工组织承诺的前因变量包括个人特质（年龄、教育程度和工作成就动机）、工作特征（工作的完整性、回馈性和互动性）和工作经验（群体态度和组织的可靠性）三部分。Mowday 等（1982）[4] 在 Steers 研究基础上将组织承诺的影响变量分为四个方面：个人特质、相关角色的特征、结构性特征和工作经验。Meyer 和 Allen（1991） 在对组织承诺维度的划分基础上，分别对三个维度的影响因素做了研究，他们认为影响组织承诺的感情承诺维度的因素包括个体特征、角色特征、工作特征、组织结构特征、领导与成员关系等；对持续承诺维度的影响因素包括员工的受教育程度、技术语言的范围、改行的可能性、工资报酬、福利、晋升机会、投入的多少等；影响规范承诺维度的因素包括个体经历、所接受的教育的类型及对承诺的规范要求等。

由于同一影响因素对组织承诺不同维度的作用程度不同甚至完全相反，因此学者们开始侧重对组织承诺各维度的分别研究，学者们的研究比较集中在对组织承诺的感情承诺和继续承诺两个维度的研究。Finegan（2000）[5] 的研究发现，组织特征中有关人性化的价值体系，比如组织的公正、创造与开放性的程度与感情承诺有关，而组织的保守、谨慎等程度

① Becker, H. S., "Notes on the Concept of Commitment", *American Journal of Sociology*, No. 97, 1960, pp. 15 – 22.

② Porter, L. W., Steers, R. M., Mowday, R. T. et al., "Organizational Commitment, Job Satisfaction and Turnover among Psychiatric Technicians", *Journal of Psychology*, No. 59, 1976, pp. 603 – 609.

③ Steers, R. M., "Antecedents and Outcomes of Organizational Commitment", *Administrative Science Quarterly*, Vol. 22, No. 1, 1977, pp. 46 – 56.

④ Mowday, R. T., Steers, R. M., Porter, L. M., *Organizational Linkage: The Psychology of Commitment Absenteeism and Turnover*, San Diego: Academic Press, 1982, pp. 51 – 102.

⑤ Finegan, J. E., "The Impact of Person and Organizational Values on Organizational Commitment", *Journal of Occupational and Organizational Psychology*, No. 73, 2000, pp. 149 – 169.

则与继续承诺相关。我国学者凌文辁等（2000）[①] 通过实证研究分别对影响组织承诺的五个维度的因素进行了研究。刘小平、王重鸣（2002）[②] 通过实证研究了中西方不同的文化背景下的组织承诺，认为组织承诺与感情承诺显著正相关，东方组织文化对组织承诺的感情承诺有显著影响，而西方组织文化则影响权衡承诺维度。Meyer 和 Allen（1991）[③] 认为，员工的工作满意感、工作的挑战性等会影响员工对组织的感情承诺。Shore 和 Wayne（1993）[④] 的研究表明个体对组织支持的感知与感情承诺具有正相关关系。Mathieu 和 Zajac（1990）[⑤] 认为工作的挑战性、工作中拥有更大的自主权、更高的认可等工作的内在因素比工资待遇和工作环境等外在因素更容易激发员工产生情感承诺。

综合学者们对组织承诺影响因素的研究，可以认为有关个体、工作或组织的特征都会对组织承诺的不同维度产生不同的影响，本书拟开展的心理授权对组织承诺的研究已在第二章做了详细的介绍，由于心理授权的四个维度包含了个体的价值观、个体对工作特征某些属性的认知以及工作方式的选择等方面，随着心理授权和组织承诺相关研究的不断深入，心理授权对组织承诺各维度的影响研究也在陆续开展，结合不同行业针对员工个体及工作特征的关系研究也是将来的研究方向。

三　组织承诺的测量

组织承诺的测量与学者们进行的维度分类密切相关，Porter 等（1976）[⑥] 开发的组织承诺量表的内容包括价值承诺、努力承诺和留任承

①　凌文辁、张治灿、方俐洛：《中国职工组织承诺的结构模型研究》，《管理科学学报》2000 年第 3 卷第 2 期。

②　刘小平、王重鸣：《中西方文化背景下的组织承诺及其形成》，《外国经济与管理》2002 年第 1 期。

③　Meyer, J. P., Allen, N. J., "A three – component Conceptualization of Organizational Commitment", *Human Resource Management Review*, Vol. 1, No. 1, 1991, pp. 61 – 90.

④　Shore, L. M., Wayne, S. J., "Commitment and Employee Behavior: Comparison of Affective Commitment and Continuance Commitment with Perceived Organizational Support", *Journal of Applied Psychology*, No. 78, 1993, pp. 774 – 780.

⑤　Mathieu, J. E., Zajac, D. A., "Review and Meta – analysis of the Antecedents, Correlates, and Consequences of Organizational Commitment", *Psychological Bulletin*, Vol. 108, No. 2, 1990, pp. 171 – 194.

⑥　Porter, L. W., Steers, R. M., Mowday, R. T. et al., "Organizational Commitment, Job Satisfaction and Turnover among Psychiatric Technicians", *Journal of Psychology*, No. 59, 1976, pp. 603 – 609.

诺三个维度, 但实际上该量表只测量了单维的感情承诺。Mowday 等 (1979)[①] 开发的组织承诺测量量表, 也主要测量承诺的情感承诺成分, 该问卷题项包括三个方面 15 个题项: 组织目标和价值观的接受、愿意为组织贡献力量、愿意留在组织中, 问卷的信度较好, 但区分效度并不理想。Meyer 和 Allen (1991)[②] 在他们的基础上重新开发了感情承诺问卷 (Affective Commitment Scale, ACS), 该问卷包括 8 个题项, 并在 1993 年进行了修改, 修改后的感情承诺调查问卷包括 6 个题项。

对规范承诺维度的测量首先是 Wiener 和 Vardi (1982)[③] 开发的问卷, 问卷包括 3 个题目, 分别测量员工自己认为是否应该对组织保持忠诚, 是否愿意为了组织牺牲个人利益, 是否可以不批评所在组织, 这 3 个题项类似于道德标准的测量, 并不能反映规范承诺的含义, 因此没有得到研究者的使用。Meyer 和 Allen (1991) 之后的研究也编制了规范承诺问卷 (Normative Commitment Scale, NCS), 该问卷包括 8 个题项, 1993 年修改为 6 个题项, 主要测量员工对组织的忠诚度和责任感。

对继续承诺的测量也来自于 Meyer 和 Allen (1991) 开发的持续承诺问卷 (Continuance Commitment Scale, CCS), 问卷包括 8 个题项, 在 1993 年修改为 6 个题项。

目前国内外比较常用的问卷是 Meyer 和 Allen 在 1991 年开发 (24 个题项) 和 1993 年修改后 (18 个题项) 的组织承诺三维度问卷, 问卷由感情承诺量表、规范承诺量表和持续承诺量表三部分组成, 分别用于测量员工留在组织是由于情感上的自愿或者道德责任感, 还是由于对组织有需要不得不留在组织中这三种承诺类型。国内最早进行组织承诺研究的是凌文辁等 (2000)[④] 以国内企业员工为对象的研究, 编制的 "中国员工组织承诺问卷" 测量了组织承诺的五个维度: 感情承诺、规范承诺、理想承诺、经济承诺和机会承诺, 问卷的信度效度良好, 各因子的再测信度均在

① Mowday, R. T., Steers, R. M., Porter, L. W., "The Measurement of Organizational Commitment", *Journal of Vocational Behavior*, Vol. 14, No. 2, 1979, pp. 224–247.

② Meyer, J. P., Allen, N. J., "A Three–component Conceptualization of Organizational Commitment", *Human Resource Management Review*, Vol. 1, No. 1, 1991, pp. 61–90.

③ Wiener Y. Vardi, "Commitment in Organization: A Normative View", *Academy of Management Review*, No. 7, 1982, pp. 418–428.

④ 凌文辁、张治灿、方俐洛:《中国职工组织承诺的结构模型研究》,《管理科学学报》2000 年第 3 卷第 2 期。

0.70以上，而且除个别因子外都达到0.80以上，各因子的同质信度基本也在0.70以上，总体信度为0.67，略低于0.70，也属于可以接受的范围，我国许多学者应用该问卷，问卷内容见表4-2。另外，国内许多学者的研究将三维度量表简化为二维度，即情感承诺和继续承诺维度。雷巧玲（2008）[1] 在研究企业文化背景下的员工组织承诺中，用感情承诺和继续承诺两个维度12个题项测量个体的组织承诺水平，两个维度的信度为0.87和0.79，可信度较高，量表内容见表4-3。

表4-2 凌文辁等（2000）编制的中国企业员工组织承诺五维度测量量表

维度	题项		
感情承诺	效益差也不离开	对单位感情深	愿做任何贡献
	愿贡献全部心血	愿贡献业余努力	
规范承诺	对单位负有义务	跳槽不道德	对单位都应忠诚
	对单位全身心投入	像爱家那样爱单位	
理想承诺	学有所用	进修机会多	晋升机会多
	挑战与困难	条件利于实现理想	
经济承诺	失去福利	损失太大	即便想也很难离开
	花费一生	家庭损失	
机会承诺	别的单位工资不好	技术低	找适合工作不易
	找不到别的单位	条件好的不易找	

资料来源：根据参考论文资料整理。

表4-3 雷巧玲（2008）[2] 编制的员工组织承诺测量量表

维度	题项
感情承诺	我很乐意效力于我所在的这家公司
	当我向他人提起我是这家公司的一员时我感到很骄傲
	我真的感觉公司的问题好像就是我自己的问题
	公司对我来讲有很大的个人价值
	在公司我有像是大家庭中的一员的感觉
	我对公司有很强的归属感

[1] 雷巧玲、赵更申：《心理授权与知识型员工组织承诺的关系研究》，《科技进步与对策》2008年第24卷第9期。

[2] 雷巧玲：《文化驱动力——基于企业文化的心理授权对知识型员工组织承诺影响的实证研究》，经济管理出版社2008年版，第38—39页。

续表

维度	题项
继续承诺	我继续在这家公司工作的主要原因是离开将会带来很大的个人损失，别的公司不可能提供我在这已拥有的所有利益
	如果我现在离开公司，那我的生活在很大程度上会陷入混乱
	即使我想离开这家公司，但我现在也很难离开
	如果我要离开这家公司的话，我觉得没有多少其他更好的选择
	现在留在这家公司对我来讲，与其说是愿望，不如说是不得不这样
	离开这家公司的不良后果之一就是可供选择的机会很少

四 高校教师组织承诺分析

（一）研究高校教师组织承诺的意义

学者们对组织承诺影响结果的研究比较丰富，比如组织承诺对员工的工作满意度、组织绩效、组织公民行为和员工离职倾向等方面的影响作用，尤其是对员工离职倾向的影响研究最为丰富，Meyer 等（1993）[①] 的研究证明了组织承诺的感情承诺和继续承诺维度都对员工离职倾向产生负向影响作用，组织承诺与离职倾向呈显著负相关的关系得到了许多学者的证实，确立了组织承诺可以预测员工的离职倾向，这也是本书选取将组织承诺作为表现员工工作态度一个方面的重要原因。

将组织承诺理论应用于高等教育领域，进行高校教师组织承诺的研究也非常有价值，由于高校教师的职业属性，相对其他职业来说具有高自由度，高校对教师的管理也相对松散，组织承诺可以从教师的工作态度方面反映教师对所在高校的认同程度和忠诚度以及对工作的投入程度，由此可以进一步判断教师工作的努力程度、工作积极性以及敬业度。我国高等教育进入大众化发展阶段以后，高校教师规模迅速扩张，随着高等教育体制的改革，教师的社会角色逐渐多样化，国家高等教育政策鼓励人才的流动，高校管理体制的灵活性为教师的合理流动提供了环境和土壤，由于高校教师特殊的职业属性，其知识型的身份特质和高自主性的职业特征降低了对组织的归属感，教师的流动性在加大，尤其是大量教师的隐性流失，

---

① Meyer, J. P., Allen, N. J., Smith, C. A., "Commitment to Organizations and Occupations: Extension and Test of a 3 – component Conceptualization", *Journal of Applied Psychology*, Vol. 78, No. 4, 1993, pp. 538 – 551.

许多教师将本应是工作重心的学校本职工作当成副业，非常不利于高校的发展。高校虽然也出台了一些规章制度，但外部强制办法对于减少教师的隐性流失、提高教师工作积极性等方面所起的作用并不理想，最为有效的方法应该是从教师内在工作态度的改变来解决这个问题。组织承诺是衡量教师是否对学校忠诚的重要指标，组织承诺高的教师会将实现个人发展与高校目标结合起来，全身心投入工作；教师组织承诺低则会影响工作积极性、降低工作绩效，甚至造成人员的流失。因此，教师组织承诺应该作为高校教师管理的深层次问题进行探究。通过了解教师组织承诺程度、激发教师工作的内在动机，是提高师资队伍稳定性最长久有效的方法。高校教师组织承诺问题已经被许多学者和管理者关注，组织承诺被认为是高校教师职业管理的重要内容，如何提高教师组织承诺的研究也在不断开展。

（二）　国内外对高校教师组织承诺的研究

国外对教师组织承诺的研究自 20 世纪 90 年代开始已有 20 多年，但相对于组织承诺理论研究来说，针对教师尤其是高校教师的研究并不丰富。Shaw 和 Reyes（1992）[1] 的研究指出教师组织承诺体现在教师对学校发展目标的认同、有留在学校的愿望和能够为了学校超越个人利益三个方面。Celep（2000）[2] 研究了不同程度教师组织承诺，组织承诺低的教师工作效率也会降低。另外，教师会离开学校，甚至还会脱离教育行业，影响教师的职业生涯发展；组织承诺高的教师会尽力为学校工作，甚至乐于牺牲自己的业余时间。Rosenholtz 和 Simpson（1990）[3] 的研究发现，教师组织承诺水平与自我效能、离职意愿相关。Dennis 和 Alan（2004）[4] 对高校教师的组织承诺进行了研究，认为教师的性别、任职时间以及职业道德标准对组织承诺有显著影响。Dee 等（2006）[5] 认为，组织结构和团队结

① Shaw, J., Reyes, P., "School Cultures: Organizational Value Orientation and Commitment", *Journal of Educational Research*, Vol. 85, No. 5, 1992, pp. 295 – 302.

② Celep, C., "Teachers Organizational Commitment in Educational Organizations", *National Forum of Teacher Educational Journal*, Vol. 10, No. 3, 2000, pp. 1 – 22.

③ Rosenholtz, S. J., Simpson, C., "Workplace Conditions and the Rise and Fall of Teachers' Commitment", *Sociology of Education*, No. 63, 1990, pp. 241 – 257.

④ Dennis, M. M., Alan, H. B., "Organizational Commitment of a Health Profession Faculty: Dimensions, Correlates and Conditions", *Medical Teacher*, Vol. 26, No. 4, 2004, pp. 353 – 358.

⑤ Dee, J. R., Henkin, A. B., Singleton, C. A., "Organizational Commitment of Teachers in Urban Schools", *Urban Education*, Vol. 41, No. 6, 2006, pp. 603 – 627.

构对教师组织承诺有影响。Smeenk 等（2006）[1] 认为，高校教师的年龄、教龄、社会参与程度、获得的工作报酬、培训情况和职业变动等特征对组织承诺有显著影响。

国内学者对高校教师组织承诺的研究并不多见，本书收集整理了已经发表的文献，比较有代表性的研究见表4－4。

表4－4 我国高校教师组织承诺相关研究

作者	采用的量表	调查对象	研究结论	发表刊物
许绍康、卢光莉（2008）[2]	自编五个维度21个题项量表	河南9所高校的636份问卷	高校教师组织承诺与工作绩效各因素存在显著相关	心理科学
于博、白杨（2011）[3]	Meyer 和 Allen 的三因素12个题项组织承诺量表	309组高校学院领导和任课教师	变革型领导对组织承诺有显著正向影响，目标设置、自我效能和目标自我一致起中介作用	复旦教育论坛
胡青、孙宏伟（2013）[4]	凌文辁等编制的中国职工组织承诺五因素量表	山东省16所高校515名教师	高校校长的变革型领导行为对教师组织承诺具有正向影响	心理与行为研究
刘耀中（2009）[5]	自编高校教师组织承诺六因素量表	高校教师263份问卷	高校教师的组织承诺由六个因子组成：感情承诺、理想承诺、关系承诺、条件承诺、持续承诺、责任承诺	心理科学
邢周凌等（2007）[6]	Meyer 和 Allen 的三因素15个题项组织承诺量表	1所高校373份问卷	高校业绩津贴制度与教师组织承诺呈正相关	高教探索

资料来源：根据资料整理。

---

① Smeenk, S. G. A., Eisinga, R. N., Teelken, J. C. et al., "The Effects of HRM Practices and Antecedents on Organizational Commitment among University Employees", *The International Journal of Human Resource Management*, Vol. 17, No. 12, 2006, pp. 2035 - 2054.

② 许绍康、卢光莉：《高校教师组织承诺与工作绩效的关系研究》，《心理科学》2008 年第31 卷第4 期。

③ 于博、白杨：《结构方程模型在高校变革型领导影响教师组织承诺研究中的应用》，《复旦教育论坛》2011 年第9 卷第6 期。

④ 胡青、孙宏伟：《高校校长变革型领导行为的测量及其对教师组织承诺的影响》，《心理与行为研究》2013 年第11 卷第2 期。

⑤ 刘耀中：《高校教师组织承诺结构维度及其测量》，《心理科学》2009 年第32 卷第4 期。

⑥ 邢周凌、袁登华、周绍森：《高校业绩津贴制度对教师组织承诺的影响研究》，《高教探索》2007 年第6 期。

（三）高校教师组织承诺的结构分析

学者们对高校教师组织承诺的研究，根据研究角度不同产生了不同的结构维度和定义。国外研究基本采用了 Meyer 和 Allen（1991、1993）①②开发的三维度量表，也有学者在单独研究情感承诺时采用 Mowday（1979）③ 开发的单维组织承诺测量表。我国学者研究有的采用了针对教师组织承诺开发的量表，有的是在国外成熟量表的基础上针对教师特征进行了修改，也有的直接采用了国内比较成熟的符合中国情景的组织承诺量表，这些量表通过信效度检验和实证分析也具有较高的研究价值，能够支持研究者的研究结论。本书通过文献梳理，总结国内外对组织承诺的分类和测量的研究资料，将高校教师组织承诺的结构分为两个维度：主动组织承诺和被动组织承诺。

主动组织承诺是指教师积极主动地对所在高校做出的正向承诺，这一类承诺主要包含感情取向和道德规范。虽然组织承诺分类多样、各维度的命名各不相同，也存在名称的交叉和重复，但对组织承诺所包含的内容有比较一致的观点。本书定义的主动组织承诺维度主要包括感情承诺和规范承诺，也包括如凝聚承诺、价值承诺、态度承诺、心理承诺和理想承诺等，这些类型的承诺无论是出于对自我价值的追求、对教师职业道德的遵守，或是对所在高校目标的认同及感情的归属，都是一种主动的、积极的承诺表现。主动承诺强调教师在职业选择中将教师工作作为自己的职业理想，并自觉认同教师的职业道德规范；是教师将高校作为实现其职业理想的载体，可以实现其自我价值而产生的主动承诺；还包括教师对所在高校存深厚的感情，愿意主动参与到学校的活动中，渴望保持所在高校教师的身份，能够自觉实现对学校的忠诚。这些方面是教师从认同、参与到忠诚的实现对高校主动承诺的过程，因此可以将这一类组织承诺归纳为主动组织承诺维度。

被动组织承诺则是教师消极的、负向的、基于利益权衡的一类承诺，

① Meyer, J. P., Allen, N. J., "A three – component Conceptualization of Organizational Commitment", *Human Resource Management Review*, Vol. 1, No. 1, 1991, pp. 61 – 90.

② Meyer, J. P., Allen, N. J., Smith, C. A., "Commitment to Organizations and Occupations: Extension and Test of a 3 – component Conceptualization", *Journal of Applied Psychology*, Vol. 78, No. 4, 1993, pp. 538 – 551.

③ Mowday, R. T., Steers, R. M., Porter, L. M., *Organizational Linkage: The Psychology of Commitment Absenteeism and Turnover*, San Diego: Academic Press, 1979, pp. 51 – 102.

内容主要包括学者们基于成本权衡角度定义的继续承诺，也包括如经济承诺、机会承诺、交换承诺、行为承诺、交易承诺、权衡承诺等类型的组织承诺。高校教师的被动承诺一种是考虑自身不具备离职的能力而不得不留在学校，另一种是考虑一旦离开学校会带来各种不利结果，包括经济上的损失和多年对学校投入的成本损失等，因此被动承诺是教师比较隐蔽的、受到各种条件制约的一种心理承诺状态。

本书的研究重点是高校教师的心理授权对工作态度和工作行为的影响，组织承诺作为教师工作态度的重要方面有其研究的价值和代表性，就高校组织承诺本身而言，对其进行细分研究无疑是最为科学合理的，但由于组织承诺概念维度的复杂性，研究者出于各自不同的研究角度，在结构的划分上会根据研究重点有所交叉甚至遗漏。在实际研究中也不可能出现绝对完整的组织承诺结构维度模型，只要研究者提出的结构能够解释员工的行为，可以满足研究需要并通过统计学检验，就可以认为模型是有效的。本书的研究是围绕心理授权展开的，因此对心理授权的结果变量的研究不再扩展分析，将高校组织承诺结构划分为两个维度的方法，得到了理论基础支撑，也满足本书研究的需要，但也有待于在实证研究中加以证实。

第二节　高校教师工作绩效

一　工作绩效定义及结构

对绩效的定义由于研究角度和研究目的不同有很多的解释，很难有一个明确的释义。按照绩效主体分类可以分为组织绩效、团队绩效或者个体绩效，本书针对高校教师的工作绩效情况进行研究，因此这里的工作绩效特指员工个体绩效。对个体绩效的认识大致可以分为两类：一类是从工作结果的角度定义，认为绩效是指员工在一定时间和条件下完成任务的业绩和效果，以及效率、效益等；另一类则是从工作行为角度定义，认为绩效是员工可以被观测到的、可以进行评价的与工作任务和组织目标相关的工作行为。这两种对工作绩效的定义实际上是不可分割的两个部分，工作行为与行为产生的结果是一个事物的两个方面，行为是产生绩效的直接原因，行为的优劣由结果来评价。因此，对员工工作绩效的最基本含义是指员工的工作和活动取得的成就或产生的客观效果，现在大多数学者综合了绩效是包括工作结果也包括工作的行为的观点，形成了绩效的结果行为观，董克用、李超平（2011）① 认为绩效包括绩效的结果和绩效行为，是员工表现出来的与组织目标相关的并且能够被评价的工作态度、能力和业绩，其中工作业绩反映工作结果，工作态度和能力反映工作的行为。

　　随着对工作绩效内涵的深入研究，出现了工作绩效的二维观研究，Borman 和 Motowidlo（1993）② 通过实证研究，提出了将工作绩效划分为任务绩效和关系绩效两个维度的观点，任务绩效就是以目标为导向的，为达到员工的工作岗位要求而设定的绩效要求，以员工是否完成了岗位目标为衡量标准，这也是传统对员工进行绩效评价的主要内涵和基本要求。关系绩效的含义扩展了任务绩效的空间，也称作周边绩效，不是对工作岗位目标是否完成的评价，而是指那些能够支持员工完成工作任务的广泛的活动，比如员工是否主动参与正式考核之外的工作要求、员工工作的努力程度、帮助或与团队成员间的友好合作、主动遵守工作程序和规章制度以及对组织目标的支持等方面，这些关系绩效都与员工任务绩效密切相关，对任务绩效的完成起着重要的帮助和支持作用，对整个组织的有效运行同样起着重要的作用，甚至于在 Conway（1999）③ 的研究中认为，关系绩效的两个方面（人际促进和工作奉献）超过了任务绩效对总绩效的独立贡献。

　　对工作绩效定义和结构分类的二维观是对任务绩效的空间扩展，后来又出现的工作绩效三维观则是时间上的扩展，增加了适应性绩效这一个新的维度。适应性绩效是用发展的眼光看待员工的绩效，不是对员工工作结果和目前工作行为的反映，而是对员工是否有个人发展潜力、在未来是否能够有效提高绩效的能力和素质的另一类型绩效。适应性绩效同时强调员工是否具备在多变的组织环境下能够灵活应对变化，能否学习新知识、接受新任务等素质，因此有的学者也将学习绩效、创新绩效等概念增加到绩效的维度结构中。

---

① 董克用、李超平：《人力资源管理概论》，中国人民大学出版社 2011 年版，第 300 页。

② Borman, W. C., Motowidlo, S. J., "Expanding the Criterion Domain to Include Elements of Contextual Performance", In: Schmitt, N., Borman, W. C. (eds.), *Personnel Selection in Organizations*, San Francisco: Jossey – Bass Publishers, 1993, pp. 71 – 98.

③ Conway, J. M., "Distinguishing Contextual Performance from Task Performance for Managerial Jobs", *Journal of Applied Psychology*, No. 84, 1999, 84, pp. 3 – 13.

　　与以上绩效定义和结构不同的另一种绩效分类是从绩效的正负两方面研究工作绩效，这也是一种有开创性的绩效观，Rotundo 和 Sackett (2002)[1] 把员工做出的与组织目标相违背的行为也看作个体绩效的一个方面，列入了绩效结构中，将这些不遵守组织规章制度、消极怠工，甚至出现的破坏性行为等对组织有害的个体自发的行为定义为反生产绩效，与原有的任务绩效、生产性任务绩效构成了员工工作绩效的另一类三维结构。

　　通过对以上员工个人工作绩效的文献梳理，本书对其中有代表性的概念解释和结构维度进行了整理，如表4－5所示。

表4－5　　　　　　　　　　　　　工作绩效定义及分类

类型	观点及 分类归类	代表学者	概念解释
1 单维	结果观	Bemardin 和 Beatty（1984）[2]	绩效是在特定时间内，对特定的工作职能、活动或行为产出结果的记录
		Tracy 和 Presha（2004）[3]	工作绩效指员工个体的生产水平
2 单维	行为观	Murphy（1989）[4]	员工实际做出的与组织目标相关的行为
		Campbell 等（1993）[5]	绩效是由个体与目标相关的行为组成，绩效应该与结果分开，不是结果，而是行为
3 单维	结果行为 综合观	Brumbach（1988）[6]	绩效包括行为和结果。行为产生结果，本身也作为结果，是为完成工作任务付出的脑力和体力的结果

　　① Rotundo, M., Sackett, P. R., "The Relative Importance of Task, Citizenship, and Counterproductive Performance to Global Ratings of Job Performance: A Policy – capturing Approach", *Journal of Applied Psychology*, No. 1, 2002, pp. 66 – 80.

　　② Bemardin, H. J., Beatty, R. W., *Performance Appraisal: Assessing Human Behavior at Work*, America: Kent Publishing Company, Massachusetts, 1984.

　　③ Tracy, L. T., Presha, E. N., "Performance, satisfaction and turnover in call centers: The effects of stress and optimism" *Journal of Business Research*, No. 57, 2004, pp. 26 – 34.

　　④ Murphy, K. R., "Dimensions of Job Performance", In: Dillon R. F., Pelligrino J. W. *Testing: Theoretical and Applied Perspectives*, New York: Praeger, 1989.

　　⑤ Campbell, J. P., Mccloy, R. A., Oppler, S. H. et al., "A theory of Performance", In: Schmitt, N., Borman, W. C. (eds.), *Personnel Selection in Organizations*, San Francisco: Jossey – Bass, 1993, pp. 35 – 70.

　　⑥ Brumbach, G. B., "Some Ideas, Issues and Predictions about Performance Management", *Public Personnel Management*, Vol. 17, No. 4, 1988, pp. 387 – 402.

续表

类型	观点及分类归类	代表学者	概念解释
3 单维	结果行为综合观	Otley（1999）①	绩效是工作过程中表现出来的行为及达到的工作结果
		仲理峰、时勘（2002）②	绩效包括应该做什么和如何做两个方面
4 二维	任务绩效	Borman 和 Motowidlo（1993）③	是指组织所规定的行为或与特定作业有关的行为
	关系绩效（周边绩效）	Scotter 和 Motowidlo（1996）④	工作奉献：表现为自律行为，如遵守规则、努力工作、主动解决工作中的问题等
			人际促进：有助于组织目标实现的提高员工士气、鼓励协作的行为，可以营造任务绩效发生的周边情境
5 三维	任务绩效	与二维绩效观相同	过去的绩效
	关系绩效		
	适应性绩效（学习绩效、创新绩效）	Hesketh 和 Neal（1999）⑤	适应性绩效作为任务绩效和关系绩效的拓展，适合变革中的组织和个体
		Pulakos 等（2000）⑥	善于学习新的任务；有信心掌握新的任务；具有灵活性；有能力应对变化等

①　Otley, D. , "Performance Management：A Framework for Management Control Systems Research", *Management Accounting Research*, No. 10, 1999, pp. 363 – 382.

②　仲理峰、时勘：《绩效管理的几个基本问题》，《南开管理评论》2002 年第 3 期。

③　Borman, W. C. , Motowidlo, S. J. , "Expanding the Criterion Domain to Include Elements of Contextual Performance", In：Schmitt, N. , Borman, W. C. （eds.）, *Personnel Selection in Organizations*, San Francisco：Jossey – Bass Publishers, 1993, pp. 71 – 98.

④　Scotter, J. R. , Motowidlo, S. J. , "Interpersonal Facilitation and Job Dedication as Separate Facets of Contextual Performance", *Journal of Applied Psychology*, No. 81, 1996, pp. 525 – 531.

⑤　Hesketh, B. , Neal, A. , "Technology and performance", In：Llgen, D. R. , Pulakos, E. D. （eds.）, *The Changing Mature of Performance：Implications for Staffing, Motivation, and Development*, San Francosco：jossey – Bass, 1999, pp. 21 – 55.

⑥　Pulakos, E. D. , Arad, S. , Domovan, M. A. et al. , "Adaptability in the Workplace：Development of Taxonomy of Adaptive Performance", *Journal of Applied Psychology*, Vol. 85, No. 4, 2000, pp. 612 – 624.

续表

类型	观点及分类归类	代表学者	概念解释
6 三维	任务绩效	Rotundo 和 Sackett (2002)[①]	指有助于生产产品或提供服务的行为
	组织公民行为		可以通过改善组织的社会和心理环境而有助于组织目标的行为
	反生产性绩效		指员工对组织有害的自发行为，如消极怠工、破坏性行为、攻击性和不遵守规则等

资料来源：根据资料整理。

二 高校教师工作绩效的影响因素及结构维度

对高校教师工作绩效的研究不同于本书所研究的其他变量，各行业人员工作绩效由于工作内容不同会有极大的差别，因此本部分的研究将针对高校教师的工作内容展开分析，梳理国内外有关高校教师工作绩效的研究文献，明确本书所研究的高校教师工作绩效的影响因素及结构维度。

(一) 高校教师工作内容

《国家中长期教育改革和发展规划纲要（2010—2020 年）》[②] 指出："高等教育承担着培养高级专门人才、发展科学技术文化、促进社会主义现代化建设的重大任务。"作为高等学校行为主体的教师是实现高校在提高人才培养质量、提升科学研究水平和增强社会服务能力的发展建设中的决定性因素之一。《中华人民共和国高等教育法》[③] 第四十七条规定，高等学校实行教师职务制度。高校教师职务的设置要根据学校所承担的科研、教学等任务合理设置，对高校教师应当具备的基本条件做了规定，比如要具备教育教学能力和科学研究能力、承担课程并完成规定课时的教学任务等，要求教授、副教授还应具有显著的教学成绩和突出的教学、科学研究成果等。第五十一条规定，高校对教师需要进行考核，考核内容主要

---

① Rotundo, M., Sackett, P. R., "The Relative Importance of Task, Citizenship, and Counterproductive Performance to Global Ratings of Job Performance: A Policy - capturing Approach", *Journal of Applied Psychology*, No. 1, 2002, pp. 66 - 80.

② 《国家中长期教育改革和发展规划纲要（2010—2020 年）》，http://www.gov.cn/jrzg/2010 - 07/29/content_ 1667143. htm.

③ 《中华人民共和国高等教育法》，http://www.moe.edu.cn/publicfiles/business/htmlfiles/moe/moe_ 619/200407/1311. html.

包括思想政治表现、教师的职业道德水平、业务水平和完成的工作实绩等方面，考核结果将作为教师聘任、奖励、晋升或处分的依据。

高等教育法的规定明确了高校教师的工作内容，高校教师作为高智力人群，一方面承担着教育培养学生的任务，另一方面承担着发展科学技术文化、开展科学技术研究的任务，因此高校教师的工作内容主要包括：教学、科研和社会服务三个方面。这三个方面的工作内容是相互交叉、相互支撑的关系，在教学工作方面教师应掌握教学方法、熟悉教学规律，对学生进行专业技能的教授，另外还应注重培养学生学习能力和创新能力，教师应将自己开展的科学研究内容以及从事的社会服务工作融合到对学生课堂教学以及课后辅导中，为学生讲授最前沿的科技知识、介绍最新的专业领域发展状况、传授科学研究的基本方法、提供参与社会实践的渠道等等，以此提高学生整体素质，为国家培养出复合型的高级人才。高校教师承担科学研究工作是责无旁贷的责任，高校作为知识最为密集区域，已经成为科学研究的主力军，高校的科研工作也获得了国家的大力支持，无论硬件投入和经费资助方面都具有得天独厚的优势，高校教师也因此获得了良好的科研环境，高校的科学研究类型和研究方向也从过去单一的基础研究转变为多样化发展，更多地开展面向国家需求和企业需求的应用研究，将科学研究与社会服务、企业服务相结合，大力发展产学研合作，因此高校教师应承担的科学研究任务也越来越凸显出来，高校在教师管理机制中也加大了对教师科研工作的考核和评价标准。在教师的社会服务工作方面，2011 年由教育部和教科文卫体工会委员会联合印发了《高等学校教师职业道德规范》，明确提出高校教师应当承担的社会服务工作，其中第五条规定高校教师要勇担社会责任，为国家富强、民族振兴和人类进步服务。教师应当自觉承担社会义务，可以通过参加公益活动、参与社会实践、提供专业服务等渠道传播优秀文化，为群众普及科学知识，服务大众。

（二）高校教师工作绩效的影响因素研究

已有的针对高校教师工作绩效的研究主要集中在影响绩效的因素和教师绩效评价两个方面，由于本书研究的内容包括高校教师心理授权对工作绩效的影响，因此主要对绩效影响因素的相关研究进行梳理。学者们对工作绩效影响因素的研究主要从管理学和心理学角度开展，多因性是绩效的一个重要特点，已有研究表明，对员工工作绩效产生影响的因素主要包括员工个人、员工所在组织以及工作本身等因素。

由于我国高等教育管理体制不同于国外，本书的研究主要针对我国高校教师工作绩效的影响因素进行分析，因此将我国近几年有代表性的研究文献进行了梳理，见表4－6。

表4－6　　　　　　　我国高校教师工作绩效影响因素相关研究

作者	绩效维度	研究结论	发表刊物
胡坚、莫燕（2004）[1]	任务绩效	高校教师工作价值观对教师的任务绩效有显著的影响	科学学与科学技术管理
吴湘萍等（2006）[2]	教学质量科研成绩学科整体业绩学术氛围	工作环境、组织承诺及人力资源管理水平是影响教师工作绩效的主要因素	华东师范大学学报（教育科学版）
许绍康、卢光莉（2008）[3]	任务绩效人际促进工作贡献	高校教师组织承诺与工作绩效的各因素都存在显著相关性	心理科学
周治金等（2009）[4]	教学绩效人际关系促进奉献精神绩效	教师对年度考核的无所谓态度可以正向预测教师工作绩效；教师的组织公平感不能预测教师工作绩效；教师社会价值感因素正向影响工作绩效	高等工程教育研究
陈晶瑛（2009）[5]	教学工作量科研完成情况	薪酬满意度对教师的工作积极性、教学效果及工作绩效具有正向的作用	中国人力资源开发
纪晓丽、陈逢文（2009）[6]	任务绩效周边绩效和适应绩效	内源性工作压力显著正向影响高校教师工作绩效，而外源性工作压力显著负向影响高校教师工作绩效	统计与决策

---

① 胡坚、莫燕：《高校教师工作价值观与任务绩效关系的实证分析》，《科学学与科学技术管理》2004 年第 12 期。

② 吴湘萍、徐福缘、周勇：《高校教师工作绩效的影响因素分析》，《华东师范大学学报》（教育科学版）2006 年第 24 卷第 1 期。

③ 许绍康、卢光莉：《高校教师组织承诺与工作绩效的关系研究》，《心理科学》2008 年第 31 卷第 4 期。

④ 周治金、朱新秤、王伊兰等：《高校教师工作绩效及其影响因素的调查与分析》，《高等工程教育研究》2009 年第 2 期。

⑤ 陈晶瑛：《高校教师薪酬满意度对工作绩效和积极性的影响》，《中国人力资源开发》2009 年第 8 期。

⑥ 纪晓丽、陈逢文：《工作压力对高校教师工作绩效的作用机制研究》，《统计与决策》2009 年第 16 期。

续表

作者	绩效维度	研究结论	发表刊物
齐晓栋、王佳宁（2012）①	任务绩效 人际促进 工作贡献	心理授权各维度与工作绩效有显著正相关关系；心理授权的自我效能维度可以显著正向预测工作绩效总体及三个维度；工作意义维度显著预测人际促进、工作奉献维度及工作绩效总体	继续教育研究
景丽珍、杨贞兰（2013）②	教学绩效 科研绩效	教师的教学绩效普遍高于科研绩效；教师的学术合作对象和内容、人际交往能力对工作绩效有积极影响；人际交往对象和内容、学术合作能力对工作绩效有消极影响	高等教育研究
方阳春（2013）③	任务绩效 关系绩效	社会支持对任务绩效没有显著直接影响，但对关系绩效有显著的直接影响	科研管理

资料来源：根据资料整理。

　　通过对近几年我国学者开展的高校教师工作绩效影响因素研究的梳理可见，高校教师工作绩效的研究已经从原来的仅关注绩效评价扩展为更深层次的探究绩效影响因素，学者们通过大量的实证研究寻找对教师绩效产生影响的各方面因素，尤其关注高校教师个体心理因素的研究，比如教师的价值观、组织承诺、组织公平感、社会价值感、对绩效考核的态度、工作满意度、工作压力感等方面对绩效影响的研究，并取得了有意义的研究结论。

　　与本书研究内容相关的高校教师心理授权对教师工作绩效的影响研究目前仅查阅到齐晓栋、王佳宁（2012）的一篇文献，该研究通过对185名高校教师的调查，分析了高校教师的心理授权水平以及对工作绩效的影响，得出了很有价值的研究结论，但该研究样本量较少，对高校工作绩效

　　① 齐晓栋、王佳宁：《高校教师心理授权的现状及其对工作绩效的影响研究》，《继续教育研究》2012年第10期。
　　② 景丽珍、杨贞兰：《同事关系对高校教师工作绩效的影响》，《高等教育研究》2013年第34卷第5期。
　　③ 方阳春：《工作压力和社会支持对高校教师绩效的影响》，《科研管理》2013年第34卷第5期。

结构虽然采用了比较主流的二维结构，即任务绩效和关系绩效，又将关系绩效细分为人际促进和工作奉献，但没有对任务绩效进一步细分，结论中没有按照高校教师的工作内容分别研究心理授权对教师科研、教学工作绩效的影响程度，因此有关心理授权对教师工作绩效的影响还有进一步研究的必要。本书正是基于以上原因拟针对高校教师工作内容进行绩效影响因素的研究，并将研究的影响因素限定为教师心理授权。

（三）高校教师工作绩效的结构维度

根据已有的对工作绩效的研究文献梳理，学者们采用了不同的结构维度和结构内容。针对高校教师群体进行的工作绩效研究，研究者根据研究目的的不同也采取了不同绩效结构分类，如表4-4中所示我国学者对高校教师工作绩效影响因素的研究所采用的工作绩效结构，基本上分为两类，一类是按照传统的绩效概念，对任务绩效的影响因素进行研究，如胡坚、莫燕（2004），吴湘萍等（2006），陈晶瑛（2009），景丽珍、杨贞兰（2013）的研究；将任务绩效分为教学与科研两个方面；另一类是根据绩效的二维观或三维观，将绩效分为任务绩效和关系绩效，或增加适应性绩效进行研究，这类研究多借鉴国外工作绩效结构和评价方法。丁志同（2011）[①] 将绩效结构问题的研究分为三类：第一类是借鉴西方学者有关理论，构建的包含任务绩效和关系绩效的教师绩效二维结构模型；第二类是围绕高校教学、科研和社会服务三大职能所设计的高校教师绩效结构模型，但其维度的设计比较多样；第三类是基于教师胜任能力模型提出高校教师的评价指标体系。他对这三类模型的不足之处进行了分析，并提出高校教师绩效结构重构的观点，以高校战略使命和教师的绩效责任为切入点，设计了素质绩效、创新绩效和学习绩效三个维度，该模型在理论上有一定的创新，但缺乏相关的实证研究，也未见后续研究成果的刊出。由此，高校教师工作绩效结构维度划分具有多样性，随着理论研究的深入还出现了一些未经实证研究的创新理论观点。

从高校教师工作内容方面分析工作绩效的结构维度，一些学者认为高校教师的工作内容包含教学、科研与社会服务，将这三个方面一并纳入工作任务绩效。但目前在教师的绩效考核、职称评定等方面并没有将教师提

---

① 丁志同：《高校教师绩效责任及绩效结构模型的重构》，《高等工程教育研究》2011 年第 5 期。

供社会服务作为必须完成的任务，只是在教师职业道德规范中要求教师承担社会责任、社会义务，大多数高校的绩效考核体系没有对教师的社会服务工作设定考核指标和标准，因此确切地说，高校教师的任务绩效应主要包括教师的教学绩效和科研绩效，这是多数研究者对高校教师任务绩效内涵的界定。有关教师社会服务工作绩效研究可以归入关系绩效维度，根据Borman 和 Motowidlo（1997）① 对关系绩效的解释，本书认为高校教师从事社会服务工作更多的是一种自发行为和组织公民行为，虽然这种行为不直接增加到教师的教学与科研活动中，但却为教学和科研提供了广泛的社会和心理环境，也是教师认同和维护高校基本功能的一个重要方面，社会服务绩效应该属于工作绩效的关系绩效维度。因此，高校教师的工作内容可以与工作绩效的任务绩效和关系绩效相对应，其中任务绩效由教师教学绩效和科研绩效构成，关系绩效维度包括教师的社会服务绩效。

本书根据研究的主题和研究目的，选取高校教师工作任务绩效作为研究目标，明确将教师心理授权对任务绩效影响作为本书的研究内容之一。任务绩效由教学绩效和科研绩效两个维度构成，对这两个维度的内涵按照"行为结果观"解释，将能够产生绩效的工作态度、工作行为和工作结果都作为工作绩效的内容进行衡量。比如在教学绩效方面，包括教师是否能够认真备课、授课态度如何、是否能够与学生进行必要沟通，是否能够对学生进行课后辅导、授课效果如何、是否完成了教学工作量等；在科研绩效方面，应包括教师是否具备自己的科研兴趣、是否有稳定的科研方向、是否能够积极参加科研活动、科研任务的完成情况、在学术同行中是否有知名度等。

第三节　高校教师心理授权对组织承诺和工作绩效的影响分析

一　高校教师心理授权对组织承诺的影响

心理授权会对组织承诺产生影响已经得到许多研究的证实，针对高校

① Borman, W. C., Motowidlo, S. J., "Take and Contextual Performance: The Meaning for Personnel Selection Research", *Human Performance*, Vol. 10, No. 2, 1997, pp. 99 – 109.

教师心理授权与组织承诺之间的关系研究是本书研究内容之一。根据对高校教师心理授权和组织承诺的含义、结构及影响因素的分析，教师群体虽然具有职业的特殊性，不同于一般企业员工的研究，但在理论上也可以判断教师的心理授权对组织承诺存在影响作用。

教师感知到的心理授权水平越高，表现在工作意义维度上就说明教师认可自己作为高校教育工作者的工作意义和自我工作价值，从感情上，教师认为，对学校的承诺就是对选择职业的承诺，在学校工作可以实现自己的理想，也认可学校的发展的目标，应该对学校忠诚，因此，心理授权的工作意义维度与本书对组织承诺结构划分中的正向承诺维度有很大的相似性。教师的心理授权表现在工作的自主性维度方面，教师作为高知识、高技能群体，往往在工作方式的选择上更倾向于选择宽松、自由的环境，认为这样的组织有利于个人能力的发挥，因此从工作性质上更愿意选择高校教师职业，也会增加其对学校的主动承诺程度。在心理授权自我效能方面，如果教师认为自己有能力完成各项工作任务，虽然不会对被动的组织承诺产生正向影响，但也会增强从感情上趋向于留在学校，为学校做出力所能及贡献的愿望，因此也会对主动承诺产生一定的积极影响。在心理授权的影响力维度方面，教师认为自己对学校或所在部门的事情有一定的影响力和控制力，那么他会认为自己在学校可以发挥重要的作用，从感情上更愿意留在学校，或者因为多年累积形成的人际关系而不愿意离开学校。如果教师认为自己具备了一定的学术影响，学术影响是由高校本身良好的声誉和个人学术成就共同形成的，一旦离开所在高校，教师的学术影响力将会降低，因此教师不会轻易选择离开给他带来学术名誉的高校，是一种被动的组织承诺。可见，无论是从主动承诺或被动承诺，教师心理授权的影响力维度都会对组织承诺产生正向影响。[①] 通过以上理论分析，本书认为，高校教师的心理授权会对组织承诺的主动承诺和被动承诺维度都产生积极的正向影响作用，这也是本书的研究假设之一。

二 高校教师心理授权对工作绩效的影响

从影响高校教师工作绩效因素分析可知，学者们做了一些关于工作绩效影响因素的研究，从教师个体角度概括，教师个人工作绩效主要由教师

① 王瑞文、刘金兰：《组织环境、心理授权与组织承诺——基于高校教师个体评价的实证分析》，《大连理工大学学报》（社会科学版）2014 年第 35 卷第 3 期。

的工作态度和工作能力这两个因素决定。一般来说，在短期内教师的工作能力具有相对稳定性，不会发生大的变化，而工作态度是可以改变的，因此如何激发教师的工作热情、调动工作的积极性和主动性就成为提高教师工作绩效的最关键因素。按照 Schein（2009）[①] 提出的人性假设理论，高校教师作为高知识群体，更符合自我实现人的假设，这类人群对外部的激励和控制往往会产生威胁感，外部激励的效果并不非常适用，甚至会造成不良后果。对教师进行内在激励的效果应高于外部激励，而提高教师的心理授权就是从内在激发教师工作动机的最佳途径，教师心理授权的提高对教师工作绩效的影响是很显著的。教师力求在工作上有所成就，实现工作的自主和独立，提高自己的教学和科研能力，并且能够进行自我激励和自我控制。

本书以任务绩效作为心理授权的结果变量进行分析，任务绩效的教学绩效和科研绩效分别包含了绩效行为和绩效结果，心理授权的四个维度可以有效地影响教师的工作绩效，当教师认为他所从事的工作具有重要意义、能够实现自我价值时，教师的工作态度会更为积极努力，会以更加热情的精神投入到教学科研工作中，尤其是对教学工作的影响，会反映在认真备课、讲授理论前沿、增加学生互动等环节，也会收到良好的教学效果。当教师认为他具有更大的工作自主性时，他会从教学内容、环节设计上进行有效的教学课程改革，提高教学绩效，也会根据自己的科研兴趣寻找科研方向、组建科研团队、开展科学研究，对科研绩效的提高具有积极的影响。当教师的自我效能感较高时，教师认为自己具备完成各项教学科研任务的能力，也具备了完成任务的信心，在工作中就会表现出热情和自信，产生有效的绩效行为和结果。当教师的工作影响力维度的感知较高时，他会认为自己对学校和部门具有影响力和控制力，在学术同行中也有一定的声誉，则会努力维持这样的地位和声誉，表现出更好的绩效行为，也愿意付出更多的努力去完成教学和科研工作任务。[②] 因此本书认为，高校教师的心理授权会对教师的教学绩效和科研绩效都产生积极的正向影响作用，这是本书对心理授权结果变量研究的另一个假设。

---

① Schein：《沙因组织心理学》，马红宇等译，中国人民大学出版社 2009 年版。

② 王瑞文：《基于心理授权四维度模型的高校教师工作状况影响因素分析》，《西安电子科技大学学报》（社会科学版）2014 年第 24 卷第 2 期。

三 高校教师组织承诺与工作绩效的关系

关于组织承诺与个体工作绩效的关系，许多学者认为，组织承诺会对工作绩效产生影响，但也有学者通过实证研究提出了不同观点，Steers（1977）[1] 的研究认为组织承诺与工作绩效呈现弱相关关系；Randall（1999）[2] 的研究也认为组织承诺对绩效的影响微乎其微。针对教师职业的二者之间关系的研究并不多见，Johnston （1986）[3] 认为，教师组织承诺会显著正向影响教师的个体绩效；我国学者许绍康、卢光莉 （2008）[4] 虽然证实了高校教师组织承诺与工作绩效各维度之间存在显著相关关系，但他们在讨论中也提出了二者之间不具有影响关系的研究结论，并分析了与其他学者研究结论不一致的原因，可能是因为在组织承诺与工作绩效之间的调节变量或中介变量起着一定作用。

由于已有的组织承诺对个体工作绩效是否存在显著影响结论不一致，本书的研究假设二者之间没有显著的相关关系。另外，也由于本书研究的中心是围绕高校教师心理授权展开的，将教师的组织承诺和工作绩效作为心理授权的结果变量研究是本书的研究目的，组织承诺是反映教师工作态度的重要标志，工作绩效则可以反映教师工作行为和工作结果情况，二者之间的关系问题在本书中不再做进一步的探讨。

四 高校教师心理授权对组织承诺和工作绩效影响的模型与假设

基于以上对高校教师组织承诺和工作绩效理论分析和国内外已有研究成果梳理，本书提出高校教师心理授权对组织承诺和工作绩效有正向影响的假设，同时基于对高校教师组织承诺和工作绩效结构维度的分析，本书认为心理授权可能会对各变量中不同的结构维度产生不同程度的影响，应该将组织承诺分为主动组织承诺和被动组织承诺两个维度，将工作任务绩效分为教学绩效和科研绩效两个维度，将这四个变量作为心理授权的结果变量进行研究，以保证研究结论的准确可靠，因此本书提出以下研究

① Steers, R. M. , "Antecedents and Outcomes of Organizational Commitment", *Administrative Science Quarterly*, Vol. 22, No. 1, 1977, pp. 46 – 56.

② Randall, D. M. , "The Consequences of Organizational Commitment: Methodological Investigation", *Journal of Organizational Behavior*, Vol. 11, No. 5, 1999, pp. 361 – 378.

③ Johnston, "School Cultures: Organizational Value, Orientation, and Commitment", *Journal of Educational Research*, Vol. 85, No. 5, 1986, pp. 295 – 303.

④ 许绍康、卢光莉:《高校教师组织承诺与工作绩效的关系研究》,《心理科学》2008 年第31 卷第4 期。

假设：

H6：高校教师心理授权正向影响教师主动组织承诺。

H7：高校教师心理授权正向影响教师被动组织承诺。

H8：高校教师心理授权正向影响教师教学任务绩效。

H9：高校教师心理授权正向影响教师科研任务绩效。

根据以上假设建立本书拟研究的高校教师心理授权对教师组织承诺和工作绩效影响作用的理论模型，如图4-1所示。

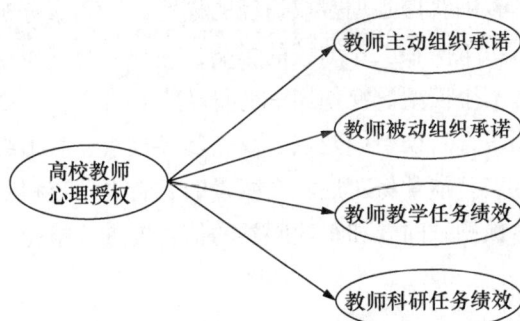

图4-1　高校教师心理授权对教师组织承诺和工作绩效影响作用的理论模型

第五章 调查研究问卷与检验分析

本书第三章分析了在高校组织环境下影响教师心理授权的因素，从理论上构建了高校教师获得心理授权途径的模型；第四章分析了高校教师心理授权对教师组织承诺和工作绩效的影响，建立了心理授权的影响结果变量理论模型。这两个模型研究使用的变量量表共有六个：高校教师心理授权、高校组织环境、高校结构授权、高校领导授权、教师组织承诺和教师工作任务绩效量表。本章将对这六个变量的问卷设计流程和问卷调查过程进行介绍，并对预测试问卷和正式问卷的信效度进行检验。

第一节 问卷设计与预调查

一 问卷设计流程

本书问卷设计流程如下：

第一步：文献回顾，提出各变量的初始结构。通过对组织环境、心理授权、结构授权、领导授权、组织承诺、工作绩效等相关研究文献的收集、整理和归纳，比较已有研究采用的原始量表以及研究结果，结合本书研究目的和内容，初步设计出符合高校背景的各研究变量的结构维度。

第二步：确定调查对象。本书研究所用的数据全部源于高校教师的主观自我评价，心理授权是教师自我感知的被授权状态；结构授权和领导授权是从教师本人对组织结构和领导在授予权力方面具体内容的感知；组织承诺是教师自身对组织的认可及忠诚度的状态评价；工作绩效的评价一般可以采取定性与定量相结合的方法，但本书强调教师绩效的态度、行为以及结果，教师自我感知的绩效情况更符合本书的研究内容，因此也可采用主观自我评价的方法；在组织环境方面，教师对其工作特征和所处环境特征的主观感知与客观特征是相似的，如果客观环境发生了改变，也能够引起教师感知的相同变化，因此教师的主观评价能够比较正确地反映组织环境等特征。当然，每位教师个体对高校评价也许不能完全切合高校的实际状态，评价结果会出现对相同环境的个体差异性，但这也恰好反映出了教师主观认识下的高校环境状况。研究者们也比较青睐主观角度的定义，Amabile（1997）[①]认为，处于同样客观环境中的不同个体所反映的心理环境不一定相同，个体所感受到的心理环境是其行为产生的更重要原因。孙慧钧（2010）[②]认为，在进行主观的自我评价时，从常规的判别思维方式入手，只需就判别的具体问题经过认真、细致的分析思考后给出自我见解的界限范围即可。因此，本书研究所采用的高校教师主观评价的方法和数据的有效性具有理论依据。

第三步：可借鉴的国外初始量表题项的整理。本书研究需要的六个变量除组织环境变量的测量外，其余五个变量都有比较成熟的国内外量表。借鉴国外研究使用的相关量表可以采用回译法，分别由教师翻译原始量表，再将翻译后的量表回译成英文，比较原版和经过回译的题项，没有发生歧义就可以借鉴采用了。本书研究的心理授权、结构授权、领导授权和组织承诺的量表就使用了这样的方法，回译了一些成熟量表的题项，为本研究问卷题项的确定提供了大量的可靠资料。

第四步：初始量表题项的形成。根据国外回译量表和国内相关量表以及第一步确定的各个量表的结构维度，并结合高校教师特点修改增减量表题项。对于不可借鉴成熟量表的变量问卷的设计，采用关键事件法，分别邀请具有高校教师管理经验的相关部门人员进行访谈和讨论，确定各量表拟采用的题项。最后聘请三位从事人力资源、组织行为学、教育心理学研究人员以及一名高校人事处管理人员就题项内容进行交流和讨论，形成各变量的初始量表。

第五步：小样本的试测与检验。正式调查之前，为了避免问卷设计中存在的不足，影响正式调查数据的信效度，需要对研究量表进行小样本的预测试和检验，根据测试结果和检验结果发现问卷设计中存在的问题，再次修订完善初始量表，形成调查用正式量表。

二 问卷初始量表的形成

根据前两章提出的研究假设和构建的理论模型，本书借鉴了国内外较

---

① Amabile, T. M., "Motivating Creativity in Organizations", *California Management Review*, Vol. 40, No. 1, 1997, pp. 22 – 26.

② 孙慧钧：《主观评价理论之探讨》，《统计研究》2010 年第 27 卷第 1 期。

成熟的量表，并结合高校教师特点，设计了高校组织环境、高校教师心理授权、高校结构授权、高校领导授权、教师组织承诺和教师工作任务绩效六个变量的初始测量题项。

（一）高校组织环境初始测量题项

由于组织环境的复杂性和多样性，国内外学者对组织环境的测量还没有形成普遍适用的完整的成熟量表，本书第三章介绍了组织环境研究的相关文献，这些文献集中在组织环境与组织战略关系的研究和组织环境对员工创新行为或绩效的影响研究两个方面，这两类研究分别侧重于组织外部环境和内部环境，采用的测量量表并不一致，并且对组织内部环境的测量也根据研究目的不同而采用不同学者编制的某个维度的测量量表。本书针对高校组织环境进行测量，国内外研究采用的相关量表不适合于本书研究，因此采取了自编的高校环境问卷，该问卷根据组织环境的分类，初步确定了从高校外部环境和内部环境两个方面进行测量，邀请组织学授课教师以及三名普通教师对高校组织环境内容进行讨论，设计了 16 个比较具体的题项，比如"我认为所在高校有很高的知名度、我认为所在高校在获得政策资金支持方面很有优势、我认为所在高校在区域和地域方面有很大优势、我认为所在高校有着很好的办学和管理理念、我对我的同事关系和师生关系感到非常满意、我对学校环境感到非常满意"，等等。但考虑本书的研究是将高校环境作为一个整体影响因素以及采用的研究方法的可行性，对高校环境变量测量的题项不宜太多，又邀请高校办公室负责人、人事处管理人员从这 16 个题项中选择重要的题项对部分题项进行删除和合并，确定了本书研究使用的 6 个初始题项，其中反映外部环境的 2 个题项，反映内部环境的工作条件、组织文化、组织氛围、组织结构共 4 个题项。如表 5 - 1 所示。

（二）高校教师心理授权初始测量题项

国内外心理授权研究的量表已经非常成熟，一般国外采用 Spreitzer (1995a)[1] 的心理授权测量量表，而我国多采用李超平等（2006）[2] 修订

① Spreitzer, G. M., "Psychological Empowerment in the Workplace: Dimensions, Measurement, and Validation", *Academy of Management Journal*, Vol. 38, No. 50, 1995a, pp. 1442 – 1465.
② 李超平、李晓轩、时勘等：《授权的测量及其与员工工作态度的关系》，《心理学报》2006 年第 38 卷第 1 期。

表 5 -1　　　　　　　　　　高校环境初始测量题项

变量代码	题项	反映结构维度
HJ1	1. 我认为所在高校在获得政策和资金支持方面很有优势	高校外部环境
HJ2	2. 我认为所在高校在区域和地域方面有很大优势	
HJ3	3. 我对我的工作环境和工作氛围感到非常满意	高校内部环境
HJ4	4. 我认为所在高校办学理念正确，有着很好的精神文化	
HJ5	5. 我认为所在高校的组织结构合理，各部门职能明确	
HJ6	6. 我认为所在高校的管理制度很严格	

的中国文化背景下的心理授权测量量表。本书的研究借鉴李超平等设计的四维度测量量表，并针对高校教师群体特点和教师工作性质改动了部分题项，比如：在教师的自我效能维度题项上除对教师是否认为自己具有工作技能、是否具有教学、科研能力测量之外，专门对教师是否能够帮助学生在学业和人格上健康成长进行调查，突出教师对培养学生能力的自我感知；在自主性维度的题项上分别对教师认为自己在教学方法和教学进度的安排方面是否具有自主性、教师的科学研究方向和研究内容是否有自主性进行调查；在影响力维度上除原量表的题项测量是否对本部门事情的控制力和影响力之外，还增加了教师对学生的影响力以及教师的学术观点是否具有影响力调查。本书设计的心理授权初始测量量表具体如表5 -2 所示。

表 5 -2　　　　　　　　高校教师心理授权初始测量题项

变量代码	题项	反映结构维度
XLA1	1. 我的工作对我来说非常重要	工作意义
XLA2	2. 工作上所做的事对我来说非常有意义	
XLA3	3. 我觉得我的工作能够体现我的个人价值	
XLB1	1. 我掌握了完成教师工作所需要的各项技能	自我效能
XLB2	2. 我相信自己有做好教学和科研工作的能力	
XLB3	3. 我相信自己能够帮助学生在学业和人格上健康成长	
XLC1	1. 我能够自主决定教学方法和教学进度等方面的内容	自主性
XLC2	2. 我能够自主决定科学研究的方向和研究内容等	
XLC3	3. 我可以自己选择合适的方式来完成工作任务	

续表

变量代码	题项	反映结构维度
XLD1	1. 我能够对本部门的事情产生一定的影响	影响力
XLD2	2. 我对发生在本部门的事情起着一定的控制作用	
XLD3	3. 我对学生很有影响力	
XLD4	4. 我的学术观点有一定的影响力	

(三) 高校结构授权初始测量题项

结构授权测量量表比较通用的是 Laschinger（2004）[①] 开发的六维度问卷（CWEQII），该问卷由三部分组成：第一部分的机会、信息、支持和资源四个维度的测量使用 36 个题项的有效工作环境问卷；第二部分的正式权力维度的测量使用 12 个题项的工作活动测量问卷；第三部分的非正式权力维度的测量使用 24 个题项的组织关系测量问卷。本书借鉴了 Laschinger 问卷的六个维度的分类结构，但考虑该测量问卷共有 72 个题项，题项过多会影响被调查者填写问卷的认真程度，造成数据不准确，也并不适合本书将高校教师结构授权作为影响因素的调查，因此本书结合高校教师特点自编了六个题项，分别反映 Laschinger 结构授权的六个维度以形成初始量表，比如：机会维度用学校是否能够提供教师晋升和培训机会；信息的获得维度包括学校的校务公开状况、学术信息的共享程度等；资源的可得性强调教师是否可以获得充足的教学科研条件和经费的支持等，如表 5 - 3 所示。

表 5 - 3　　　　　　　　　　高校结构授权初始测量题项

变量代码	题项	反映结构维度
JG1	1. 学校可以为我提供很多晋升、培训的机会	机会
JG2	2. 学校的各项管理制度公开透明、信息畅通，学术共享氛围很好	信息的获得
JG3	3. 我在工作中能够得到各级领导和同事的支持和帮助	支持的可得性
JG4	4. 我有很好的工作条件，教学科研经费很充足	资源的可得性
JG5	5. 我的工作职责很明确，我可以处理权力范围内的事情	正式权力
JG6	6. 我的人际关系很好，在学校办事很方便	非正式权力

---

① Laschinger, H., "Hospital Nurses Perceptions of Respect and Organizational Justice", *Journal of Nursing Administration*, No. 34, 2004, pp. 354 - 364.

（四）高校领导授权初始测量题项

领导授权问卷借鉴 Konczak 等（2000）[①] 编制的 LEBQ 问卷和我国学者王辉等（2008）[②] 编制的领导授权赋能行为测量量表。Konczak 等编制的 LEBQ 问卷包含授予权力、责任性、自我决策、信息分享、技能发展和对创新绩效的指导 6 个维度 17 个题项，王辉等编制的领导授权赋能行为测量量表包括个人发展支持、过程控制、权力委任、结果和目标控制、参与决策和工作指导 6 个维度 24 个题项。本书结合高校教师工作特点修改了这两个问卷，将王辉问卷中的过程控制和结果目标控制维度合并为过程和结果控制维度，通过题项"我的领导非常注重工作结果，并按时考核我的工作是否完成"反映；将工作指导维度增加领导提供信息的内容，由于高校领导对工作的指导一般体现在向教师提供有利于工作的信息，因此将提供信息与工作指导合并为一个维度；另外，增加了目标参与维度，高校领导授权应包含是否允许教师参与工作目标的制定，不是领导单方面进行目标制定与控制。因此，本书制定的高校领导授权的结构维度包括个人发展支持、目标参与、过程和结果控制、权力委任、参与决策、提供信息与工作指导 6 个维度，分别以 6 个题项进行初始测量，如表 5－4 所示。

表 5－4　　　　　　　　　高校领导授权初始测量题项

变量代码	题项	反映结构维度
LD1	1. 我的领导非常支持我的个人发展，经常给我提供学习机会	个人发展支持
LD2	2. 我的领导能和我一起设定工作目标	目标参与
LD3	3. 我的领导非常注重工作结果，并按时考核我的工作是否完成	过程和结果控制
LD4	4. 我的领导能够委任给我足够的权力，也明确我的责任	权力委任
LD5	5. 我的领导在做决策时非常尊重和重视我的建议	参与决策
LD6	6. 我的领导能把有利于工作的信息提供给我，并给予一定指导	提供信息与工作指导

① Konczak, L., Stelly, D. J., Trusty, M. L., "Defining and Measuring Empowering Leader Behaviors: Development of an Upward Feedback Instrument", *Educational and Psychological Measure*, No. 60, 2000, pp. 301–313.

② 王辉、武朝艳、张燕等：《领导授权赋能行为的维度确认与测量》，《心理学报》2008 年第 40 卷第 12 期。

（五）高校教师组织承诺初始测量题项

本书第四章第一节分析了高校教师组织承诺的结构维度，将组织承诺分为主动组织承诺和被动组织承诺两个维度，在测量量表题项上借鉴Meyer等（1993）[1] 修订的18个题项的组织承诺三维度问卷，该问卷综合了情感承诺量表、持续承诺量表和规范承诺量表。在结构维度的设置上借鉴了我国学者雷巧玲（2008）[2] 测量感情承诺和继续承诺两个维度12个题项的组织承诺问卷。本书研究的高校教师主动组织承诺包含感情承诺和规范承诺的含义，使用4个题项反映教师的感情需要和职业规范所带来的承诺；被动承诺主要包括继续承诺，用4个题项反映教师不得不留在学校的原因。高校教师组织承诺初始测量题项如表5-5所示。

表5-5　　　　　　　　高校教师组织承诺初始测量题项

变量代码	题项	反映结构维度
ZDCN1	1. 我对学校有很深的感情，并愿意为学校做贡献	主动承诺
ZDCN2	2. 我认同学校的发展目标，教师工作是我的理想，我对学校负有义务	
ZDCN3	3. 我认为应该对自己的学校忠诚	
ZDCN4	4. 我认为作为教师应该全身心投入学校的工作	
BDCN1	1. 我不想离开学校的原因是怕经济损失太大	被动承诺
BDCN2	2. 我之所以留下，是因为自己不具备跳槽的能力	
BDCN3	3. 离开这里另找一个条件好的工作不容易	
BDCN4	4. 我对学校付出了很多，离职对我损失很大	

（六）高校教师工作任务绩效初始测量题项

本书第四章第二节分析了学者们对工作绩效研究采用的不同结构维度和研究内容。针对高校教师群体进行的工作绩效研究，也有许多不同研究角度和结构维度定义，目前还没有形成统一的成熟测量量表，因此，本书

---

① Meyer, J. P., Allen, N. J., Smith, C. A., "Commitment to Organizations and Occupations: Extension and test of a 3 – component conceptualization", *Journal of Applied Psychology*, Vol. 78, No. 4, 1993, pp. 538 – 551.

② 雷巧玲：《文化驱动力——基于企业文化的心理授权对知识型员工组织承诺影响的实证研究》，经济管理出版社2008年版，第38—39页。

在理论分析基础上，结合研究目标，采取自编问卷的方式制定高校教师工作绩效测量量表。本书研究针对教师工作任务绩效展开，分为教学任务绩效和科研任务绩效两个结构维度。在测量题项上包括反映教师工作态度、工作行为和工作结果的不同题项。为了掌握更多反映教师工作绩效的情况，本书访谈了所在学校的教务处、科研处工作人员，列举出 16 个题项测量教师教学和科研绩效状况，比如：教学任务绩效主要测量教师是否能够认真备课、授课时是否有热情、与学生是否有良好的沟通、课后对学生是否进行辅导、是否能够完成教学工作量、教学效果如何等；科研任务绩效主要从科研兴趣、科研积极性、参加学术交流情况、教师学术影响力、承担各级各类项目情况、发表论文、出版著作及获得科研奖励情况等方面进行调查，经过讨论对题项进行删减合并后形成测量教师教学、科研任务绩效 8 个题项的初始测量题项，如表 5-6 所示。

表 5-6　　　　　　　　　高校教师工作任务绩效初始测量题项

变量代码	题项	反映结构维度
JXJX1	1. 我总是超额完成学校规定的教学工作量	教学任务绩效
JXJX2	2. 我能认真备课，讲课非常有热情，与学生有很好的互动	
JXJX3	3. 我能够对学生进行课后辅导，认真及时地批改作业	
JXJX4	4. 我认为学生对我的教学效果非常满意	
KYJX1	1. 我可以完成规定的科研任务	科研任务绩效
KYJX2	2. 我有自己的科研兴趣，能够积极参加学术交流和科研活动	
KYJX3	3. 我努力钻研我的专业知识	
KYJX4	4. 我认为自己在学术同行中有一定的知名度	

三　问卷的预调查和检验

在编制好各变量的初始测量题项后，为了提高问卷信度和效度，本书在进行正式问卷调查之前先进行小范围的问卷使用预测试。由研究者本人在所在高校的三个学院发放问卷 273 份，回收问卷 242 份，经过数据筛查，共得到有效问卷 226 份。在本研究中，问卷各变量的测量均以李克特5 分等级量表由教师进行打分，分值从 1—5 分别代表"非常不符合"、

"比较不符合"、"基本符合"、"比较符合"及"非常符合"。

（一）预调查信度和效度检验方法

问卷的信度代表量表的一致性或稳定性，在研究中采用最多的是 Cronbach's α 系数，又称为内部一致性 α 系数。信度检验的方法可以通过检视题项删除后的整体量表信度系数变化情况来检验，如果某个题项删除以后的整体量表信度系数比原先的信度系数高，那么这个题项和量表中的其余题项所要测量的心理特征可能并不相同，就代表该题项与其他题项的同质性不高，因此在项目分析时可以考虑删除该题项。一般总量表的内部一致性 α 系数越高则表示量表的信度越高，测量的误差值越小，理想的量表的内部一致性 α 系数应在 0.8 以上，一般以 0.7 以上表示可以接受。[①]

在各变量测量中，效度是指能够测量到使用者所设计的心理或行为特质到什么程度。效度可以反映测验结果的正确性或可靠性，效度在程度上有高低不同的差别。效度的分类包括内容效度、效标关联效度、建构效度、专家效度等，一般需要检验的是量表的建构效度，也称结构效度，统计学上最常用的检验结构效度的方法是因素分析法，如果预试中能够从各题项中有效抽取共同因素，并且抽取的共同因素与理论架构特质非常接近，就可以说明测量量表具有较好的结构效度。在进行因素分析前应根据取样适切性量数（KMO）值的大小判断题项间是否适合进行因素分析，一般如果 KMO 值大于 0.8 时表示题项变量间的关系是良好的，适合进行因素分析，大于 0.7 时表示因素分析的适切性适中，可以进行因素分析。因素分析的过程可以根据因子之间的相关关系，选择采用正交转轴法或斜交转轴法，如果认为因子之间没有相关，最常采用的是最大变异法，如果认为因子之间有相关存在，常使用直接斜交法。判断变量是否适合放入某个因子可以观察变量的初始共同性以及主成分分析法抽取主成分后的共同性，如果共同性低于 0.2 则可删除该题项。另外如果因子载荷小于 0.5，也可以删除该测量题项。另外，因素负荷量选取的标准如果达到 0.71 以上，那么共同因素可以解释指标变量的 50% 的变异量，是最为理想的情况，一般因素负荷量的挑选准则最好在 0.4 以上，可以解释题项变异量的

---

① 吴明隆：《问卷统计分析实务——SPSS 操作与应用》，重庆大学出版社 2010 年版，第 184—245 页。

百分比为 16%，在探索性因子分析中要求解释变异量的累计比例大于 50%。①

（二）高校环境初始量表的信度分析和效度分析

采用 SPSS 19.0 软件对数据进行信度和效度分析。信度分析结果如表 5－7 所示，量表的最终整体 Cronbach's α 系数为 0.867，环境量表六个题项的总计相关性都大于 0.5，如果删除任何题项都不会导致 Cronbach's α 系数的增加，无须删除题项，该初始量表内部一致性较高，信度满足研究的要求。

表 5－7　　　　　　　　　高校环境初始量表信度分析结果

变量代码	校正的项总计相关性	题项已删除的 Cronbach's α 值	Cronbach's α 值
HJ1	0.639	0.849	
HJ2	0.573	0.861	
HJ3	0.649	0.847	0.867
HJ4	0.753	0.828	
HJ5	0.757	0.828	
HJ6	0.618	0.852	

对高校环境的 6 个测量题项进行探索性因子分析，进一步判定题项是否需要修正，探索性因子分析结果如表 5－8 所示。整体数据的 KMO 值为 0.872，Bartlett 球形检验的卡方值为 599.657（df = 15，$p < 0.01$），题项变量间适合进行因素分析。通过主成分分析方法从 6 个测量题项中提取了 1 个主成分，其特征值为 3.626，方差贡献率为 60.441%。但题项 HJ2 的因子载荷为 0.481，没有达到因子分析的要求，需要删除该题项。另外，HJ6 的因子载荷为 0.552，虽然达到要求，但因子载荷偏低，经与人事管理人员讨论认为，HJ6 题目"我认为所在高校的管理制度很严格"的含义比较模糊，调查意义不明确，不能准确判断教师对严格的管理制度是否赞同，建议删除。

---

① 吴明隆：《问卷统计分析实务——SPSS 操作与应用》，重庆大学出版社 2010 年版，第 184—245 页。

表 5 - 8   高校环境初始量表探索性因子分析结果

变量代码	公因子方差提取	因子
HJ1	0. 567	0. 753
HJ2	0. 481	0. 694
HJ3	0. 584	0. 764
HJ4	0. 716	0. 846
HJ5	0. 726	0. 852
HJ6	0. 552	0. 743
特征值		3. 626
累计方差贡献率（%）		60. 441
Kaiser – Meyer – Olkin 度量		0. 872
Bartlett 的球形检验	近似卡方	599. 657
	df	15
	Sig.	0. 000

注：主成分提取方法，具有 Kaiser 标准化的正交旋转法。

根据以上分析结果对高校环境测量量表进行修正，删除 HJ2、HJ6 题项后，重新进行信效度检验，结果如表 5 - 9 和表 5 - 10 所示。

表 5 - 9   修正后的高校环境量表信度分析结果

变量代码	校正的项总计相关性	题项已删除的 Cronbach's α 值	Cronbach's α 值
HJ1	0. 612	0. 825	
HJ3	0. 606	0. 827	0. 841
HJ4	0. 734	0. 771	
HJ5	0. 752	0. 765	

表 5 - 10   修正后的高校环境量表探索性因子分析结果

变量代码	公因子方差提取	因子
HJ1	0. 603	0. 777
HJ3	0. 598	0. 773
HJ4	0. 748	0. 865
HJ5	0. 767	0. 876

续表

特征值	2.716
累计方差贡献率（%）	67.901
Kaiser – Meyer – Olkin 度量	0.801

Bartlett 的球形检验	近似卡方	368.468
	df	6
	Sig.	0.000

注：主成分提取方法，具有 Kaiser 标准化的正交旋转法。

经过修正后的高校环境测量量表的信度、效度都通过了检验，从 4 个测量题项中提取了 1 个主成分，方差贡献率为 67.901%，表明高校环境是一个单维的概念，包括高校外部环境给予的政策和资金支持、高校内部工作氛围、精神文化以及组织结构，符合前文的研究假设。

（三）高校教师心理授权初始量表的信度分析和效度分析

信度分析结果如表 5 – 11 所示，量表的整体 Cronbach's α 系数为 0.909，13 个题项的总计相关性都大于 0.5，删除任何题项都不会导致 Cronbach's α 系数的增加，无须删除题项，量表内部一致性较高，信度满足研究要求。

表 5 – 11　　　　高校教师心理授权初始量表信度分析结果

变量代码	校正的项总计相关性	题项已删除的 Cronbach's α 值	Cronbach's α 值
XLA1	0.683	0.900	
XLA2	0.686	0.900	
XLA3	0.717	0.898	
XLB1	0.653	0.902	
XLB2	0.635	0.902	
XLB3	0.693	0.900	
XLC1	0.612	0.904	0.909
XLC2	0.604	0.904	
XLC3	0.626	0.903	
XLD1	0.588	0.904	
XLD2	0.538	0.906	
XLD3	0.617	0.903	
XLD4	0.544	0.906	

对高校教师心理授权的 13 个测量题项进行探索性因子分析，进一步判定题项是否需要修正，探索性因子分析结果如表 5 - 12 所示。整体数据的 KMO 值为 0.868，Bartlett 球形检验的卡方值为 2375.759（df = 78，p < 0.01），题项变量间适合进行因素分析。通过主成分分析方法从 13 个测量题项中提取了 4 个主成分，方差累计贡献率为 82.946%。但题项 XLD3 的因子载荷为 0.482，没有达到因子分析的要求，同时该题项的因子贡献重叠性高，显示在因子 2 和因子 4 中的差距小于 0.1，需要删除该题项。

表 5 - 12　　　高校教师心理授权初始量表探索性因子分析结果

变量代码	公因子方差提取	因子 1	因子 2	因子 3	因子 4
XLA1	0.855			0.838	
XLA2	0.896			0.874	
XLA3	0.883			0.852	
XLB1	0.885		0.891		
XLB2	0.842		0.861		
XLB3	0.820		0.815		
XLC1	0.804				0.843
XLC2	0.795				0.842
XLC3	0.871				0.882
XLD1	0.912	0.914			
XLD2	0.851	0.893			
XLD3	0.482		0.429		0.367
XLD4	0.888	0.915			
特征值		6.308	1.953	1.494	1.027
方差贡献率（%）		21.468	21.318	20.144	20.016
累计方差贡献率（%）		21.468	42.786	62.930	82.946
KMO 度量	0.868				
Bartlett 的球形检验 近似卡方	2375.759				
df	78				
Sig.	0.000				

注：主成分提取方法，具有 Kaiser 标准化的正交旋转法；没有标注数字的因子负荷小于 0.4。

根据以上分析，对高校教师心理授权初始测量量表进行修正，删除

XLD3 题项后，重新进行信效度检验，修正后的高校教师心理授权量表信度分析结果见表 5 – 13、修正后的高校教师心理授权量表探索性因子分析结果见表 5 – 14。

表 5 – 13　　　　修正后的高校教师心理授权量表信度分析结果

变量代码	校正的项总计相关性	题项已删除的 Cronbach's α 值	Cronbach's α 值
XLA1	0. 691	0. 892	
XLA2	0. 692	0. 892	
XLA3	0. 711	0. 891	
XLB1	0. 645	0. 895	
XLB2	0. 636	0. 895	
XLB3	0. 683	0. 892	
XLC1	0. 607	0. 897	0. 903
XLC2	0. 604	0. 897	
XLC3	0. 623	0. 896	
XLD1	0. 585	0. 897	
XLD2	0. 536	0. 899	
XLD4	0. 537	0. 899	

表 5 – 14　　　　修正后的高校教师心理授权量表探索性因子分析结果

变量代码	公因子方差提取	因子 1	因子 2	因子 3	因子 4
XLA1	0. 856		0. 838		
XLA2	0. 897		0. 876		
XLA3	0. 882		0. 858		
XLB1	0. 890			0. 890	
XLB2	0. 862			0. 869	
XLB3	0. 818			0. 809	
XLC1	0. 809				0. 845
XLC2	0. 802				0. 845
XLC3	0. 874				0. 883
XLD1	0. 917	0. 917			
XLD2	0. 857	0. 896			
XLD4	0. 888	0. 916			

续表

特征值	5.887	1.952	1.494	1.020
方差贡献率（%）	22.591	21.574	21.443	20.667
累计方差贡献率（%）	22.591	44.164	65.607	86.274
KMO 度量	0.857			
Bartlett 的球形检验 近似卡方	2253.804			
df	66			
Sig.	0.000			

注：主成分提取方法，具有 Kaiser 标准化的正交旋转法；没有标注数字的因子负荷小于0.4。

经过修正后的高校教师心理授权测量量表的信度、效度都通过了检验，从12个测量题项中提取了4个主成分，累计方差贡献率为86.274%，表明高校教师心理授权呈现四维结构。其中，因子1的方差贡献率为22.591%，3个题项代表教师工作影响力；因子2的方差贡献率为21.574%，3个题项代表工作意义；因子3的方差贡献率为21.443%，3个题项代表自我效能；因子4的方差贡献率为20.667%，3个题项代表工作自主性。研究结果与本书研究假设提出的心理授权四维结构相符。

（四）高校结构授权初始量表的信度分析和效度分析

对高校结构授权初始量表进行信度分析结果如表5-15所示，量表的整体 Cronbach's α 系数为0.898，结构授权量表6个题项的总计相关性在0.660—0.803之间，都大于0.5，删除任何题项都不会导致 Cronbach's α 系数的增加，因此无须删除任何题项，该初始测量量表的内部一致性程度较高，信度满足研究的要求。

表5-15　　　　　　　高校结构授权初始量表信度分析结果

变量代码	校正的项总计相关性	题项已删除的 Cronbach's α 值	Cronbach's α 值
JG1	0.776	0.872	
JG2	0.803	0.868	
JG3	0.694	0.885	0.898
JG4	0.749	0.876	
JG5	0.660	0.890	
JG6	0.669	0.889	

对高校结构授权的 6 个测量题项进行探索性因子分析，进一步判定题项是否需要修正，探索性因子分析结果如表 5 – 16 所示。整体数据的 KMO 值为 0.880，Bartlett 球形检验的卡方值为 777.896（df = 15，p < 0.01），题项变量间适合进行因素分析。通过主成分分析方法从 6 个测量题项中提取 1 个主成分，其特征值为 3.984，方差贡献率为 66.399%。所有题项的因子载荷都大于 0.5，达到因子分析的要求。说明高校结构授权包含的 6 个题项可以构成一维测量量表，符合研究假设。

表 5 – 16　　　　高校结构授权初始量表探索性因子分析结果

变量代码	公因子方差提取	因子 1
JG1	0.729	0.854
JG2	0.763	0.874
JG3	0.625	0.791
JG4	0.696	0.834
JG5	0.580	0.761
JG6	0.591	0.769
特征值		3.984
累计方差贡献率（%）		66.399
Kaiser – Meyer – Olkin 度量		0.880
Bartlett 的球形检验	近似卡方	777.896
	df	15
	Sig.	0.000

注：主成分提取方法，具有 Kaiser 标准化的正交旋转法。

（五）高校领导授权初始量表的信度分析和效度分析

对高校领导授权初始量表进行信度分析结果如表 5 – 17 所示，量表的整体 Cronbach's α 系数为 0.937，领导授权量表 6 个题项的总计相关性都大于 0.5，如果删除任何题项都不会导致 Cronbach's α 系数的增加，无须删除题项，该初始量表的内部一致性较高，信度满足研究要求。

表 5 – 17 高校领导授权初始量表信度分析结果

变量代码	校正的项总计相关性	题项已删除的 Cronbach's α 值	Cronbach's α 值
LD1	0.757	0.934	
LD2	0.850	0.921	
LD3	0.782	0.930	0.937
LD4	0.829	0.924	
LD5	0.848	0.922	
LD6	0.827	0.924	

对高校领导授权的 6 个测量题项进行探索性因子分析，进一步判定题项是否需要修正，探索性因子分析结果如表 5 – 18 所示。整体数据的 KMO 值 0.928，Bartlett 球形检验的卡方值为 1101.862（df = 15，p < 0.01），题项变量间适合进行因素分析。通过主成分分析方法从 6 个测量题项中提取了 1 个主成分，其特征值为 4.591，方差贡献率为 76.521%。所有题项的因子载荷都大于 0.5，达到因子分析的要求。说明高校领导授权包含的 6 个题项可以构成一维测量量表，符合研究假设。

表 5 – 18 高校领导授权初始量表探索性因子分析结果

变量代码	公因子方差提取	因子 1
LD1	0.686	0.828
LD2	0.810	0.900
LD3	0.723	0.850
LD4	0.785	0.886
LD5	0.808	0.899
LD6	0.780	0.883
特征值		4.591
累计方差贡献率（%）		76.521
Kaiser – Meyer – Olkin 度量		0.928
Bartlett 的球形检验	近似卡方	1101.862
	df	15
	Sig.	0.000

注：主成分提取方法，具有 Kaiser 标准化的正交旋转法。

（六）高校教师组织承诺初始量表信度分析和效度分析

信度分析结果如表 5 - 19 所示，量表整体 Cronbach's α 系数为 0.752，8 个题项中 3 个题项的总计相关性出现小于 0.4，表示这三个题项与其余题项的相关度低，删除 3 个题项将会导致 Cronbach's α 系数的增加，虽然初始量表的内部一致性尚可，但信度没有满足研究要求。通过对变量题项的分析发现，3 个需要删除的题项恰恰是初始量表设计时用于测量教师被动承诺的题项，因此可以认为教师主动承诺和被动承诺是两个不同的因素构念，而量表的内部一致性系数要以各种不同的因素构念作为子量表分别计算，不能估计整分量表的信度系数，该结论也验证了理论分析中将组织承诺分为两个维度的构想。

表 5 - 19　　　　　　　　高校教师组织承诺初始量表信度分析结果

变量代码	校正的项总计相关性	题项已删除的 Cronbach's α 值	Cronbach's α 值
ZDCN1	0.452	0.725	
ZDCN2	0.507	0.715	
ZDCN3	0.630	0.693	
ZDCN4	0.559	0.705	0.752
BDCN1	0.299	0.756	
BDCN2	0.283	0.756	
BDCN3	0.354	0.743	
BDCN4	0.544	0.708	

虽然组织承诺量表的信度检验未能通过，但根据已有理论分析可继续对高校教师组织承诺的 8 个测量题项进行探索性因子分析，进一步判定组织承诺二维结构的推断以及题项是否需要修正，探索性因子分析结果如表 5 - 20 所示。整体数据的 KMO 值为 0.795，Bartlett 球形检验的卡方值为 1033.352（df = 28，p < 0.01），题项变量间适合进行因素分析。通过主成分分析方法从 8 个测量题项中提取了 2 个主成分，方差累计贡献率为 72.530%。但题项 BDCN4 的因子载荷为 0.487，没有达到因子分析的要求，同时该题项的因子贡献重叠性高，显示在两个因子中的差距小于 0.1，需要删除该题项。

表 5 – 20 　　　　高校教师组织承诺初始量表探索性因子分析结果

变量代码	公因子方差提取	因子 1	因子 2
ZDCN1	0.657	0.807	
ZDCN2	0.819	0.899	
ZDCN3	0.841	0.917	
ZDCN4	0.784	0.886	
BDCN1	0.677		0.823
BDCN2	0.760		0.868
BDCN3	0.777		0.881
BDCN4	0.487	0.527	0.458
特征值		3.369	2.433
方差贡献率（%）		42.116	30.414
累计方差贡献率（%）		42.116	72.530
KMO 度量		0.795	
Bartlett 的球形检验	近似卡方	1033.352	
	df	28	
	Sig.	0.000	

注：主成分提取方法，具有 Kaiser 标准化的正交旋转法；没有标注数字的因子负荷小于 0.4。

通过对高校教师组织承诺初始测量题项的信效度检验结果的分析，需要对初始测量量表进行修正，根据探索性因子分析结果需要删除 BDCN4 题项后再进行效度检验，结果如表 5 – 21 所示。结果显示从 7 个测量题项中提取了 2 个主成分，方差累计贡献率为 77.429%。表明高校教师组织承诺呈现两维度结构，因子 1 代表主动组织承诺，因子 2 代表被动组织承诺，与本书前期提出的研究假设一致。

表 5 – 21 　　　　修正后的高校教师组织承诺量表探索性因子分析结果

变量代码	公因子方差提取	因子 1	因子 2
ZDCN1	0.646	0.800	
ZDCN2	0.841	0.913	
ZDCN3	0.873	0.933	
ZDCN4	0.795	0.891	
BDCN1	0.657		0.810

续表

变量代码	公因子方差提取	因子1	因子2
BDCN2	0.800		0.892
BDCN3	0.808		0.899
特征值		3.176	2.244
方差贡献率（%）		44.899	32.529
累计方差贡献率（%）		42.116	77.429
KMO 度量		0.786	
Bartlett 的球形检验	近似卡方	941.831	
	df	21	
	Sig.	0.000	

注：主成分提取方法，具有 Kaiser 标准化的正交旋转法；没有标注数字的因子负荷小于 0.4。

　　将修正后的组织承诺总量表和主动承诺、被动承诺两个分量表进行信度检验，Cronbach's α 值分别为：0.708、0.907、0.834，信度满足研究要求。

　　（七）高校教师工作任务绩效初始量表的信度分析和效度分析

　　信度分析结果如表 5 - 22 所示，量表的整体 Cronbach's α 系数为0.883，任务绩效量表 8 个题项的总计相关性都大于 0.5，删除任何题项都不会导致 Cronbach's α 系数的增加，无须删除题项，该初始量表的内部一致性较高，信度满足研究的要求。

表 5 - 22　　　　高校教师工作任务绩效初始量表信度分析结果

变量代码	校正的项总计相关性	题项已删除的 Cronbach's α 值	Cronbach's α 值
JXJX1	0.552	0.881	
JXJX2	0.763	0.857	
JXJX3	0.754	0.857	
JXJX4	0.679	0.866	
KYJX1	0.572	0.876	0.883
KYJX2	0.613	0.872	
KYJX3	0.697	0.863	
KYJX4	0.597	0.873	

对高校教师工作任务绩效的 8 个测量题项进行探索性因子分析，进一步判定题项是否需要修正，探索性因子分析结果如表 5 - 23 所示。整体数据的 KMO 值为 0.851，Bartlett 球形检验的卡方值为 972.787（df = 28，p < 0.01），题项变量间适合进行因素分析。通过主成分分析方法从 8 个测量题项中提取了 2 个主成分，方差累计贡献率为 69.182%。但题项 KYJX3 的因子贡献重叠性高，显示在两个因子中的差距小于 0.2，该题项"我努力钻研我的专业知识"含义比较模糊，专业知识可以包括教学和科研，容易引起被调查者歧义，需要删除该题项。

表 5 - 23　　高校教师工作任务绩效初始量表探索性因子分析结果

变量代码	公因子方差提取	因子 1	因子 2
JXJX1	0.551	0.724	
JXJX2	0.837	0.870	
JXJX3	0.773	0.810	
JXJX4	0.716	0.807	
KYJX1	0.689		0.813
KYJX2	0.630		0.741
KYJX3	0.652	0.481	0.648
KYJX4	0.689		0.798
特征值		4.463	1.072
方差贡献率（%）		37.222	31.959
累计方差贡献率（%）		37.222	69.182
KMO 度量		0.851	
Bartlett 的球形检验	近似卡方	972.787	
	df	28	
	Sig.	0.000	

注：主成分提取方法，具有 Kaiser 标准化的正交旋转法；没有标注数字的因子负荷小于 0.4。

对高校教师工作任务绩效测量量表进行修正，删除 KYJX3 题项后，重新进行信度检验，Cronbach's α 值为 0.863，7 个题项的总计相关性都大于 0.5，删除任何题项都不会导致 Cronbach's α 系数的增加，修正后的内部一致性较高，信度满足研究要求。再对修正后的量表进行效度检验，结果如表 5 - 24 所示，通过了效度检验，从 7 个测量题项中提取了 2 个主成分，方差贡献率为 70.811%，表明高校教师工作任务绩效呈现二维度结构，因子 1 代表教师教学绩效，因子 2 代表教师科研绩效，与本书研究假设提出的教师工作任务绩效二维度结构相符。

表 5-24　修正后的高校教师工作任务绩效量表探索性因子分析结果

	公因子方差提取	因子 1	因子 2
JXJX1	0.553	0.716	
JXJX2	0.836	0.880	
JXJX3	0.764	0.822	
JXJX4	0.726	0.818	
KYJX1	0.734		0.838
KYJX2	0.717		0.792
KYJX4	0.628		0.749
特征值		3.902	1.055
方差贡献率（%）		40.272	30.539
累计方差贡献率（%）		40.272	70.811
KMO 度量		0.839	
Bartlett 的球形检验	近似卡方	764.309	
	df	21	
	Sig.	0.000	

注：主成分提取方法，具有 Kaiser 标准化的正交旋转法；没有标注数字的因子负荷小于 0.4。

通过对 226 份小规模测试问卷的结果分析和对 6 个测量量表的信效度检验，共删除了测量高校环境的 2 个题项、心理授权 1 个题项、组织承诺 1 个题项、工作任务绩效 1 个题项，其他题项未做修改。借鉴国内外已有的量表或本研究自编量表，量表进行修正后都达到了信效度检验的标准，为下一步开展正式的大规模调查奠定了基础。

第二节　调查总体样本分析

自 2012 年 12 月起进行预调查，预调查结束后确定了正式调查问卷，正式调查采用发放纸质问卷填写方式，2013 年 3 月开始至 2013 年 7 月完成。整个调查包括预调查和正式调查共发放问卷 1200 份，收回问卷 862 份，问卷回收率 71.83%。调查对象为天津市 10 所普通高校：天津师范大学、天津商业大学、天津财经大学、天津理工大学、天津工业大学、天津科技大学、天津外国语大学、天津职业技术师范大学、天津城建大学、天津农学院，各高校发放问卷数量不等，一般由研究者同行在其所在高校发放问卷，也有个别高校请人事处人员发放问卷。为保证研究结论的准确性，对回收的 862 份问卷进行了筛选，剔除了信息缺失较多的问卷，如果答案某一部分连续完全一致或具有明显的规律性也进行了剔除，最后获得有效问卷 796 份，占回收问卷的 92.3%。

一 样本的描述性统计分析

样本的人口统计特征如表 5 – 25 所示。

表 5 – 25　　　　　　　　样本的人口统计特征

特征变量	类型	人数	百分比（%）	累计百分比（%）
性别	男	390	49.0	49.0
	女	406	51.0	100.0
年龄	30 岁以下	117	14.7	14.7
	31—40 岁	422	53.0	67.7
	41—50 岁	178	22.4	90.1
	50 岁以上	79	9.9	100.0
教龄	5 年以下	249	31.3	31.3
	6—10 年	262	32.9	64.2
	11—15 年	132	16.6	80.8
	15 年以上	153	19.2	100.0
教育程度	本科及以下	72	9.0	9.0
	硕士	397	49.9	58.9
	博士及以上	327	41.1	100.0
职称	助教	66	8.3	8.3
	讲师	401	50.4	58.7
	副教授	250	31.4	90.1
	教授	79	9.9	100.0

续表

特征变量	类型	人数	百分比（%）	累计百分比（%）
是否兼任 行政职务	是	127	16.0	16.0
	否	669	84.0	100.0
所在教学 部门性质	基础课教学	260	32.7	32.7
	专业课教学	536	67.3	100.0
平均月收入	3000 元及以下	36	4.5	4.5
	3001—5000 元	330	41.5	46.0
	5001—8000 元	346	43.5	89.4
	8000 元以上	84	10.6	100.0

二　变量测量题项评价值的数据分布

本书的研究需使用结构方程模型验证变量间影响关系，结构方程模型分析的基本假设是数据必须服从正态分布，因此需要验证数据的分布情况。数据是否服从正态分布可以从各测量题项的评价值是否满足偏度和峰度的要求来检验，如表 5 - 26 所示各测量题项的描述性统计分析结果显示，各题项的偏度系数和峰度系数都小于 1，说明本问卷数据呈正态分布，可以进行后续研究。

表 5 - 26　　　　　各测量题项的描述性统计分析结果

	N	均值	标准差	偏度	偏度的标准误差	峰度	峰度的标准误差
HJ1	796	2.79	0.966	0.281	0.087	0.306	0.173
HJ3	796	3.47	0.850	0.131	0.087	0.188	0.173
HJ4	796	2.84	0.892	0.113	0.087	0.134	0.173
HJ5	796	2.95	0.870	0.017	0.087	0.297	0.173
XLA1	796	3.84	0.760	0.336	0.087	0.149	0.173
XLA2	796	3.79	0.756	0.329	0.087	0.275	0.173
XLA3	796	3.73	0.812	0.333	0.087	0.023	0.173
XLB1	796	3.63	0.657	0.317	0.087	0.185	0.173
XLB2	796	3.84	0.671	0.304	0.087	0.372	0.173
XLB3	796	3.92	0.714	0.292	0.087	0.057	0.173
XLC1	796	3.38	0.837	0.069	0.087	0.232	0.173
XLC2	796	3.54	0.848	0.096	0.087	0.301	0.173

	N	均值	标准差	偏度	偏度的标准误差	峰度	峰度的标准误差
XLC3	796	3.43	0.861	0.178	0.087	0.054	0.173
XLD1	796	3.92	0.739	0.392	0.087	0.028	0.173
XLD2	796	3.77	0.735	0.280	0.087	0.085	0.173
XLD4	796	3.91	0.729	0.447	0.087	0.324	0.173
JG1	796	2.69	0.929	0.289	0.087	0.001	0.173
JG2	796	2.77	0.925	0.086	0.087	0.069	0.173
JG3	796	3.25	0.812	0.130	0.087	0.423	0.173
JG4	796	2.60	0.993	0.461	0.087	0.061	0.173
JG5	796	3.08	0.833	0.212	0.087	0.381	0.173
JG6	796	3.08	0.864	0.166	0.087	0.180	0.173
LD1	796	3.16	0.939	0.113	0.087	0.060	0.173
LD2	796	3.09	0.909	0.148	0.087	0.145	0.173
LD3	796	3.27	0.846	0.117	0.087	0.168	0.173
LD4	796	3.14	0.869	0.105	0.087	0.132	0.173
LD5	796	3.15	0.882	0.124	0.087	0.012	0.173
LD6	796	3.30	0.886	0.200	0.087	0.094	0.173
ZDCN1	796	3.60	0.884	0.031	0.087	0.417	0.173
ZDCN2	796	3.78	0.819	0.103	0.087	0.391	0.173
ZDCN3	796	3.81	0.816	0.117	0.087	0.392	0.173
ZDCN4	796	3.96	0.821	0.311	0.087	0.380	0.173
BDCN1	796	2.83	1.014	0.373	0.087	0.444	0.173
BDCN2	796	2.56	1.022	0.620	0.087	0.024	0.173
BDCN3	796	2.77	1.003	0.261	0.087	0.223	0.173
JXJX1	796	3.85	0.890	0.191	0.087	0.713	0.173
JXJX2	796	3.91	0.767	0.097	0.087	0.656	0.173
JXJX3	796	3.88	0.765	0.173	0.087	0.340	0.173
JXJX4	796	3.65	0.739	0.124	0.087	0.266	0.173
KYJX1	796	3.61	0.841	0.016	0.087	0.396	0.173
KYJX2	796	3.59	0.829	0.017	0.087	0.182	0.173
KYJX4	796	3.67	0.759	0.188	0.087	0.011	0.173

第三节 正式问卷的信效度检验

一 信度检验

对 796 份有效样本数据进行内部一致性信度检验，运用 SPSS 19.0 软件检验 Cronbach's α 系数，对本书要研究的 6 个变量的总量表及各变量子量表分别检验，结果如表 5 - 27 所示，所有变量总量表及变量各维度量表的信度都达到检验标准。

表 5 - 27 研究变量信度检验结果

变量总量表	变量各维度量表	题项数	Cronbach's α 系数
高校环境		4	0.801
心理授权		12	0.892
	工作意义	3	0.911
	自我效能	3	0.892
	自主性	3	0.842
	影响力	3	0.950
结构授权		6	0.890
领导授权		6	0.926
组织承诺		7	0.782
	主动组织承诺	4	0.903
	被动组织承诺	3	0.865
工作任务绩效		7	0.872
	教学工作绩效	4	0.853
	科研工作绩效	3	0.816

二 效度检验

(一) 验证性因素分析评价指标

本书通过对预测试小样本进行的探索性因素分析，建立了量表的结构效度，检验该量表结构效度的适切性和真实性需要进行验证性因素分析（CFA）。验证性因素分析是在量表的各题项和因素都已固定的情况下，探究量表的因素结构模型是否与实际收集的数据契合，指标变量是否可以有效作为潜在变量的测量变量。可以采用结构方程模型进行验证性因素分析，由于结构方程模型界定能够处理潜在变量的估计与分析，具有高度的理论先验性。本书对于潜在变量的内容与属性提出了适当的测量变量组成测量模型，通过结构方程模型的分析程序，就可以对潜在变量的结构或影响关系进行有效分析。结构方程模型中对于潜在变量的估计程序是对之前提出的因素结构适切性的检验，如果测量的基础确立了，就可以进一步探讨潜在变量的因果关系。运用结构方程模型进行验证性因子分析时，所采用的模型适配度检验主要包括基本适配度检验、内在适配度检验和整体模型适配度的评价①，评价指标和标准如表5-28所示。

表5-28 结构方程模型适配度评价指标和标准

类别	评价项目或统计检验量	适配标准
基本适配度检验	是否没有负的误差变异量	没有
	因素负荷量	介于0.5—0.95之间
	标准误	标准误值很小
内在适配度检验	所估计的参数均达到显著水平	T绝对值大于1.96，符号与期望相符
	指标变量个别项目的信度	高于0.50
	潜在变量的平均方差抽取值	大于0.50
	潜在变量的组合信度	大于0.60
	标准化残差绝对值	小于2.58
整体模型适配度评价指标	χ^2 值	显著性概率P值>0.05（未达显著水平）
	GFI 值	>0.90以上
	AGFI 值	>0.90以上
	RMR 值	<0.05
	SRMR 值	<0.05
	RMSEA 值	<0.05（适配良好）；<0.08（适配合理）
	NCP 值	越小越好
	NFI 值	>0.90以上

① 吴明隆：《结构方程模型——AMOS的操作与应用》，重庆大学出版社2010年版，第52、57页。

续表

类别	评价项目或统计检验量	适配标准
整体模型 适配度评 价指标	RFI 值	> 0.90 以上
	IFI 值	> 0.90 以上
	NNFI 值	> 0.90 以上
	CFI 值	> 0.90 以上
	NC 值（χ^2 自由度比值）	$1 < NC < 3$，模型有简约适配程度； $NC > 5$，模型需要修正

资料来源：根据资料整理，吴明隆：《结构方程模型——AMOS 的操作与应用》，重庆大学出版社 2010 年版，第 52、57 页。

在评价指标中，卡方值是指最小差异函数，其大小容易随样本数多少而产生波动。当样本数比较大时，卡方值也会变得越大，会造成显著性概率值 P - value 变得很小，容易拒绝虚无假设，即假设模型与样本数据无法适配。另外，由于假设模型的自由度不变，在卡方值大的情况下，卡方自由度比值就会变得越大，因此整体模型适配度的判别不应该只以卡方值或卡方自由度比值两个指标作为判断，其他的适配度指标也是重要的判别标准。在结构方程模型分析中，有些学者认为，每一个观察变量至少要10 个或 20 个样本，本书使用的观察变量为 44 个，用于正式调查的样本数为 796 份，符合相关统计的首要规则，但也有的学者认为大部分的研究取样样本在 200—500 之间，样本数过大，假设模型与实际数据不契合的机会较大。本书取样的 796 份数据与 44 个观察变量比例为 18∶1，符合结构方程模型取样比例，但相比一般的研究样本数略大，因此在判断模型适配度时可以适当放宽卡方值或卡方自由度比值两个指标的标准。

（二）高校组织环境量表验证性因子分析

根据预试小样本中对高校环境探索性因子分析结果，运用验证性因子分析方法构建高校环境测量模型，利用统计软件 LISREL 8.0 对所有调查的 796 份数据与假设模型进行拟合，拟合后的标准化估计值模型如图 5 - 1 所示。

验证性因素分析模型的适配度检验如下：$\chi^2 = 6.72$，df = 2，P 值 = 0.03469，RMSEA = 0.054，NFI = 0.99，NNFI = 0.99，CFI = 1.00，IFI = 1.00，RFI = 0.98，RMR = 0.014，SRMR = 0.017，GFI = 1.00，AGFI =

0.98。以上指标显示拟合效果比较理想，高校组织环境量表具有较好的结构效度。

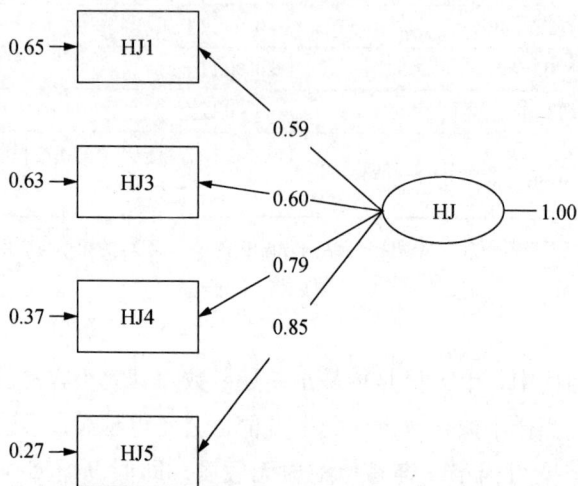

图 5 - 1　高校组织环境验证性因素分析模型

注：模型中变量的含义：HJ——高校组织环境。

（三）高校教师心理授权量表验证性因子分析

根据预试小样本中对高校教师心理授权探索性因子分析结果，运用验证性因子分析方法构建高校教师心理授权的测量模型，利用统计软件 LIS-REL 8.0 对 796 份数据与假设模型进行拟合，为进一步明确心理授权维度，本书分别进行心理授权四维结构方程和一维结构方程的拟合比较，拟合结果的主要指标见表 5 - 29。

表 5 - 29　　高校教师心理授权四维模型、一维模型拟合结果比较

结构	χ^2	df	P 值	RMSEA	NFI	NNFI	CFI	IFI	RFI	RMR	SRMR	GFI	AGFI
四维	112.70	48	0.000	0.041	0.99	0.99	0.99	0.99	0.99	0.017	0.028	0.98	0.96
一维	3982.08	54	0.000	0.302	0.62	0.54	0.63	0.63	0.54	0.095	0.17	0.55	0.34

上表拟合数据显示了四维模型拟合结果的各项指标都符合标准，一维模型不能通过适配度检验，因此验证了高校教师心理授权四维模型具有很

好的效度，拟合后的标准化估计值模型如图 5 – 2 所示。

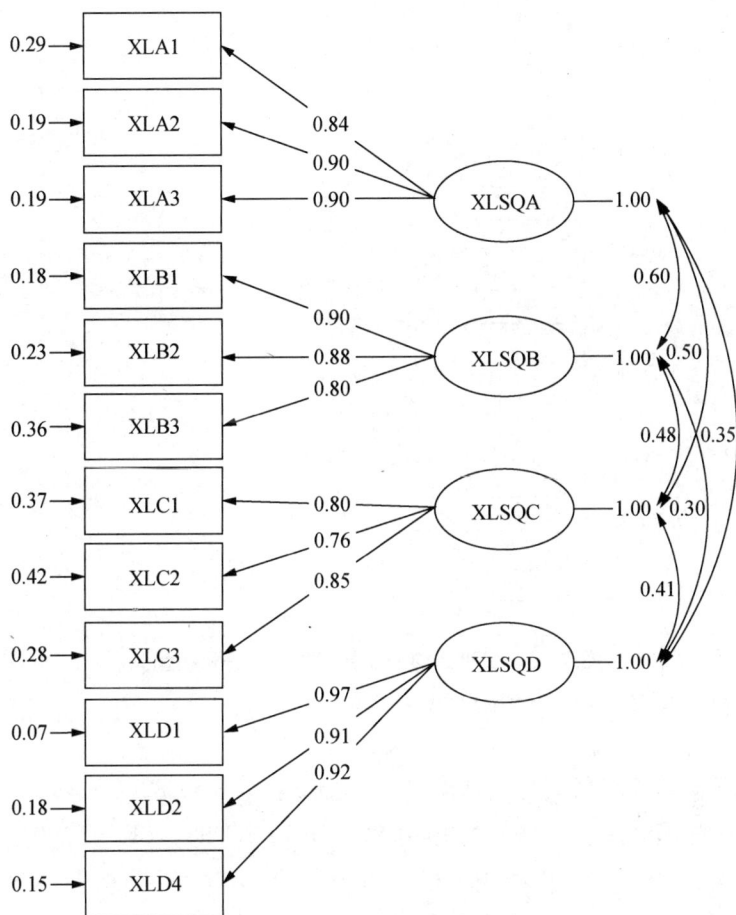

图 5 – 2　高校教师心理授权四维度模型

注：模型中各变量含义：XLSQA——教师心理授权的工作意义维度、XLSQB——教师心理授权的自我效能维度、XLSQC——教师心理授权的自主性维度、XLSQD——教师心理授权的影响力维度。

（四）高校结构授权量表验证性因子分析

根据预试小样本中对高校结构授权的探索性因子分析结果，运用验证性因子分析方法构建高校结构授权的测量模型，利用统计软件 LISREL 8.0 对 796 份数据与假设模型进行拟合，拟合后的标准化估计值模型如图 5 – 3 所示。

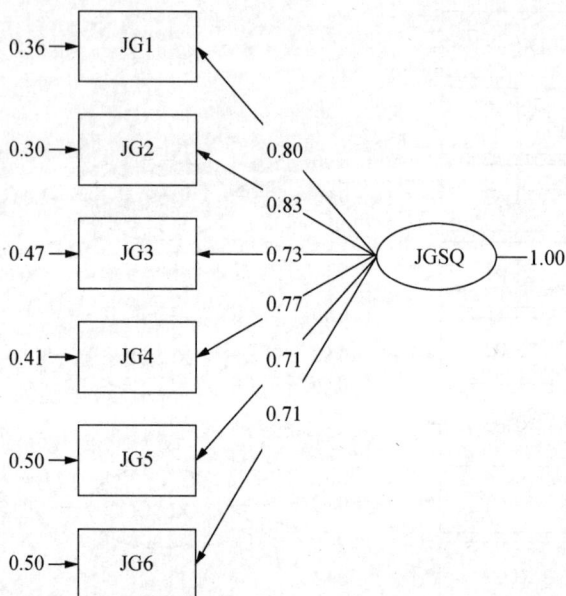

图5-3　高校结构授权验证性因素分析模型

注：模型中变量的含义：JGSQ——高校结构授权。

验证性因素分析模型的适配度检验如下：$\chi^2 = 65.82$，df = 9，P 值 = 0.00000，RMSEA = 0.089，NFI = 0.98，NNFI = 0.98，CFI = 0.99，IFI = 0.99，RFI = 0.97，RMR = 0.021，SRMR = 0.027，GFI = 0.97，AGFI = 0.94。以上指标中由于样本量偏大，造成 χ^2 自由度比值大于 5，同时 RMSEA 值大于 0.08，但在 0.1 以下，模型表现为普通适配，但其他检验指标良好，显示拟合效果普通，该量表的结构效度基本可以通过检验。

（五）高校领导授权量表验证性因子分析

根据预试小样本中对高校领导授权的探索性因子分析结果，运用验证性因子分析方法构建高校领导授权的测量模型，利用统计软件 LISREL 8.0 对 796 份数据与假设模型进行拟合，拟合后的标准化估计值模型如图 5-4 所示。

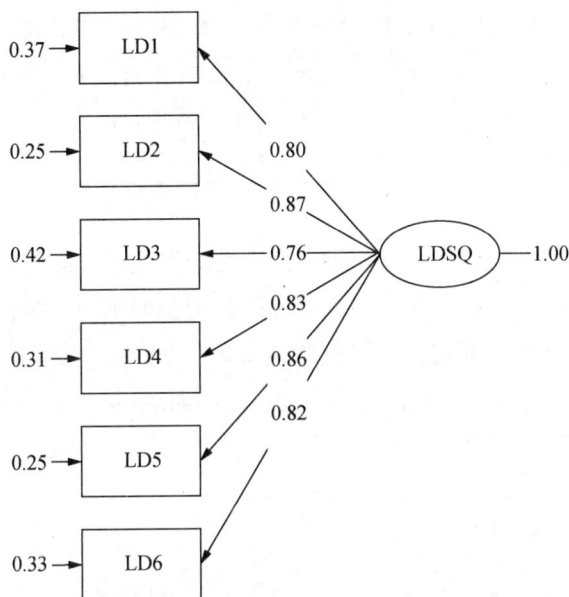

图 5 - 4 高校领导授权验证性因素分析模型

注：模型中变量的含义：LDSQ——高校领导授权。

验证性因素分析模型的适配度检验如下：$\chi^2 = 63.81$，$df = 9$，P 值 = 0.00000，RMSEA = 0.088，NFI = 0.99，NNFI = 0.98，CFI = 0.99，IFI = 0.99，RFI = 0.98，RMR = 0.015，SRMR = 0.019，GFI = 0.97，AGFI = 0.94。以上指标同结构授权变量的测量检验近似，χ^2 自由度比值大于 5，同时，RMSEA 值大于 0.08 小于 0.1，模型表现为普通适配，但其他检验指标良好，显示拟合效果普通，该量表的结构效度也基本可以通过检验。

（六）高校教师组织承诺量表验证性因子分析

根据预试小样本中对高校教师组织承诺的探索性因子分析结果，运用验证性因子分析方法构建高校教师组织承诺的测量模型，利用统计软件 LISREL 8.0 对 796 份数据与假设模型进行拟合，为进一步明确组织承诺维度，本书分别进行了组织承诺二维结构和一维结构方程的拟合比较，拟合结果的主要指标如表 5 - 30 所示。

表5-30　　　高校教师组织承诺二维模型、一维模型拟合结果比较

结构	χ^2	df	P值	RMSEA	NFI	NNFI	CFI	IFI	RFI	RMR	SRMR	GFI	AGFI
二维	18.70	13	0.133	0.023	0.99	1.00	1.00	1.00	0.99	0.019	0.023	0.99	0.99
一维	1120.30	14	0.000	0.315	0.69	0.54	0.69	0.69	0.53	0.22	0.22	0.71	0.43

　　表5-30拟合数据显示了二维模型拟合结果通过适配度检验，一维模型不能通过适配度检验，因此验证了高校教师组织承诺二维模型具有很好的效度，拟合后的标准化估计值模型如图5-5所示。

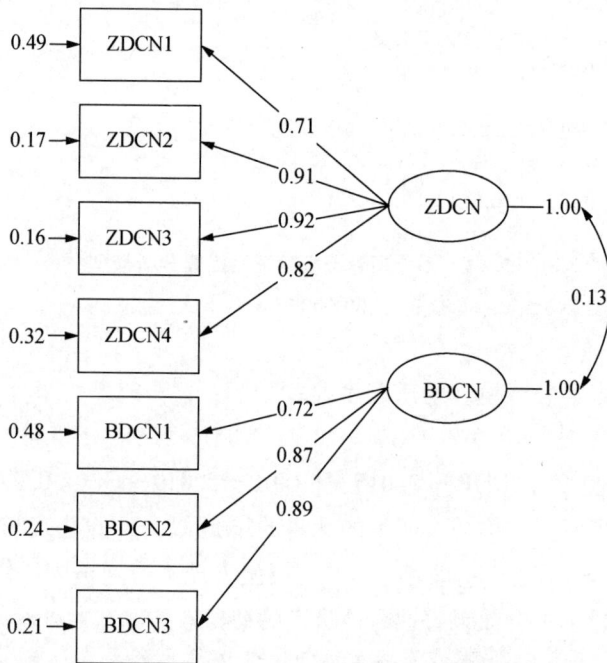

图5-5　高校教师组织承诺二维度模型

注：模型中各变量含义：ZDCN——教师主动组织承诺、BDCN——教师被动组织承诺。

（七）高校教师任务绩效量表验证性因子分析

　　根据预试小样本中对高校教师工作任务绩效的探索性因子分析结果，运用验证性因子分析方法构建高校教师工作任务绩效测量模型，利用统计软件 LISREL 8.0 对796份数据与假设模型进行拟合，为进一步明确任务绩效维度，本书分别进行了任务绩效二维结构和一维结构方程的拟合比较，拟合结果的主要指标如表5-31所示。

表5-31　　　高校教师工作任务绩效二维模型、一维模型拟合结果比较

结构	χ^2	df	P值	RMSEA	NFI	NNFI	CFI	IFI	RFI	RMR	SRMR	GFI	AGFI
二维	57.38	13	0.000	0.066	0.99	0.98	0.99	0.99	0.98	0.019	0.028	0.98	0.96
一维	498.51	14	0.000	0.209	0.89	0.83	0.89	0.89	0.83	0.055	0.084	0.85	0.70

表5-31拟合数据显示了二维模型拟合所有结果通过适配度检验，一维模型不能通过适配度检验，因此验证了高校教师工作任务绩效二维模型具有很好的效度，拟合后的标准化估计值模型如图5-6所示。

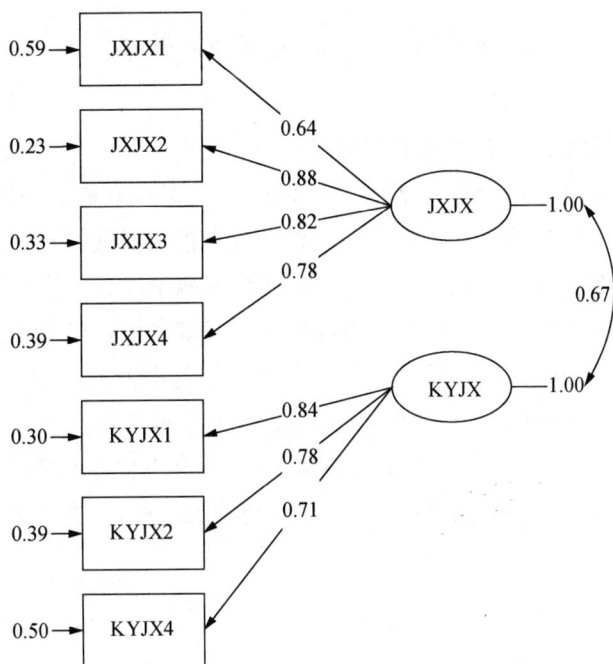

图5-6　高校教师工作任务绩效二维度模型

注：模型中各变量含义：JXJX——教师教学任务绩效、KYJX——教师科研任务绩效。

通过以上对6个测量量表的信效度检验，验证了本书研究使用的高校环境、结构授权、领导授权、教师心理授权、组织承诺、工作任务绩效量表测量具有良好的信度和效度，为继续进行假设检验和模型验证奠定了基础。

第六章 假设检验与模型验证

第一节 高校组织环境下教师心理授权四维度获得途径的结构方程模型

一 概念模型的建立和研究假设

本书第三章从理论上研究了高校组织环境下教师获得心理授权的途径，构建了从高校组织环境到高校结构授权和领导授权对教师心理授权影响的理论模型。第五章的研究确定模型中各变量的测量量表并进行了量表信效度检验，高校组织环境、结构授权和领导授权都采用一维模型，但高校教师心理授权是一个四维模型，其工作意义、自我效能、自主性和影响力维度都可能受这些前因变量不同程度影响，因此在前文建立的理论模型的基础上构建本书要研究的第一个概念模型 MA，即高校教师心理授权四维度分别受到组织环境、结构授权和领导授权影响的概念模型，如图 6-1 所示。

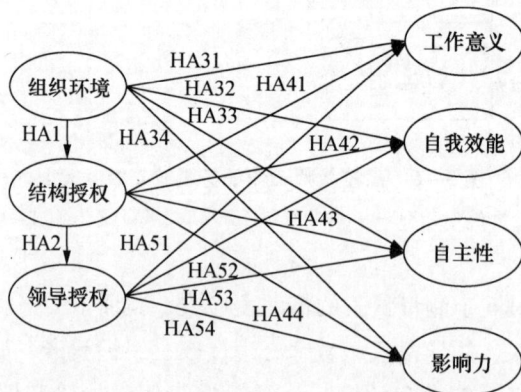

图 6-1 MA：高校教师心理授权四维度的影响因素概念模型

通过第三章的理论分析，本书认为该模型由以下假设构成：

HA1：高校组织环境影响高校结构授权

HA2：高校结构授权影响高校领导授权

HA31：高校组织环境影响高校教师心理授权的工作意义维度

HA32：高校组织环境影响高校教师心理授权的自我效能维度

HA33：高校组织环境影响高校教师心理授权的自主性维度

HA34：高校组织环境影响高校教师心理授权的影响力维度

HA41：高校结构授权影响高校教师心理授权的工作意义维度

HA42：高校结构授权影响高校教师心理授权的自我效能维度

HA43：高校结构授权影响高校教师心理授权的自主性维度

HA44：高校结构授权影响高校教师心理授权的影响力维度

HA51：高校领导授权影响高校教师心理授权的工作意义维度

HA52：高校领导授权影响高校教师心理授权的自我效能维度

HA53：高校领导授权影响高校教师心理授权的自主性维度

HA54：高校领导授权影响高校教师心理授权的影响力维度

二　高校教师心理授权四维度影响因素的假设检验和模型拟合

本书使用结构方程模型对概念模型中的每条路径进行模型拟合与验证，在确定各条路径存在影响关系基础上对模型 MA 进行拟合。

（一）高校环境对结构授权的影响关系模型拟合

根据理论模型中高校组织环境对结构授权影响关系 H1 进行假设模型的拟合，利用统计软件 LISREL 8.0 建立模型 M1 的拟合如图 6 - 2 所示。该模型的拟合指标如下：$\chi^2 = 223.93$，df = 34，P 值 = 0.00000，RMSEA = 0.084，NFI = 0.97，NNFI = 0.97，CFI = 0.98，IFI = 0.98，RFI = 0.96，GFI = 0.95，模型拟合较好，验证了高校组织环境对结构授权存在显著的正向影响关系，标准化后的影响路径系数为 0.7，理论假设 H1 成立。

（二）高校结构授权对领导授权的影响关系模型拟合

根据理论模型中高校结构授权对领导授权影响关系 H2 进行假设模型的拟合，利用统计软件 LISREL 8.0 建立模型 M2 的拟合如图 6 - 3 所示。该模型的拟合指标如下：$\chi^2 = 292.34$，df = 53，P 值 = 0.00000，RMSEA = 0.075，NFI = 0.98，NNFI = 0.98，CFI = 0.98，IFI = 0.98，RFI = 0.98，GFI = 0.94，模型拟合较好，验证了高校结构授权对领导授权存在显著的正向影响关系，标准化后的影响路径系数为 0.72，理论假设 H2 成立。

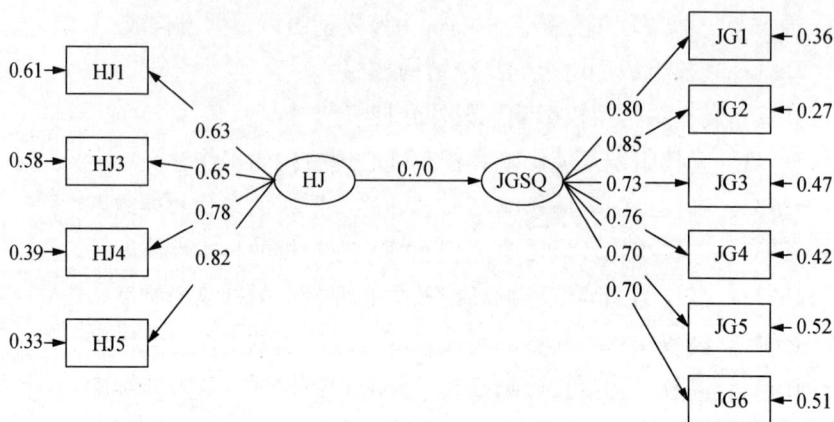

图6-2　M1-标准化后的高校组织环境对结构授权的影响作用结构方程模型

注：模型中各变量含义：HJ——高校组织环境、JGSQ——高校结构授权。

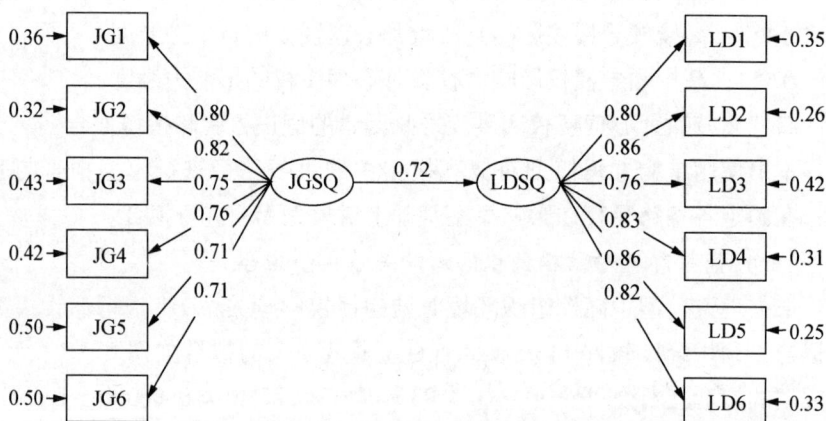

图6-3　M2-标准化后的高校结构授权对领导授权的影响作用结构方程模型

注：模型中各变量含义：JGSQ——高校结构授权、LDSQ——领导授权。

（三）高校组织环境对教师心理授权各维度影响关系的模型拟合

根据理论模型中高校组织环境对教师心理授权影响关系 H3 进行假设模型的拟合，模型中将心理授权的四个维度分别作为内因潜在变量，利用统计软件 LISREL8.0 建立模型 M3 的拟合如图6-4所示。该模型的拟合指标如下：$\chi^2 = 743.25$，df = 100，P 值 = 0.00000，RMSEA = 0.090，NFI = 0.95，NNFI = 0.94，CFI = 0.95，IFI = 0.95，RFI = 0.94，

GFI = 0.90，模型拟合可以接受。通过该模型显示的高校环境对教师心理授权各维度的标准化路径影响系数可以认为，高校环境对教师心理授权产生正向影响作用，假设 H3 得到验证，其中对各个维度的影响作用不同，高校环境对工作意义维度的影响系数为 0.53，对自我效能维度的影响系数为 0.38，对自主性维度的影响系数为 0.54，对工作影响力维度的影响系数为 0.38。

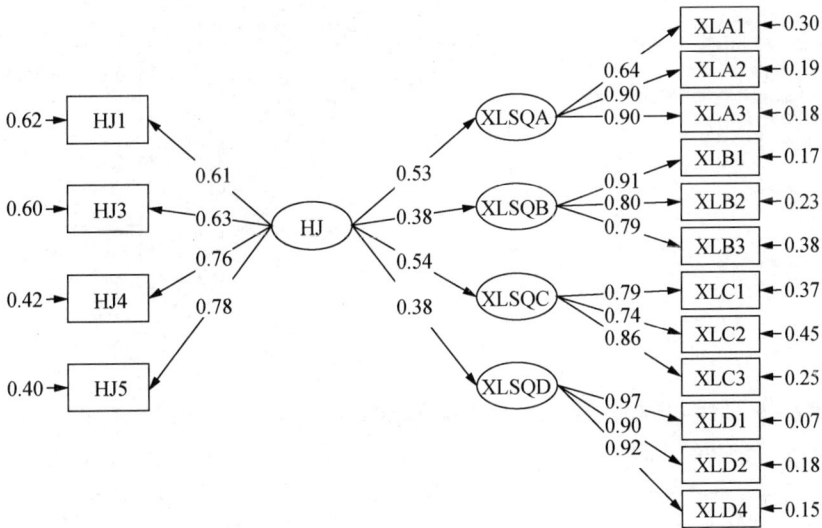

图 6 - 4 M3 - 标准化后的高校组织环境对教师心理授权的影响作用结构方程模型

注：模型中各变量含义：HJ——高校组织环境、XLSQA——教师心理授权的工作意义维度、XLSQB——教师心理授权的自我效能维度、XLSQC——教师心理授权的自主性维度、XLSQD——教师心理授权的影响力维度。

（四）高校结构授权对教师心理授权各维度影响关系的模型拟合

根据理论模型中高校结构授权对教师心理授权影响关系 H4 进行假设模型拟合，利用统计软件 LISREL 8.0 进行模型拟合如图 6 - 5 所示。该模型的拟合指标如下：$\chi^2 = 740.99$，df = 131，P 值 = 0.00000，RMSEA = 0.077，NFI = 0.96，NNFI = 0.96，CFI = 0.97，IFI = 0.97，RFI = 0.96，GFI = 0.91，模型拟合可以接受。通过该模型显示的高校结构授权对教师心理授权各维度的标准化路径影响系数可以认为，高校结构授权对教师心理授权产生正向影响作用，假设 H4 得到验证，其中结构授权对各个维度的影响作用不同，高校结构授权对工作意义维度的影响系数为 0.49，对自我效能维度的影响系数为 0.33，对自主性维度的影响系数为 0.63，对工作影响力维度的影响系数为 0.52。

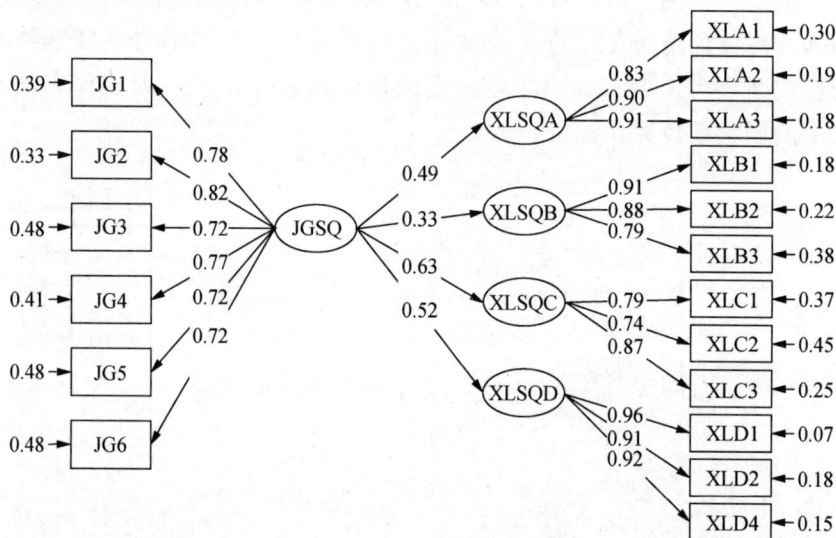

图 6 - 5   M4 - 标准化后的高校结构授权对教师心理授权的影响作用结构方程模型

注：模型中各变量含义：JGSQ——高校结构授权、XLSQA——教师心理授权的工作意义维度、XLSQB——教师心理授权的自我效能维度、XLSQC——教师心理授权的自主性维度、XLSQD——教师心理授权的影响力维度。

（五）高校领导授权对教师心理授权各维度影响关系的模型拟合

根据理论模型中高校领导授权对教师心理授权影响关系 H5 进行假设模型的拟合，利用统计软件 LISREL 8.0 进行模型拟合如图 6 - 6 所示。该模型的拟合指标如下：$\chi^2 = 822.64$，df = 131，P 值 = 0.00000，RMSEA = 0.081，NFI = 0.96，NNFI = 0.96，CFI = 0.96，IFI = 0.96，RFI = 0.95，GFI = 0.90，模型拟合可以接受。通过该模型显示的高校领导授权对教师心理授权各维度的标准化路径影响系数可以认为，高校领导授权对教师心理授权产生正向影响作用，假设 H5 得到验证，其中领导授权对各个维度的影响作用不同，高校领导授权对教师心理授权工作意义维度的影响系数为 0.45，对自我效能维度的影响系数为 0.23，对自主性维度的影响系数为 0.47，对工作影响力维度的影响系数为 0.28。

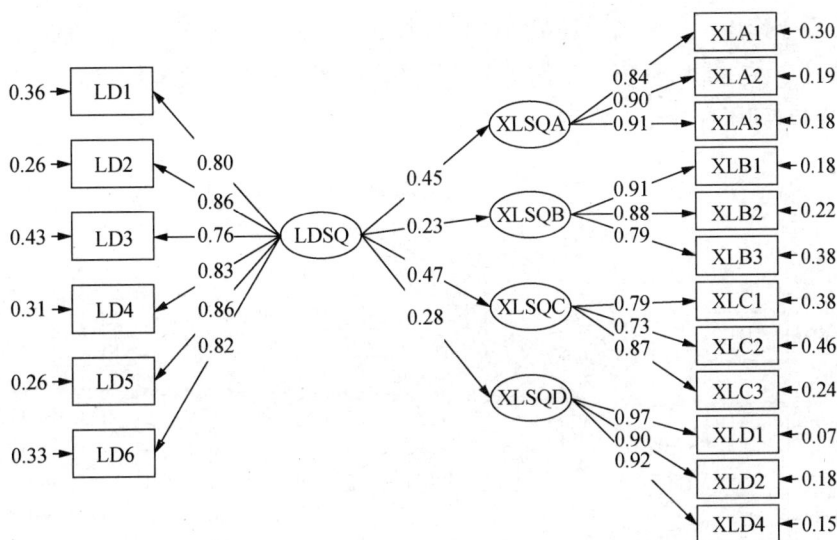

图 6 - 6　M5 - 标准化后的高校领导授权对教师心理授权的影响作用结构方程模型

注：模型中各变量含义：LDSQ——高校领导授权、XLSQA——教师心理授权的工作意义维度、XLSQB——教师心理授权的自我效能维度、XLSQC——教师心理授权的自主性维度、XLSQD——教师心理授权的影响力维度。

（六）结构授权在高校组织环境与教师心理授权之间的中介作用模型拟合

本书建立的理论模型是探讨高校教师获得心理授权的途径，在高校环境对教师心理授权影响作用中，结构授权起到一定中介作用，高校环境一方面会直接影响教师的心理授权，另一方面会通过结构授权对教师心理授权产生一定的影响。因此探讨结构授权在高校环境与心理授权中的中介作用，建立模型 M6 对理论假设进行的拟合如图 6 - 7 所示。

该模型拟合指标如下：$\chi^2 = 1026.67$，df = 200，P 值 = 0.00000，RM-SEA = 0.072，NFI = 0.96，NNFI = 0.96，CFI = 0.97，IFI = 0.97，RFI = 0.96，GFI = 0.89，该模型拟合较好，但存在三条路径的 T 检验未通过。如表 6 - 1 所示的数据分别为高校环境、结构授权和教师心理授权四维度之间的影响路径系数和添加结构授权作为中介变量后假设模型中三者之间影响路径系数。表中的数据显示，添加结构授权作为中介变量后的模型出现了高校环境对心理授权的自我效能维度、自主性维度和影响力维度三条路径的 T 检验值不显著，说明高校环境是通过结构授权影响了心理授权的三个维度，结构授权在高校环境与心理授权的这三个维度之间起到了完全中介作用；另外高校环境对心理授权的工作意义维度影响的显著性检验通过，说明高校环境对工作意义维度还具有影响作用，结构授权只在二者之间起到了部分中介作用。

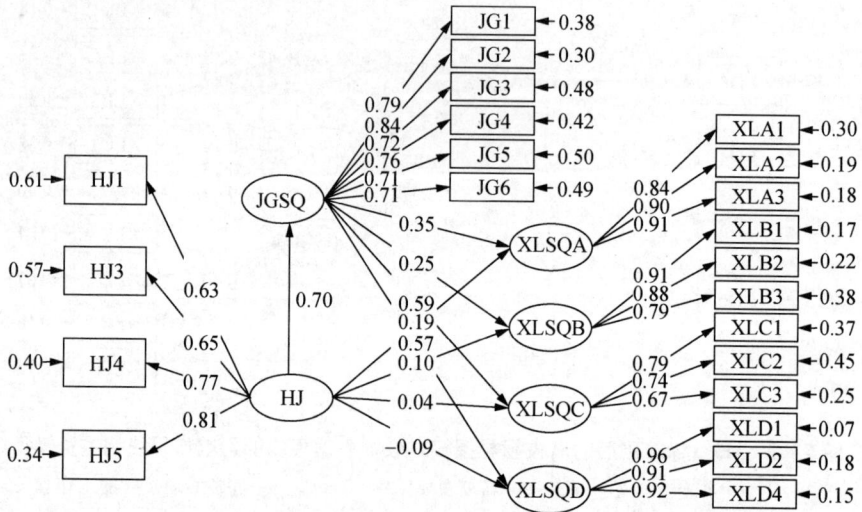

图 6－7　M6－标准化后的结构授权在高校环境与教师心理授权之间的中介作用结构方程模型

注：模型中各变量含义：HJ——高校组织环境、JGSQ——高校结构授权、XLSQA——教师心理授权的工作意义维度、XLSQB——教师心理授权的自我效能维度、XLSQC——教师心理授权的自主性维度、XLSQD——教师心理授权的影响力维度。

表 6－1　不同模型高校环境、结构授权、教师心理授权四维度关系路径标准化系数

模型	路径	JGSQ	XLSQA	XLSQB	XLSQC	XLSQD
M1	HJ－JGSQ	0.70				
M4	JGSQ－XLSQ 四维度		0.49	0.33	0.63	0.52
M3	HJ－XLSQ 四维度		0.53	0.38	0.54	0.38
M6	HJ－JGSQ	0.70				
	JGSQ－XLSQ 四维度		0.35	0.25	0.59	0.57
	HJ－XLSQ 四维度		0.19 (3.43)	0.10 (1.66)	0.04 (0.53)	－0.09 （－1.57)

注：括号中数值为路径的 T 检验值；

模型中各变量的含义：HJ——高校组织环境、JGSQ——高校结构授权、XLSQA——教师心理授权的工作意义维度、XLSQB——教师心理授权的自我效能维度、XLSQC——教师心理授权的自主性维度、XLSQD——教师心理授权的影响力维度。

（七）领导授权在高校结构授权与教师心理授权之间的中介作用模型拟合

本书建立的理论模型认为，高校领导授权是教师心理授权获得的条件，结构授权一方面直接影响教师心理授权的获得；另一方面会通过领导授权对教师心理授权产生一定影响。因此领导授权在高校结构授权与教师心理授权之间起到中介作用，建立模型 M7 对理论假设进行的拟合如图6－8所示。

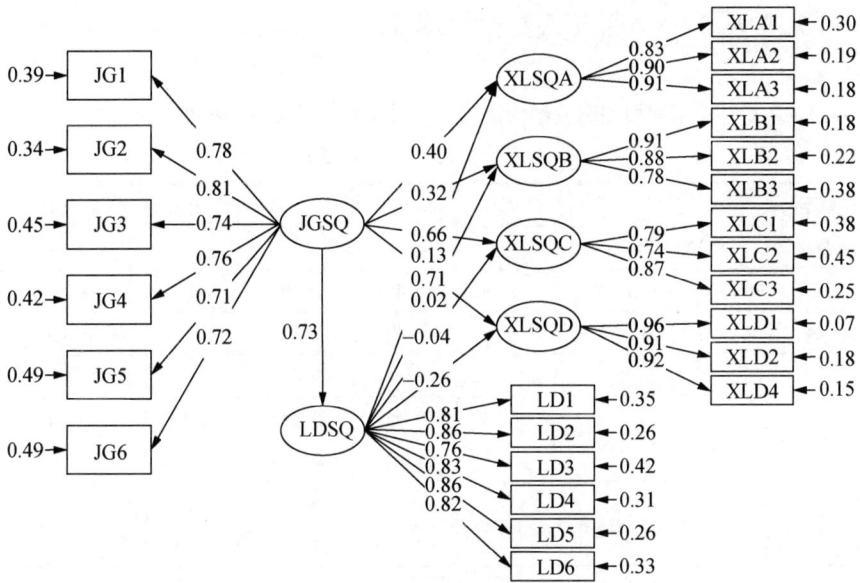

图6－8　M7－标准化后的领导授权在结构授权与教师心理授权之间的中介作用结构方程模型

注：模型中各变量含义：JGSQ——高校结构授权、LDSQ——高校领导授权、XLSQA——教师心理授权的工作意义维度、XLSQB——教师心理授权的自我效能维度、XLSQC——教师心理授权的自主性维度、XLSQD——教师心理授权的影响力维度。

该模型的拟合指标如下：$\chi^2 = 1041.77$，df $= 243$，P 值 $= 0.00000$，RMSEA $= 0.064$，NFI $= 0.96$，NNFI $= 0.96$，CFI $= 0.97$，IFI $= 0.97$，RFI $= 0.96$，GFI $= 0.89$，该模型拟合较好，但存在两条路径的 T 检验未通过。如表6－2所示的数据分别为高校结构授权、领导授权和教师心理授权四维度之间的影响路径系数和添加领导授权作为中介变量后假设模型中三者之间影响路径系数。数据显示，领导授权作为中介变量后的模型出现了高校领导授权对心理授权的自我效能维度、自主性维度两条路径的 T 检验值不显著，说明在此模型中高校领导授权并没有对教师心理授权的自我效能和自主性维度产生作用，在结构授权和这两个维度之间不起中介作用；领导授权在结构授权和教师心理授权的工作意义维度影响的显著性检验通过，说明领导授权在二者之间起到部分中介作用；领导授权在结构授权和教师心理授权的影响力维度影响的显著性检验通过，同时出现显著的负影响作用，说明领导授权在二者之间起到部分中介作用，抑制了结构授权对教师心理授权影响力维度的正向影响。

表 6 - 2　　　　不同模型高校结构授权、领导授权、教师心理授权
四维度关系路径标准化系数

模型	路径	LDSQ	XLSQA	XLSQB	XLSQC	XLSQD
M2	JGSQ – LDSQ	0. 72				
M5	LDSQ – XLSQ 四维度		0. 45	0. 29	0. 47	0. 28
M4	JGSQ – XLSQ 四维度		0. 49	0. 33	0. 63	0. 52
M7	JGSQ – LDSQ	0. 73				
	LDSQ – XLSQ 四维度		0. 13 (2. 37)	0. 02 (0. 32)	– 0. 04 (– 0. 74)	– 0. 26 (– 4. 86)
	JGSQ – XLSQ 四维度		0. 40 (7. 13)	0. 32 (5. 38)	0. 66 0 (10. 94)	0. 71 (12. 20)

注：括号中数值为路径的 T 检验值；

模型中各变量含义：JGSQ——高校结构授权、LDSQ——高校领导授权、XLSQA——教师心理授权的工作意义维度、XLSQB——教师心理授权的自我效能维度、XLSQC——教师心理授权的自主性维度、XLSQD——教师心理授权的影响力维度。

（八）高校教师心理授权四维度获得途径的模型拟合

以上研究分别对高校环境、高校结构授权、领导授权和教师心理授权四维度之间关系进行了模型拟合，检验了高校结构授权、领导授权在高校环境和教师心理授权之间影响关系的中介作用，验证了高校教师心理授权获得的途径包含了高校环境、结构授权和领导授权三个变量。通过原有的理论假设和本书已经开展的实证研究，本书利用统计软件 LISREL8. 0 对调查的 796 份数据与本书构建的高校教师心理授权四维度的获得途径的模

型 MA 进行拟合，模型拟合如图 6 - 9 所示。

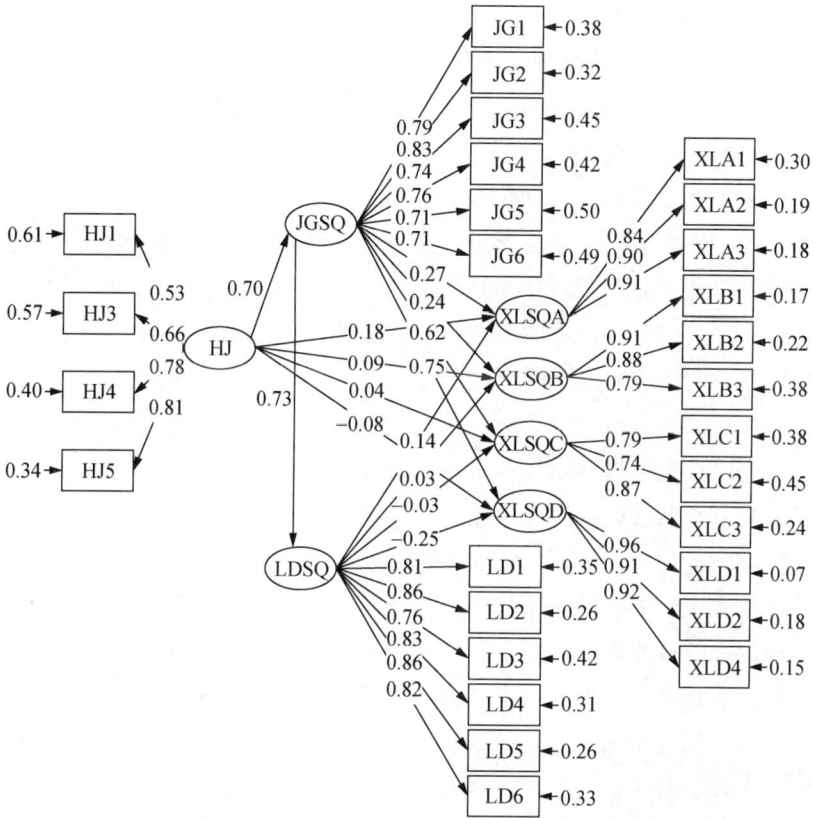

图 6 - 9　MA - 标准化后的高校教师心理授权四维度的获得途径结构方程模型

注：模型中各变量含义：HJ——高校组织环境、JGSQ——高校结构授权、LDSQ——高校领导授权、XLSQA——教师心理授权的工作意义维度、XLSQB——教师心理授权的自我效能维度、XLSQC——教师心理授权的自主性维度、XLSQD——教师心理授权的影响力维度。

该模型拟合指标如下：$\chi^2 = 1367.23$，$df = 336$，P 值 $= 0.00000$，RMSEA $= 0.062$，NFI $= 0.97$，NNFI $= 0.98$，CFI $= 0.98$，IFI $= 0.98$，RFI $= 0.96$，RMR $= 0.049$，SRMR $= 0.080$，GFI $= 0.89$，AGFI $= 0.87$，拟合效果较好，但存在 5 条 T 检验未通过的路径：高校环境对心理授权的自我效能维度、自主性维度和影响力维度影响不显著，假设 HA32、HA33、HA34 没有得到验证；领导授权对教师心理授权的工作意义维度产生正向

影响，但对教师影响力维度产生负向影响，对心理授权的另两个维度影响不显著，假设 HA52、HA53 没有得到验证。

三 模型的修正

（一）高校环境对教师心理授权各维度影响关系分析

在模型 MA 中，假设 HA32、HA33、HA34 没有得到验证，高校组织环境对教师心理授权的自我效能、自主性和影响力维度影响不显著。但是，高校环境对结构授权的影响路径达到 0.70，而结构授权对心理授权四个维度都产生不同程度的影响，这一结果与模型 M6（结构授权在高校组织环境与教师心理授权中的中介作用模型）的结论一致，即高校环境对教师心理授权具有一定的影响作用，结构授权作为二者的中介变量在高校环境与心理授权的四个维度之间起到了部分或完全中介作用。其中，结构授权在高校环境与自我效能、自主性和影响力三个维度起到完全中介作用，从而导致在该模型中没有显示出高校环境对心理授权这三个维度的影响，因此可以通过删除这三条路径对该模型进行修正。

（二）高校领导授权对教师心理授权各维度影响关系分析

在模型 MA 中假设 HA52、HA53 没有得到验证，高校领导授权对教师心理授权的自我效能、自主性维度的影响不显著。分析原因主要是由于高校教师职业有其显著的特点，高校教师属于具有高知识高技能的知识型群体，其自我效能感相对其他职业较强，教师认为自身工作能力的高低、能否完成教学与科研任务与领导是否进行授权管理没有显著的相关关系。另外，教师职业的自由性较高，比如教师可以自主地安排教学工作、选择比较自由的科研方向等，高校对教师的管理比较松散，教师感受到的行政权力的等级并不鲜明，对行政领导进行授权管理的要求并不迫切，除行政领导外各类委员会的权力决策对教师的发展也起着重要作用，教师认为工作的自主性主要是高校管理制度赋予的而不取决于领导是否授权。因此，原假设 HA52、HA53 所建立的领导授权对教师自我效能和自主性的影响并不显著，对该模型的修正可以删除这两条路径。

另外，模型 MA 的假设 HA54 出现了负向影响，说明高校领导授权对教师心理授权影响力维度呈显著负相关。本书的理论假设中将领导授权作为实现授权的条件，但研究结论显示，领导授权不一定会对教师的心理授权产生正向影响结果，不一定能提高每名教师对心理授权的感知程度。这一结论验证了唐贵瑶等（2012）[①] 提出的对领导授权效能结果的研究应考虑更多的情境与个体因素。王辉等（2009）[②] 认为，领导授权赋能行为与领导—部属交换关系有影响关系，如果下属拥有高水平领导—部属交换关系，那么下属会认为已得到了足够多的支持，领导的授权行为起作用的空间相对较少，很难影响下属的心理授权感知；相反，在领导—部属交换水平比较低的情况下，下属认为，通过交换关系得到的支持性资源较少，而领导授权赋能行为就会填补这些缺陷，也就提高了下属心理授权的感知。高校教师与领导的关系既不同于行政机关严格的等级关系，也不同于企业的上下属关系，更多的是学术团队的领导与成员之间的指导、合作与交流关系，因此高校是属于高水平领导—部属交换情况，领导的授权行为对教师的心理授权感知影响较小，实证分析显示的领导授权对影响力的负向影响也说明即使领导能够做到充分授权，教师也觉得对个人影响力的提高无益。针对高校教师这一职业群体，宽松自由的学术环境虽然可以充分发挥教师的创造性和能动性，但管理的相对松散会影响教师对高校的归属感。比如教师从事科学研究工作方面，更希望领导不仅是学术或方向带头人，甚至希望领导能够为团队制订详细的研究计划和研究内容，作为团队成员的教师并不愿盲目地根据个人兴趣进行学术研究，领导充分授权反而成为教师的压力和负担，教师希望通过领导和团队的力量提高个人的影响力，这也是当前高校学术现状的真实反映。刘福成、胡敏华（2012）[③] 认为，领导授权并不存在具有普遍适用的模式，领导者应该根据工作性质与下属素质等不同环境因素选择有效授权方式。因此领导授权虽然是授权的条件，但并不是必要条件，并不能盲目推崇授权型领导方式，本书研究的结论验证了领导授权对心理授权的影响是根据情境和下属不同而产生不同的影响。因此，本书提出的理论模型假设 HA54 显示的高校领导授权对教师的心理授权影响力维度呈显著的负相关影响可以接受。

（三）修正后的高校教师心理授权四维度获得途径模型拟合

对模型 MA 中假设未通过的路径进行删除，修正后的结构方程模型拟

---

① 唐贵瑶、李鹏程、李骥：《国外授权型领导研究前沿探析与未来展望》，《外国经济与管理》2012 年第 34 卷第 9 期。

② 王辉、张文慧、谢红：《领导—部属交换对授权赋能领导行为影响》，《经济管理》2009 年第 4 期。

③ 刘福成、胡敏华：《基于"工作—下属"二维模型的领导授权模式及其选择》，《经济管理》2012 年第 34 卷第 5 期。

合指标如下：$\chi^2 = 1367.03$，$df = 341$，P 值 = 0.00000，RMSEA = 0.062，NFI = 0.97，NNFI = 0.97，CFI = 0.98，IFI = 0.98，RFI = 0.97，RMR = 0.049，SRMR = 0.081，GFI = 0.89，AGFI = 0.87，模型总体拟合较好，模型拟合如图 6 - 10 所示。

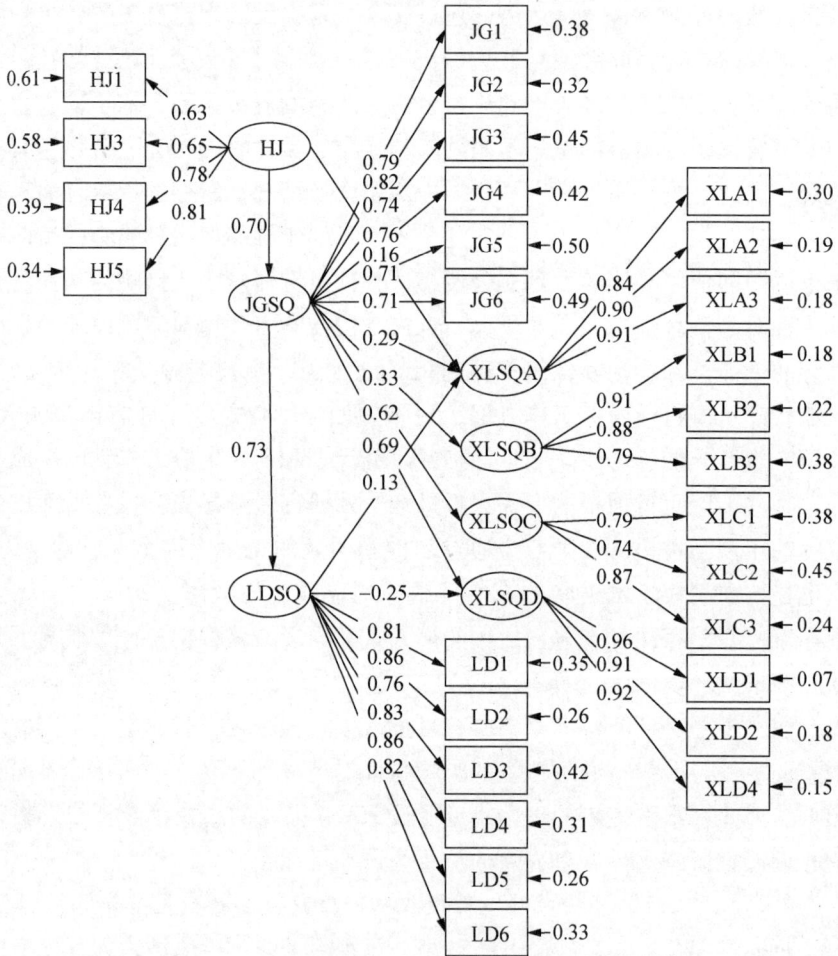

图 6 - 10 修正后的 MA - 高校教师心理授权四维度的获得途径结构方程模型

注：模型中各变量含义：HJ——高校组织环境、JGSQ——高校结构授权、LDSQ——高校领导授权、XLSQA——教师心理授权的工作意义维度、XLSQB——教师心理授权的自我效能维度、XLSQC——教师心理授权的自主性维度、XLSQD——教师心理授权的影响力维度。

四　高校教师心理授权四维度获得途径研究结果

对模型 MA 中未通过检验的路径 HA32、HA33、HA34、HA52、HA53 删除后得到修正后的模型 MA，该模型中的原假设 HA1、HA2、HA31、HA41、HA42、HA43、HA44、HA51、HA54 成立，高校教师获得心理授权途径的结构模型研究结果如图 6 – 11 所示。

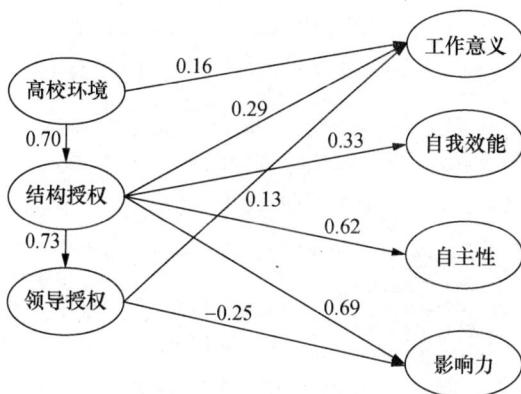

图 6 – 11　高校教师心理授权四维度获得途径的结构模型

在该模型中，高校教师心理授权的工作意义维度受高校环境、结构授权和领导授权共同影响，其影响系数为 0.16、0.29、0.13；自我效能维度受到结构授权影响，影响系数为 0.33；自主性维度受结构授权影响，影响系数为 0.62；影响力维度受结构授权的正向影响，影响系数为 0.69，同时受到领导授权的负向影响，影响系数为 – 0.25。

各变量与心理授权四个维度之间的关系如下：

（1）高校组织环境对结构授权和教师心理授权的工作意义维度有直接影响作用。教师对工作意义的感知与高校环境有关，当教师认为自己所在高校具有良好外部环境，更有发展前景、得到政策支持和更多资金来源时，会认为自己选择所在高校是有意义的；当教师认为高校的内部环境具有良好的学校文化、可以为教师提供更好的工作环境、具有和谐的工作氛围时，教师会认为从事教师工作有意义，在这样的工作环境中能够实现自己的工作价值。

（2）高校结构授权对领导授权和心理授权的四个维度都起到重要的

影响作用。结构授权对领导授权的影响路径系数达到 0.7，可见领导授权是在组织结构授权的制度体系框架下通过组织的指挥链实施授权功能的，良好的授权环境从权力授予机制上可以降低领导授权带来的风险及相关的责任，并提高领导授权的能力。结构授权对心理授权的四个维度都起到正向影响，良好的结构授权提供给教师机会、信息、支持和帮助，从而使教师认为自己的工作是有意义的并且具备了完成各项工作的能力，结构授权尤其对教师个人感知到的影响力和自主性维度的影响较大，使教师感受到被赋予了更高的权力，因此结构授权对教师心理授权的影响是最为直接和重要的。

（3）领导授权作为授权主体对高校教师心理授权的工作意义维度起正向影响作用，对自我效能和自主性维度不起作用，对影响力维度起负向影响作用。教师感受到的领导授权行为在为教师提供个人发展支持、权力的授予、信息的提供和进行工作指导、允许参与决策和目标制定等方面可以提高教师对工作意义的感知，但并不能影响教师对是否具有工作能力和工作自主性的感知，甚至对教师工作影响力的感知产生负面影响。

（4）心理授权作为授权途径的最终环节，研究如何提高心理授权是进行有效授权的目标。高校教师心理授权的四个维度的获得途径有所不同，教师获得有效授权途径中每一个要素都不可或缺，在高校环境下对授权管理的研究应保证其理论体系的完整性，尤其不应将心理授权与结构授权割裂，这一研究结果是本书进行教师心理授权获得途径探讨的研究目的。

第二节　高校教师心理授权对组织承诺和工作绩效影响的结构方程模型

一　概念模型的建立和研究假设

本书第四章从理论上建立了高校教师心理授权对教师组织承诺和工作任务绩效影响的理论模型，第五章的研究确定了教师心理授权、组织承诺和工作任务绩效的测量量表并进行了量表的信效度检验。教师组织承诺是由主动组织承诺和被动组织承诺构成的二维量表；教师工作任务绩效是由教学任务绩效和科研任务绩效构成的二维量表；高校教师心理授权是一个四维模型，其工作意义、自我效能、自主性和影响力维度可能对组织承诺和工作绩效结果变量产生不同程度影响，因此在前文建立的理论模型基础上构建本书要研究的第二个概念模型 MB，即高校教师心理授权四维度对教师组织承诺二维度和工作绩效二维度影响的概念模型，如图 6－12 所示。

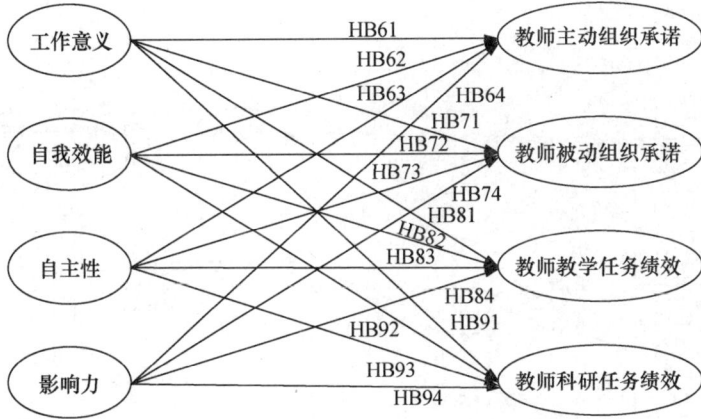

图 6－12　MB－高校教师心理授权四维度对教师工作状况的影响概念模型

该模型由以下假设构成：

HB61：高校教师心理授权的工作意义维度影响教师主动组织承诺

HB62：高校教师心理授权的自我效能维度影响教师主动组织承诺

HB63：高校教师心理授权的自主性维度影响教师主动组织承诺

HB64：高校教师心理授权的影响力维度影响教师主动组织承诺

HB71：高校教师心理授权的工作意义维度影响教师被动组织承诺

HB72：高校教师心理授权的自我效能维度影响教师被动组织承诺

HB73：高校教师心理授权的自主性维度影响教师被动组织承诺

HB74：高校教师心理授权的影响力维度影响教师被动组织承诺

HB81：高校教师心理授权的工作意义维度影响教师教学任务绩效

HB82：高校教师心理授权的自我效能维度影响教师教学任务绩效

HB83：高校教师心理授权的自主性维度影响教师教学任务绩效

HB84：高校教师心理授权的影响力维度影响教师教学任务绩效

HB91：高校教师心理授权的工作意义维度影响教师科研任务绩效

HB92：高校教师心理授权的自我效能维度影响教师科研任务绩效

HB93：高校教师心理授权的自主性维度影响教师科研任务绩效

HB94：高校教师心理授权的影响力维度影响教师科研任务绩效

二　高校教师心理授权四维度影响结果的假设检验和模型拟合

利用统计软件 LISREL 8.0 对调查的 796 份数据与本书构建的高校教师心理授权四维度的影响结果的模型 MB 进行拟合，模型拟合结果如图 6－13 所示。

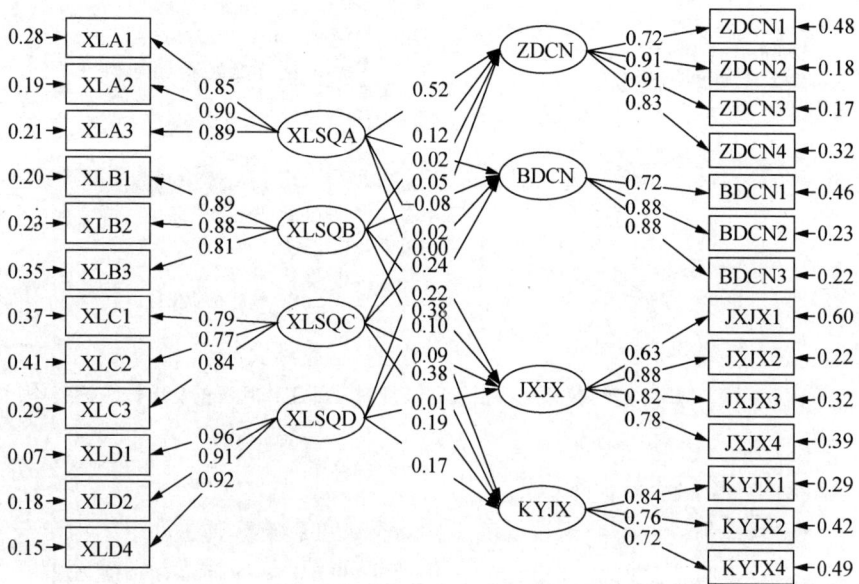

图6－13　MB－标准化后的高校教师心理授权四维度的影响结果结构方程模型

注：模型中各变量含义：XLSQA——教师心理授权的工作意义维度、XLSQB——教师心理授权的自我效能维度、XLSQC——教师心理授权的自主性维度、XLSQD——教师心理授权的影响力维度、ZDCN——教师主动组织承诺、BDCN——教师被动组织承诺、JXJX——教师教学任务绩效、KYJX——教师科研任务绩效。

该模型的拟合指标如下：$\chi^2 = 935.08$，df = 277，P 值 = 0.00000，RMSEA = 0.055，NFI = 0.97，NNFI = 0.98，CFI = 0.98，IFI = 0.98，RFI = 0.97，RMR = 0.045，GFI = 0.92，AGFI = 0.89，拟合效果很好，但存在 6 条 T 检验未通过的路径：高校教师的心理授权的工作意义维度对教师被动组织承诺的影响不显著，假设 HB71 没有得到验证；心理授权的自我效

能维度对教师的被动承诺的影响也不显著，假设 HB72 没有得到验证；心理授权的自主性维度对教师的主动组织承诺和被动组织承诺的影响都不显著，假设 HB63、HB73 没有得到验证；心理授权的影响力维度对教师的主动承诺和教学任务绩效影响不显著，假设 HB64、HB84 没有得到验证。

三 模型的修正

（一）高校教师组织承诺受教师心理授权四维度的影响分析

经过模型 MB 拟合的结果显示教师组织承诺的主动承诺受到教师心理授权的工作意义维度和自我效能维度的影响，而自主性维度和影响力维度对它的影响作用不显著。教师主动承诺所包含的教师对高校感情上的承诺和对教师职业规范要求的承诺并不受到教师工作自主性的影响，由于教师工作自主性较高，教师认为工作自主性是职业特征，即使提高或降低工作自主性也不会影响教师对所在高校的感情；教师所具有的工作影响力的大小也不会造成教师对高校感情的变化，教师对高校的主动承诺是来自对高校的感情和遵守教师职业道德的自觉态度，不会受到其是否对部门有控制力和影响力的影响，因此，可以删除心理授权自主性维度和影响力维度对教师主动承诺影响的关系路径。

高校教师的被动承诺则是教师不得不选择留在高校的一种心理状态，这种状态与其感受到的教师工作意义大小关系不大，与其工作自主性的大小也无相关。一般来说，被动承诺会与自我效能感呈现一定的相关关系，但对高校教师群体而言，其自我效能感相对其他职业人员较高，教师比较肯定自己的工作能力，教师很少认为由于自己工作能力不足，而找不到更好的单位才不得不留在高校工作，因此，高校教师被动承诺受到心理授权的工作意义、自我效能和自主性的影响不显著，可以删除这三条路径。

（二）高校教师工作任务绩效受教师心理授权四维度影响分析

经过模型 MB 拟合的结果显示，只有高校教师心理授权的影响力维度对教师教学绩效的影响不显著，教师的影响力是指对所在部门发生的事情的控制力和影响力以及教师在学术同行中的学术影响力，与教师是否完成教学任务以及开展教学工作的行为并无直接的影响关系，因此可以删除该路径。

（三）修正后的高校教师心理授权影响因素模型拟合

对模型 MB 中假设未通过的路径进行删除，修正后的结构方程模型拟合指标如下：$\chi^2 = 937.17$，$df = 283$，P 值 $= 0.00000$，RMSEA $= 0.054$，NFI $= 0.97$，NNFI $= 0.98$，CFI $= 0.98$，IFI $= 0.98$，RFI $= 0.97$，RMR $= 0.045$，SRMR $= 0.067$，GFI $= 0.92$，AGFI $= 0.90$，模型总体拟合较好，模型拟合如图 6 - 14 所示。

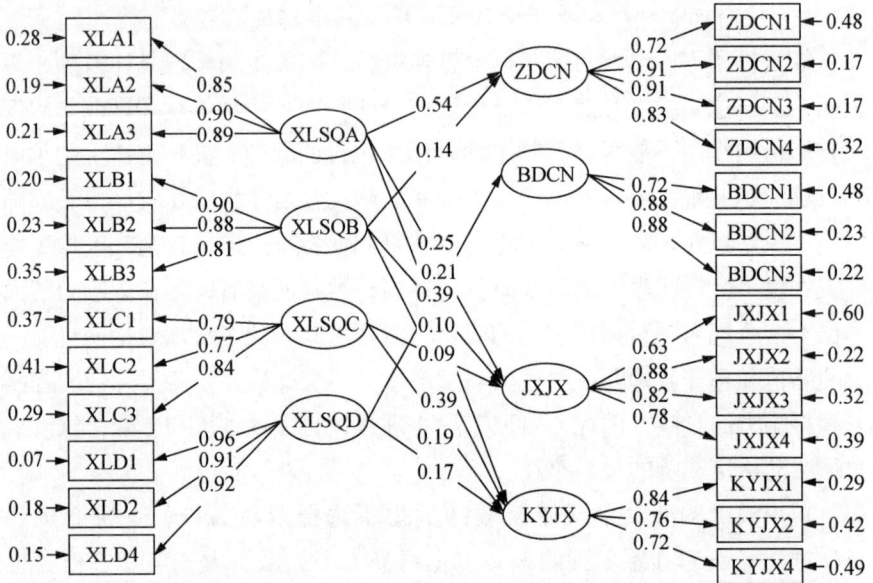

图 6 - 14　修正后的模型 MB - 高校教师心理授权四维度的影响结果结构方程模型

注：模型中各变量含义：XLSQA——教师心理授权的工作意义维度、XLSQB——教师心理授权的自我效能维度、XLSQC——教师心理授权的自主性维度、XLSQD——教师心理授权的影响力维度、ZDCN——教师主动组织承诺、BDCN——教师被动组织承诺、JXJX——教师教学任务绩效、KYJX——教师科研任务绩效。

四　高校教师心理授权对组织承诺和工作绩效影响研究结果

对模型 MB 中未通过检验的路径 HB63、HB64、HB71、HB72、HB73、HB84 删除后得到修正后的模型 MB，该模型中原假设 HB61、HB62、HB74、HB81、HB82、HB83、HB91、HB92、HB93、HB94 成立，高校教师心理授权四维度对教师组织承诺和工作绩效影响的结构模型研究结果如图 6 - 15 所示。

在该模型中，高校教师主动承诺受到教师心理授权工作意义维度和自我效能维度的共同影响，其影响系数为 0.54、0.14；教师被动承诺仅受

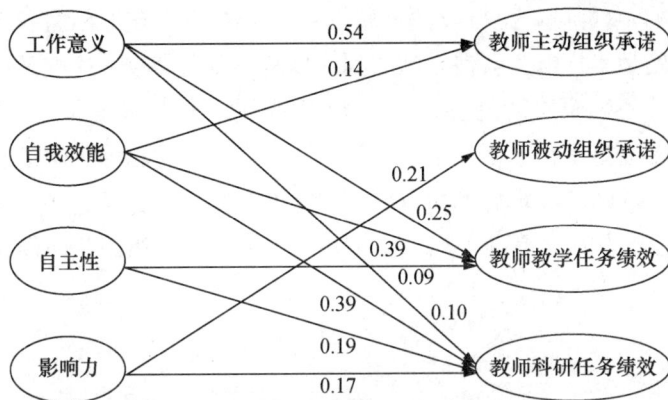

图 6 - 15 高校教师心理授权四维度影响组织承诺和工作绩效的结构模型

到心理授权影响力维度的影响，影响系数为 0.21；教师教学任务绩效受心理授权的工作意义维度、自我效能维度和自主性维度的影响，影响系数分别为 0.25、0.39、0.09；教师科研任务绩效受到心理授权四个维度的影响，影响系数分别为：工作意义 0.10、自我效能 0.39、自主性 0.19、影响力 0.17。

心理授权四个维度对教师组织承诺和工作绩效影响关系如下：

（1）教师的工作意义感和自我效能感正向影响教师主动组织承诺、教师教学绩效和科研绩效。工作意义显著影响教师主动承诺，教师认为自己的工作是有意义的、具有很高的工作价值将会增加教师对高校的感情、提高教师对组织的忠诚度和认同程度，使教师更愿意留在学校，并能够从内在主动积极地开展教学和科研工作，提高工作绩效；自我效能感显著影响教师的工作绩效，增加教师对自己工作能力的认可度，对教师的教学与科研工作都会产生积极的正向影响，教师认为自己具有完成各项任务的能力，就会以更加积极的态度、表现出更为投入的工作行为，取得更为良好的工作绩效结果。

（2）教师工作自主性对工作绩效产生正向影响，对组织承诺影响不显著。高校教师工作自主性相对其他职业较高，比较自主的工作特征有利于教师教学与科研绩效的提高，尤其在科研绩效方面，教师可以自主决定科研方向、保持自己的科研兴趣、采用适合的科学研究方法、完成科研任务。

（3）教师工作影响力维度对教师的被动组织承诺和科研任务绩效产

生正向影响。教师认为自己对本部门发生的事情有一定控制力和影响以及教师具有的学术影响力会使教师感到一旦离开所在高校，这些无形影响力会随着离开高校而消失，这些影响力对教师的职业生涯又是比较重要的，因此教师会选择不得不留在学校。工作影响力维度对教师科研绩效的影响主要体现在教师的学术影响力方面，教师如果认为，自己具有一定的学术影响力，就会积极从事科学研究，利用自己的影响力组建科研团队，完成科研任务。

第七章　总结与展望

第一节　研究结论

（1）高校组织环境对教师心理授权起正向影响作用，对心理授权四个维度的影响作用不同。高校环境显著正向影响高校结构授权，高校结构授权正向影响教师心理授权，结构授权在高校环境与教师心理授权之间起中介作用；结构授权在高校环境与教师心理授权的自我效能维度、自主性维度和影响力维度这三个维度之间起完全中介作用；结构授权在高校环境与心理授权的工作意义维度二者之间起部分中介作用。领导授权受结构授权的显著正向影响，并对教师心理授权的四个维度产生正向影响；领导授权在结构授权和教师心理授权的工作意义维度之间起部分中介作用；领导授权在结构授权和教师心理授权的影响力维度起部分中介作用，但对影响力维度产生显著的负影响作用，抑制了结构授权对教师心理授权影响力维度的正向影响。

（2）在高校组织环境下教师心理授权四个维度获得的途径分别是：工作意义维度受到高校环境、结构授权和领导授权正向影响；自我效能维度受到结构授权的正向影响；自主性维度受到结构授权的显著正向影响；工作影响力维度受到结构授权的显著正向影响和领导授权的负向影响。

（3）高校教师组织承诺是包括教师的主动组织承诺和被动组织承诺的二维结构；高校教师工作任务绩效是包括教师教学任务绩效和科研任务绩效的二维结构。高校教师心理授权的四个维度对组织承诺的两个维度和工作任务绩效的两个维度产生不同影响作用；心理授权的工作意义维度对教师主动承诺产生显著正向影响，对教师的教学任务绩效和科研任务绩效都产生正向影响作用；心理授权的自我效能维度对教师主动承诺产生正向影响，对教师的教学任务绩效和科研任务绩效都产生显著正向影响作用；心理授权的自主性维度对教师的教学任务绩效和科研任务绩效都产生正向影响，对教师组织承诺的两个维度的影响不显著；心理授权的影响力维度对教师的被动组织承诺和科研任务绩效产生正向影响。

第二节　研究对高校教师管理的启示

（1）高校教师心理授权研究为教师管理提供新的视角和方法。本书研究证实了高校教师心理授权对教师组织承诺和工作绩效的正向影响作用，因此从提高教师心理授权感知角度出发，制定提高教师对学校的认可度、忠诚度、参与度，提高教师教学和科研工作绩效的管理政策，将是解决高校教师队伍不稳定、提高教育教学质量的新方法。

（2）高校环境作为影响教师心理授权的重要变量，应该得到管理者重视。高校环境虽然是客观存在的环境变量，但教师对自己所在高校的主观评价是影响其心理授权程度的重要因素。因此，一方面，高校应改善其内外部环境，争取获得更多的政策支持和资金支持、扩大办学的知名度、提高学校声誉，从高校内部改善教师教学科研基础条件，加强学校组织文化建设，建立和谐的高校工作氛围，为教师提供高效、友好的环境。另一方面，应提高教师对所在高校环境的认可度，高校管理部门应加大与教师的管理沟通力度，及时、准确地向教师传递学校的发展目标、规划和发展状况，鼓励教师积极参与学校管理，使教师感受到高校内外部环境的变化和发展，加深对学校的归属感和自豪感。

（3）应加强高校结构授权管理，为教师心理授权提供条件。高校结构授权对教师心理授权的各维度都产生重要的正向影响，并且在高校环境与心理授权之间起到中介作用，因此结构授权作为对教师进行授权管理的基础条件应给予足够的重视。高校应从学校的制度建设和管理机制方面提供给教师必要的机会、信息、支持和帮助，比如为教师进行职业生涯的规划，帮助教师建立职业发展通道，提供教师晋升的组织保障，建立健全教师教育培训机制，为教师提供多渠道、多方面的学习交流和培训机会；建立公开透明的管理机制，完善各项管理制度、保证信息的畅通，建立良好的学术共享氛围；为教师提供良好的工作条件，在教学、科研的人力、物力和资金等资源上给予充足的支持；明确教师工作职责，保障教师正当行使自己的权力；鼓励教学、科研团队的培育，使教师积极参加团队建设，从团队中获得必要的支持和帮助；丰富教师业余生活，增加人文关怀，为教师创造良好的人际关系氛围。高校通过结构授权给予教师的权力支持，可以使教师认为自己的工作是有意义的，具备了完成各项工作的能力，具有工作的自主性，并认为自己具有一定的影响力。

（4）合理适度的领导授权有助于教师心理授权的提高。在本书建立的高校教师心理授权获得途径模型中，领导授权仅对心理授权的工作意义维度起正向影响作用，同时对心理授权的影响力维度起负向影响作用。因此，在实际管理工作中，领导作为授权主体应把握授权尺度，对教师进行合理授权。领导授权由于被授权者个体因素和授权情境不同会产生不同的授权效果，针对高校教师职业，教师已经具有相对宽松的工作环境和自主的工作方式，过分授权将造成教师缺乏归属感，甚至使教师认为自己游离于高校之外。另外，现有高校领导授权的方式是否能够提高教师心理授权的程度也是高校教师管理中存在的问题，实证研究结果显示，领导授权对教师工作影响力起到了负向影响作用，在一定程度上抑制了教师心理授权的感知程度，领导授权的程度和方式并没有达到教师期望，或者是领导授权包含的对教师个人发展支持、目标参与、过程和结果控制、权力委任、参与决策、信息提供与工作指导六个方面对教师心理授权的不同维度会产生不同程度的影响，甚至出现在某些方面的负向影响。因此，对高校领导者和管理者来说，对教师的合理授权、适度授权应是今后管理工作中需要认真思考的问题。

（5）提高教师对工作意义的认可，可以强化教师主动组织承诺。提高教师的工作使命感和自豪感，使教师认为自己工作有意义、有价值，高校可以通过定期开展师德教育、师德评选、工作表彰、先进表彰等一系列活动弘扬教师职业精神，加深教师对自己职业的热爱。在教师工作内容方面，提高教师对自己教书育人职责的重视，对培养指导的学生获得奖励的教师可以给予充分的肯定和表扬；在教师承担的科学研究和社会服务工作中给予大力支持和认可，改进教师绩效考核制度和人事管理制度，增加教师对自己在科技创新和社会服务中的工作意义的认识程度。通过教师对自己工作意义的认可，增加教师的职业忠诚和对高校的感情投入，提高对所在学校的主动承诺。

（6）增强教师自我效能、适当增加工作自主性，有利于提高教师工作绩效。在增强教师自我效能感方面，主要通过提高教师的工作能力、促进教师职业发展实现，比如对新入职的青年教师，可以强化职前培训作用，在教学方面进行系统的教学方法培训，进行教学观摩、配备高职称指导教师等措施提高其教学能力；在科研培育方面，学校可以通过提供科研平台、给予校内科研项目的预研支持等政策扶持青年教师，使其明确研究方向、掌握科研规律，使教师逐步提高工作能力，并对自己有能力完成好本职工作充满信心，以此提高工作积极性和工作绩效。在教师工作自主性方面，现有高校教师管理制度已经比较充分赋予了教师教学和科研工作的自主性，比如教师可以采取灵活的教学方式进行授课、自主安排教学进度、自主完成学生成绩的评定等，教师可以自主决定科研方向、保持自己的科研兴趣、采用适合的科学研究方法完成科研任务。高校在授予教师工作自主性的同时，还应该给予必要的指导和帮助，引导教师的教学和科研工作与高校学科建设、整体发展目标吻合，教师不仅要具备独立完成工作的能力，也要具备和他人共同协作的精神，教学团队、科研团队、学科梯队的建设已经成为高校发展的首要任务。因此，高校在提高教师工作自主性的同时，应整合教师队伍、凝练学科方向、加强教学精品工程建设和创新型科研团队建设，才能有利于高校整体绩效和教师个人绩效的提高。

（7）提高教师工作影响力，增强教师对高校的被动承诺和科研绩效。教师认为自己工作影响力大，则会提高对组织承诺的程度，但这一承诺是被动和消极的，使教师觉得离开学校可能带来利益的损失，甚至会对教师的学术影响力产生负面影响，因此教师不得不选择留在学校。事实上高校并不希望教师是基于这种原因而选择留在学校，但这种承诺度越高，也说明教师比较看中由学校的无形资产带来的益处。增强教师的工作影响力也利于教师科研工作绩效的提高，在科研工作中有一定的决策权和控制力会更容易取得科研成果，也是教师具有学术知名度的体现。因此高校应鼓励教师积极参与学校和部门各项工作，为教师提供各种学术交流机会和教学科研平台，鼓励教师走出校门、走向社会，在政策上既要提供时间和资金的保障，又要有相应的奖惩措施，将教师的参与管理、服务社会工作纳入教师绩效考核，切实提高教师的工作影响力，为高校发展提供优秀的人力资源。

第三节　研究的主要创新点

（1）从理论上建立了从组织环境到心理授权的获得途径，并经实证建立了高校组织环境下教师授权管理的理论整合模型。以往对于心理授权的研究比较分散，将心理授权作为结果变量、影响变量或中介变量的研究比较多，在授权管理理论研究中也出现了明显的分割，虽然有学者提出授权理论的整合框架，但没有继续深入的研究。本书从理论上将影响心理授权的因素与授权理论的研究方法相结合，建立了从组织环境、结构授权、领导授权到心理授权的理论整合模型，并通过高校教师的数据调查进行实证分析，探索出高校教师获得心理授权的途径，在理论上有所创新，并得到了实证的检验。

（2）本书通过实证证明了领导授权并不存在普遍适用的模式，领导者应该根据工作性质与下属素质等不同环境因素选择有效授权方式。在高校环境下领导授权对教师心理授权各维度的影响不同，不能盲目推崇授权型领导方式，本书基于高校教师获得心理授权程度的视角提出并验证了领导适度授权、合理授权的观点。

（3）本书提出了高校教师组织承诺是由主动组织承诺和被动组织承诺构成的二维度模型，通过调查数据证明高校教师对学校的组织承诺更多反映在主动组织承诺中，教师出于对学校感情归属及教师职业规范职责而产生了忠诚于学校的心理，而并不是由于个人不具备跳槽能力或担心经济损失而不得不留在学校，也就是说，组织承诺反映在被动承诺中较少，这一结论与目前国内对企业员工组织承诺的调查显著不同。同时研究结论显示，教师心理授权的自主性维度对教师组织承诺没有显著影响，即提高或降低教师工作自主性不会对教师组织承诺产生影响，这也是本书研究得出的一个有创新的结论。

（4）已有的研究较多研究了心理授权对工作绩效的影响，本书针对高校教师群体研究了心理授权及其结果变量，是对已有研究情景的扩展。通过对高校教师心理授权的研究，明确了教师心理授权各维度对教师教学与科研工作绩效的影响，为提高教师工作绩效提供了新的管理视角。

第四节 研究的局限及展望

本书虽然遵循科学研究的规范开展研究，但还存在一定局限性，在研究对象的选择、研究方法的应用以及研究内容的扩展上都有待进一步提高，这些不足之处为今后深入研究提供了方向。

（1）本书以高校教师为研究对象，选取样本都源于天津市高校，而且为了取得较高的样本一致性和较为满意的信效度，仅选取天津市市属高校教师作为调查对象，没有对部属高校教师进行取样调查；由于受研究条件、研究时间等的限制，采用的多为方便样本，没有进行完全随机抽样。因此本书的研究在样本选取的地区、高校类型等方面都有一定的局限性，虽然不会对本书的研究结果产生实质影响，但在可推广性方面受到了影响。今后的研究应扩大研究样本群体和类型，针对不同地区、不同类型高校开展教师心理授权的研究将更具有代表性和广泛性。

（2）本书使用的测量问卷还不够成熟。针对高校教师心理授权及相关变量的研究量表都是首次使用，虽然本书在研究变量测量量表制定上搜集整理了大量文献，并结合高校特点进行了修改，对可借鉴的国外初始量表题项进行回译和整理，对不可借鉴成熟量表的变量问卷设计采用了关键事件法和专家判断法确定题项，并进行了小样本的预测试和检验，在此基础上又对量表进行了修订和完善，形成了调查用正式量表，但由于问卷测量变量较多，考虑到被调查者填写问卷的态度和答题耗时，不能设置过多的题项，对高校环境、结构授权、领导授权的测量没有进一步的细化，这是将来需要继续深入研究的问题。

（3）本书提出的高校教师获得心理授权途径的理论模型中包含高校领导授权变量对教师心理授权的影响路径，但通过实证证明了在高校环境下领导授权对教师心理授权各维度的影响出现了不显著或正负相关性不同，研究结果虽然验证了已有学者关于领导授权在不同的授权情境或授权个体下会产生不同的授权效果的观点，但本书所得出的研究结果产生的原因还应该进一步展开研究，是否仅仅由于高校环境或教师个体特征影响了研究结论？或者是由于现有高校领导授权管理确实存在着一定的问题，领导授权的程度和方式并没有达到教师期望？因此，关于高校领导授权对教师心理授权的影响机制以及管理实践问题还需要进一步深入研究。

（4）本书对高校教师心理授权影响结果变量的研究选取了教师工作绩效变量，通过对工作绩效文献的梳理，将高校工作绩效的内涵界定为工作任务绩效，并以教师教学任务绩效和科研任务绩效作为任务绩效变量的两个维度开展研究，本书研究符合当前高校绩效管理的实际状况，但在理论研究广度上存在局限性，任务绩效仅仅是工作绩效的一部分，研究者们逐步开展了关系绩效、学习绩效、创新绩效等绩效维度的研究，对教师心理授权的研究应该深入到除任务绩效之外的其他绩效维度的影响研究中，未来的研究将会更有前瞻性和创新性，为保障高校教师的可持续发展、创新发展提供更有价值的思考。

附　录

高校教师心理授权问卷调查表

尊敬的老师：您好！

您参与的是一项关于教师心理授权方面的研究，为了深入分析高校教师管理中存在的问题和不足，提高教师工作绩效，我们以调查问卷形式开展教师的心理授权调查活动。本问卷不署名、不涉及个人隐私，只用做调查研究。您只需要根据实际工作经历，将自己的真实感觉表现出来。本问卷共有六部分，分别从高校组织环境、教师心理授权、结构授权、领导授权、组织承诺和工作绩效方面请您进行评价。问卷共四页。

（1）问卷每题有 5 个选择：1. 非常不符合；2. 不符合；3. 基本符合；4. 符合；5. 非常符合。

（2）请您在右侧最符合您想法的方格内画"√"，每一问题只选择一个答案。

（3）凭直觉尽快作答即可。对于从未考虑过的问题，也尽可能做出选择，请不要遗漏。当对问题评价拿不定答案时，请选择"3. 基本符合"。

您的背景资料：请在实际情况后的选项方框中画"√"

1. 您的性别：男□　　女□

2. 您的年龄：30 岁以下□　　31—40 岁□　　41—50 岁□　　51 岁以上□

3. 您在本学校的教龄：5 年以下□　　6—10 年□　　11—15 年□　　15 年以上□

4. 教育程度：本科及以下□　　硕士□　　博士及以上□

5. 您的职称：助教□　　讲师□　　副教授□　　教授□

6. 是否兼任行政职务：是□　　否□

7. 您所在教学部门性质：基础课教学□　　专业课教学□

8. 您的平均月收入为：3000 元以下□　　3000—5000 元□ 5000—8000 元□　　8000 元以上□

第一部分：请给出您对所在高校组织环境的评价

题号	题　项	非常 不符合	不符合	基本 符合	符合	非常 符合
1	我认为所在高校在获得政策和资金支持方面很有优势					
2	我对我的工作环境和工作氛围感到非常满意					
3	我认为所在高校办学理念正确，有着很好的精神文化					
4	我认为所在高校的组织结构合理，各部门职能明确					

第二部分：请根据您对心理授权的理解，对以下问题进行评价

题号	题　项	1	2	3	4	5
（一）	您对高校教师工作意义的评价	非常 不符合	不符合	基本 符合	符合	非常 符合
1	我的工作对我来说非常重要					
2	工作上所做的事对我来说非常有意义					
3	我觉得我的工作能够体现我的个人价值					
（二）	您对教师工作自我效能的评价	非常不 符合	不符合	基本 符合	符合	非常 符合
1	我掌握了完成教师工作所需要的各项技能					
2	我相信自己有做好教学和科研工作的能力					
3	我相信自己能够帮助学生在学业和人格上健康成长					
（三）	您对教师工作自主性方面的评价	非常不 符合	不符合	基本 符合	符合	非常 符合
1	我能够自主决定教学方法和教学进度等方面的内容					
2	我能够自主决定科学研究的方向和研究内容等					
3	我可以自己选择合适的方式来完成工作任务					
（四）	您对自己作为教师影响力的评价	非常不 符合	不符合	基本 符合	符合	非常 符合
1	我能够对本部门的事情产生一定的影响					
2	我对发生在本部门的事情起着一定的控制作用					
3	我的学术观点有一定的影响力					

第三部分：请根据您对结构授权的理解，对以下问题进行评价

题号	题 项	非常不符合	不符合	基本符合	符合	非常符合
1	学校可以为我提供很多晋升、培训机会					
2	学校的各项管理制度公开透明，信息很畅通，学术共享氛围很好					
3	我在工作中能够得到各级领导和同事的支持和帮助					
4	我有很好的工作条件，教学科研经费很充足					
5	我的工作职责很明确，我可以处理权力范围内的事情					
6	我的人际关系很好，在学校办事很方便					

第四部分：请根据您对领导授权的理解，对以下问题进行评价

题号	题 项	非常不符合	不符合	基本符合	符合	非常符合
1	我的领导非常支持我的个人发展，经常给我提供学习机会					
2	我的领导能和我一起设定工作目标					
3	我的领导非常注重工作结果，并按时考核是否完成我的工作					
4	我的领导能够委任给我足够的权力，也明确我的责任					
5	我的领导在做决策时非常尊重和重视我的建议					
6	我的领导能把有利于工作的信息提供给我，并给予一定指导					

第五部分：请根据您的实际感觉，给出您对所在高校组织承诺的评价

题号	题 项	非常不符合	不符合	基本符合	符合	非常符合
1	我对学校有很深的感情，并愿意为学校做贡献					
2	我认同学校的发展目标，教师工作是我的理想，我对学校负有义务					
3	我认为应该对自己的学校忠诚					
4	我认为作为教师应该全身心投入学校的工作					
5	我不想离开学校的原因是怕经济损失太大					
6	我之所以留下，是因为自己不具备跳槽的能力					
7	离开这里另找一个条件好的工作不容易					

第六部分：请根据您的工作实际情况，对您的工作绩效进行评价

题号	题　项	非常不符合	不符合	基本符合	符合	非常符合
1	我总是超额完成学校规定的教学工作量					
2	我能认真备课，讲课非常有热情，与学生有很好的互动					
3	我能够对学生进行课后辅导，认真及时地批改作业					
4	我认为学生对我的教学效果非常满意					
5	我可以完成规定的科研任务					
6	我有自己的科研兴趣，能够积极参加学术交流和科研活动					
7	我认为自己在学术同行中有一定的知名度					

　　本问卷到此结束，您辛苦了！您的意见十分宝贵，请您再检查一下，请不要漏答任何一题，谢谢您的合作！

参考文献

[1] Ahearne, J. M. et al., "To empower or not to empower your sales force? An empirical examination of influence of leadership empowerment behavior on customer satisfaction and performance", *Journal of Applied Psychology*, Vol. 90, No. 5, 2005, pp. 945 – 955.

[2] Akey, T. M., Marquis, J. G., Ross, M. E., "Validation of scores on the psychological empowerment scale: A measure of empowerment for parents of children with a disability", *Educational and Psychological Measurement*, Vol. 60, No. 3, 2000, pp. 419 – 438.

[3] Amabile, T. M., Conti, R., Coon, H. et al., "Assessing the work environment for creativity", *Academy of Management Journal*, Vol. 39, No. 5, 1996, pp. 1154 – 1184.

[4] Amabile, T. M., "Motivating creativity in organizations", *California Management Review*, Vol. 40, No. 1, 1997, pp. 22 – 26.

[5] Appelbaum, S. H., Hebert, D., Leroux, S., "Empowerment: Power, culture and leadership – A strategy or fad for the millennium", *Journal of Work – place Learning: Employee Counseling Today*, Vol. 11, No. 7, 1999, pp. 233 – 254.

[6] Arnold, J. A., Arad, S., Rhoades, J. A. et al., "The empowering leadership questionnaire: The construction and validation of a new scale for measuring leader behaviors", *Journal of Organizational Behavior*, No. 21, 2000, pp. 249 – 269.

[7] Aryee, S., "Leader – member exchange in a Chinese context: Antecedents, the mediating role of psychological empowerment and outcomes", *Journal of Business Research*, Vol. 59, No. 7, 2006, pp. 793 – 801.

[8] Avolio, B. J., Zhu, W., Koh, W. et al., "Transformational leadership

and organizational commitment: Mediating role of psychological empowerment and moderating role of structural distance", *Journal of Organizational Behavior*, Vol. 25, No. 8, 2004, pp. 951 –968.

[9] Bandura, A., "Self – efficacy: Toward a unifying theory of behavioral change", *Psychological Review*, No. 84, 1977, pp. 191 –215.

[10] Becker, H. S., "Notes on the concept of commitment", *American Journal of Sociology*, No. 97, 1960, pp. 15 –22.

[11] Bemardin, H. J., Beatty, R. W., *Performance Appraisal: Assessing Human Behavior at Work*, America: Kent Publishing Company, Massachusetts, 1984.

[12] Bhatnagar, J. et al., "The level of psychological empowerment in Indian managers", *Global Business Review*, Vol. 5, No. 2, 2004, pp. 217 –227.

[13] Bordin, C., Bartram, T., Casimir, G., "The antecedents and consequences of psychological empowerment among Singaporean IT employees", *Management Research News*, Vol. 30, No. 1, 2007, pp. 34 –46.

[14] Borman, W. C., Motowidlo, S. J., "Expanding the criterion domain to include elements of contextual performance", In: Schmitt, N., Borman, W. C. (eds.), *Personnel Selection in Organizations*, San Francisco: Jossey – Bass Publishers, 1993, pp. 71 –98.

[15] Borman, W. C., Motowidlo, S. J., "Take and contextual performance: The meaning for personnel selection research", *Human Performance*, Vol. 10, No. 2, 1997, pp. 99 –109.

[16] Bowen, D. E., Lawler, E. E., "The empowerment of service works: what, why, how, and when", *Sloan Management Review*, No. 33, 1992, pp. 31 –39.

[17] Bowen, D. E., Lawler, E. E., "Empowering service employees", *Sloan Management Review*, Vol. 36, No. 4, 1995, pp. 73 –85.

[18] Brumbach, G. B., "Some ideas, issues and predictions about performance management", *Public Personnel Management*, Vol. 17, No. 4, 1988, pp. 387 –402.

[19] Buchanan, B., "Building organizational commitment: Socialization of managers in work organizations", *Administrative Science Quarterly*,

Vol. 19, No. 4, 1974, pp. 533 – 546.

[20] Campbell, J. P. , Mccloy, R. A. , Oppler, S. H. et al. , "A theory of performance", In: Schmitt, N. , Borman, W. C. (eds.), *Personnel Selection in Organizations* , San Francisco: Jossey – Bass, 1993, pp. 35 – 70.

[21] Carless, S. A. , "Does psychological empowerment mediate the relationship between psychological climate and job satisfaction", *Journal of Business and Psychology*, Vol. 18, No. 4, 2004, pp. 405 – 425.

[22] Carmeli, A. et al. , "How CEO empowering leadership shapes top management team processes: Implications for firm performance", *Leadership Quarterly*, Vol. 22, No. 2, 2011, pp. 399 – 411.

[23] Celep, C. , "Teachers organizational commitment in educational organizations", *National Forum of Teacher Educational Journal*, Vol. 10, No. 3, 2000, pp. 1 – 22.

[24] Chandler, G. E. , The relationship of nursing work environment to empowerment and powerlessness, Ph. D. University of Utah, 1986.

[25] Conger, J. A. , Kanungo, R. N. , "The empowerment process: Integrating theory and practice ", *Academy of Management Review*, Vol. 13, No. 3, 1988, pp. 471 – 482.

[26] Conger, J. A. , "Leadership: The art of empowerment others", *Academy of Management Executive*, No. 3, 1989, pp. 17 – 24.

[27] Conway, J. M. , "Distinguishing contextual performance from task performance for managerial jobs", *Journal of Applied Psychology*, No. 84, 1999, 84, pp. 3 – 13.

[28] Cunningham, I. , Hyman, J. , "The poverty of empowerment", *Personnel Review*, Vol. 28, No. 3, 1999, pp. 192 – 207.

[29] Dee, J. R. , Henkin, A. B. , Singleton, C. A. , "Organizational commitment of teachers in urban schools", *Urban Education*, Vol. 41, No. 6, 2006, pp. 603 – 627.

[30] Denison, D. , Hooijberg, R. , Quinn, R. E. , "Paradox and performance: Toward a theory of behavioral complexity in managerial leadership", *Organization Science*, No. 6, 1995, pp. 524 – 540.

[31] Dennis, M. M. , Alan, H. B. , "Organizational commitment of a health profession faculty: Dimensions, correlates and conditions", *Medical Teacher*, Vol. 26, No. 4, 2004, pp. 353 – 358.

[32] Dennis, W. , Margaret, A. S. , "Equity and relationship quality influences on organizational citizenship behaviors: The mediating role of trust in the supervisor and empowerment", *Personnel Review*, No. 34, 2005, pp. 406 – 422.

[33] Duncan, R. B. , "Characteristics of organizational environments and perceived environmental uncertainty", *Administrative Science Quarterly*, Vol. 17, No. 3, 1972, pp. 313 – 327.

[34] Dvir, T. , Eden, D. , Avolio, B. J. et al. , "Impact of transformational leadership on follower development and performance: A field experiment", *Academy of Management Journal*, Vol. 45, No. 4, 2002, pp. 735 – 744.

[35] Eisenberger, R. , Fasolo, P. , Davis – La Mastro, V. , "Perceived organizational support and employee diligence, Commitment, and innovation", *Journal of Applied Psychology*, No. 75, 1990, pp. 51 – 59.

[36] Erez, M. , Arad, R. , "Participative goal setting: Social, motivational, and cognitive factors", *Journal of Applied Phychology*, No. 71, 1986, pp. 591 – 597.

[37] Finegan, J. E. , "The impact of person and organizational values on organizational commitment", *Journal of Occupational and Organizational Psychology*, No. 73, 2000, pp. 149 – 169.

[38] French, J. R. , Raven, B. H. , "The basis of social power", in D. Cartwright (ed.), *Studies in Social Power*, Ann Arbor: University of Michigan, Institute for Social Research, 1959.

[39] Hackman, J. R. , Oldham, G. R. , "Motivation through the design of work: Test of a theory", *Organizational Behavior and Human Performance*, No. 16, 1976, pp. 250 – 279.

[40] Hakimi, N. et al. , "Leader empowering behavior: The leader's perspective", *British Journal of Management*, Vol. 21, No. 3, 2010, pp. 701 – 716.

[41] Hancer, M., George, R. T., "Psychological empowerment of non – supervisory employees working in full – service restaurants", *Hospitality Management*, Vol. 22, No. 1, 2003, pp. 3 – 16.

[42] Hart, P. M., Wearing, A. J., Conn, M. et al., "Development of the school organizational health questionnaire: A measure for assessing teacher morale and school organizational climate", *British Journal of Educational Psychology*, Vol. 70, No. 2, 2000, pp. 211 – 229.

[43] Hasida, B. Z., Dana, Y., "The relationship between empowerment, aggressive behaviors of customers, coping, and burnout", *European Journal of Work and Organizational Psychology*, Vol. 14, No. 1, 2005, pp. 81 – 99.

[44] Hayes, B. E., "How to measure empowerment", *Quality – Progress*, Vol. 27, No. 2, 1994, pp. 41 – 46.

[45] Heather, K., Spence, L., Joan, F., "Promoting nurses' health: Effect of empowerment on job strain and work satisfaction", *Nursing Economics*, Vol. 19, No. 2, 2001, pp. 42 – 52.

[46] Hechanova, M. R. M., Alampay, R. B. A., Franco, E. P., "Psychological empowerment, job satisfaction and performance among Filipino service workers", *Asian Journal of Social Psychology*, Vol. 9, No. 1, 2006, pp. 72 – 78.

[47] Hepworth, W., Towler, A., "The effects of individual differences and charismatic leadership on workplace aggression", *Journal of Occupational Health Psychology*, Vol. 9, No. 2, 2004, pp. 176 – 185.

[48] Hesketh, B., Neal, A., "Technology and performance", In: llgen DR, Pulakos ED (eds.), *The changing mature of performance: Implications for staffing, motivation, and development*, San Francosco: Jossey – Bass, 1999, pp. 21 – 55.

[49] Hochwlder, J., Brucefors, A. B., "Psychological empowerment at the workplace as a predictor of ill health", *Personality and Individual Differences*, Vol. 39, No. 7, 2005, pp. 1237 – 1248.

[50] Honold, H., "A review of the literature on employee empowerment", *Empowerment in Organization*, Vol. 5, No. 4, 1997, pp. 202 – 212.

[51] Hoy, C., Wayne, K., Sharon, I. R., "Elementary school climate: A revision of the OCDQ", *Educational Administration Quarterly*, Vol. 43, No. 22, 1986, pp. 93 – 110.

[52] Huei – fang Chen et al., "The impact of work redesign and psychological empowerment organizational commitment in a changing environment: An example from Taiwan's state – owned enterprise", *Public Personnel Management*, Vol. 37, No. 3, 2008, pp. 279 – 303.

[53] James, L. A., James, L. R., "Integrating work environment perceptions: Explorations into the measurement into the measurement of meaning", *Journal of Application Psychology*, Vol. 74, No. 5, 1989, pp. 739 – 751.

[54] James, L. R., Hater, J. M., Brunl, J. R., "Psychological climate: Implications from cognitive social learning", *Theory and Interactional Psychology*, No. 31, 1978, pp. 783 – 813.

[55] Janssen, O., "The joint impact of perceived influence and supervisor supportiveness on employee innovative behavior", *Journal of Occupational and Organizational Psychology*, Vol. 78, No. 4, 2005, pp. 573 – 579.

[56] Johnston, "School cultures: Organizational value, orientation, and commitment", *Journal of Educational Research*, Vol. 85, No. 5, 1998, pp. 295 – 303.

[57] Judge, T. A., "Core self – evaluations and work success", *Current Directions in Psychological Science*, Vol. 18, No. 1, 2009, pp. 58 – 62.

[58] Judge, T. A., Hurst, C., "Capitalizing on one's advantages: Role of core self – evaluations", *Journal of Applied Psychology*, Vol. 92, No. 5, 2007, pp. 1212 – 1227.

[59] Kanter, R. M., "Commitment and Social Organization: A study of commitment mechanisms in Auatopian communities", *American Sociological Review*, No. 33, 1968, pp. 499 – 523.

[60] Kanter, R. M., *Men and Women of the Corporation*, New York: Basic Books, 1977.

[61] Kanter, R. M., *Men and Women of the Corporation* (2nd ed.), New York: Basic Books, 1993.

[62] Kanter, R. M. , *Frontiers of Management*, USA, Harvard, 1997.

[63] Kark, R. , Shamir, B. , Chen, G. , "The Two faces of transformational leadership: Empowerment and dependency", *Journal of Applied Psychology*, Vol. 88, No. 2, 2003, pp. 246 – 255.

[64] Keller, T. , Dansereau, F. , "Leadership and empowerment: A social exchange perspective", *Human Relation*, Vol. 48, No. 2, 1995, pp. 127 – 146.

[65] Kiekman, B. L. , Rosen, B. , "Beyond self – management: Antecedents and consequences of team empowerment", *Academy of Management Journal*, Vol. 42, No. 1, 1999, pp. 58 – 74.

[66] Koberg, C. S. , Boss, R. W. , Senjem, J. C. et al. , "Antecedents and outcomes of empowerment: Empirical evidence from the health care industry", *Group & Organization Management*, Vol. 24, No. 1, 1999, pp. 71 – 91.

[67] Konczak, L , Stelly, D. J. , Trusty, M. L , "Defining and measuring empowering leader behaviors: Development of an upward feedback instrument", *Educational and Psychological Measure*, No. 60, 2000, pp. 301 – 313.

[68] Kraime, M. L. , Seibert, S. E. , Liden, R. C. , "Psychological empowerment as a multidimensional construct: A test of construct validity", *Educational and Psychological Measurement*, Vol. 59, No. 1, 1999, pp. 127 – 142.

[69] Laschinger, H. , "Hospital nurses' perceptions of respect and organizational justice", *Journal of Nursing Administration*, No. 34, 2004, pp. 354 – 364.

[70] Lawler, E. E. , *The ultimate advantage: Creating the high – involvement organization*, Sanfrancisco: Jossey – Bass, 1992.

[71] Linden, R. C. , Wayne, S. J. , Sparrowe, R. T. , "An examination of the mediating role of psychological empowerment on the relations between the job, interpersonal relationships, and work outcome", *Journal of Applied Psychology*, Vol. 85, No. 3, 2000, pp. 407 – 416.

[72] Malon, T. W. , "Is empowerment just a fad? Control, decision making, and IT", *Sloan Management Review*, Vol. 38, No. 2, 1997, pp. 23 – 29.

[73] March, R., Manari, H., "Organizational commitment and turnover: A predictive study", *Administrative Science Quarterly*, No. 22, 1977, pp. 57 – 75.

[74] Martin, C. A., Bush, A., "Psychological climate, Empowerment, Leadership style, and customer – oriented selling: An analysis of the sales manag er – sales person dyad", *Journal of the Academy of Marketing Science*, Vol. 34, No. 3, 2006, pp. 419 – 438.

[75] Martinko, M. J., Gardner, W. L., "Learned helplessness: An alternative explanation for performance deficits", *Academy of Management Review*, Vol. 7, No. 2, 1982, pp. 195 – 204.

[76] Mathieu, J. E., Zajac, D. A., "Review and meta – analysis of the antecedents, correlates, and consequences of organizational commitment", *Psychological Bulletin*, Vol. 108, No. 2, 1990, pp. 171 – 194.

[77] Matthews, R. A., Diaz, W. M., Cole, S. G., "The organizational empowerment scale", *Personnel Review*, No. 32, 2003, pp. 297 – 318.

[78] Melenyzer, S. J., "Teacher empowerment: The discourse, meaning, and social actions of teachers", ERIC Document: ED327496, 1990.

[79] Menon, S. T., *Employee empowerment: Definition, Measurement and Construct Validation*, Canada: McGill University, 1995.

[80] Menon, S. T., "Psychological empowerment: definition, measurement, and validation", *Canadian Journal of Behavioral Science*, Vol. 31, No. 3, 1999, pp. 161 – 167.

[81] Menon, S. T., "Employee empowerment: An integrative psychological approach", *Applied Psychology: An International Review*, Vol. 50, No. 1, 2001, pp. 153 – 180.

[82] Meyer, J. P., Allen, N. J., "A three – component conceptualization of organizational commitment", *Human Resource Management Review*, Vol. 1, No. 1, 1991, pp. 61 – 90.

[83] Meyer, J. P., Allen, N. J., Smith, C. A., "Commitment to organizations and occupations: Extension and test of a 3 – component conceptualization", *Journal of Applied Psychology*, Vol. 78, No. 4, 1993, pp. 538 – 551.

[84] Mills, P. K., Ungson, G. R., "Reassessing the limits of structural em-

powerment: Organizational constitution and trust as controls" *Academy of Management Review*, Vol. 28, No. 1, 2003, pp. 143 – 153.

[85] Mishra, A. K., Spreitzer, G. M., "Explaining how survivors respond to downsizing: The roles of trust, empowerment, justice, and work redesign", *Academy of Management Review*, Vol. 22, No. 3, 1998, pp. 567 – 588.

[86] Mok, E., Au – Yeung, B., "Relationship between organizational climate and empowerment of nurses in Hong Kong", *Journal of Nursing Management*, Vol. 10, No. 3, 2002, pp. 129 – 137.

[87] Mowday, R. T., Steers, R. M., Porter, L. W., "The measurement of organizational commitment", *Journal of Vocational Behavior*, Vol. 14, No. 2, 1979, pp. 224 – 247.

[88] Mowday, R. T., Steers, R. M., Porter, L. M., *Organizational Linkage: The Psychology of Commitment Absenteeism and Turnover*, San Diego: Academic Press, 1982, pp. 51 – 102.

[89] Murphy, K. R., "Dimensions of job performance", In: Dillon, R. F., Pelligrino, J. W., *Testing: Theoretical and Applied Perspectives*, New York: Praeger, 1989.

[90] Organ, D. W., *Organizational citizenship behavior: The good soldier syndrome*, Lexington, MA, Lexington Books, 1988.

[91] Otley, D., "Performance management: A framework for management control systems research", *Management Accounting Research*, No. 10, 1999, pp. 363 – 382.

[92] Parker, C. P., "A test of alternative hierarchical model of psychological climate: PCg, satisfaction, or common method variance", *Organizational Research Methods*, Vol. 2, No. 3, 1999, pp. 257 – 274.

[93] Pearce, C. L., Sims, H. P., "Vertical versus shared leadership as predictors of the effectiveness of change management teams: An examination of aversive, directive, transactional, transformational, and empowering leader behaviors", *Group Dynamics: Theory Research and Practice*, No. 6, 2002, pp. 172 – 197.

[94] Porter, L. W., Steers, R. M., Mowday, R. T. et al., "Organizational commitment, job satisfaction and turnover among psychiatric techni-

cians", *Journal of Psychology*, No. 59, 1976, pp. 603 – 609.

[95] Prasad, A., Eylon, D., "Narrative past traditions of participation and inclusion: Historic perspectives on workplace empowerment", *Journal of Applied Behavioral Science*, Vol. 37, No. 1, 2001, pp. 5 – 14.

[96] Preffe, J., Salancik, G. R., *The External Control of Organizations: A Resource Dependence Perspective*, New York: Harper & Pow, 1978.

[97] Pulakos, E. D., Arad, S., Domovan, M. A. et al., "Adaptability in the workplace: Development of taxonomy of adaptive performance", *Journal of Applied Psychology*, Vol. 85, No. 4, 2000, pp. 612 – 624.

[98] Rafiq, M., Ahmed, P. K., "The scope of internal marketing: Defining the boundary between marketing and human resource management", *Journal of Marketing Management*, Vol. 9, No. 3, 1993, pp. 219 – 232.

[99] Ragins, B. R., "Diversified Mentoring Relationships in Organizations: A Power Perspective", *Journal of Social Psychology*, No. 137, 1997, pp. 606 – 618.

[100] Randall, D. M., "The consequences of organizational commitment: Methodological Investigation", *Journal of Organizational Behavior*, Vol. 11, No. 5, 1999, pp. 361 – 378.

[101] Randolph, W. A., "Navigating the journey to empowerment", *Organizational Dynamics*, Vol. 23, No. 4, 1995, pp. 19 – 32.

[102] Raub, S., Robert, C., "Differential effects of empowering leadership on in – role and extra – role employee behaviors: Exploring the role of psychological empowerment and power values", *Human Relations*, Vol. 63, No. 11, 2010, pp. 1743 – 1770.

[103] Rentoul, A. J., Fraser, B. J., "Development of a school – level environment questionnaire", *Journal of Educational Administration*, Vol. 21, No. 1, 1983, pp. 21 – 39.

[104] Richard, L. D., *Essentials of Organization Theory and Design (edition)*, South – western College Publishing, 1998.

[105] Robbins, T. L., Crino, M. D., Fredindall, L. D., "An integrative model of the empowerment process", *Human Resource Management Review*, Vol. 12, No. 3, 2002, pp. 419 – 443.

[106] Rosenholtz, S. J. , Simpson, C. , "Workplace conditions and the rise and fall of teachers' commitment", *Sociology of Education*, No. 63, 1990, pp. 241 – 257.

[107] Rotundo, M. , Sackett, P. R. , "The relative importance of task, citizenship, and counterproductive performance to global ratings of job performance: A policy – capturing approach", *Journal of Applied Psychology*, No. 1, 2002, pp. 66 – 80.

[108] Russell, M. A. , Wendy, M. D. , Steven, G. C. , The organizational empowerment scale review: *Personnel Review*, Vol. 32, No. 3, 2003, pp. 297 – 318.

[109] Samad, S. , "Social structure characteristics and psychological empowerment: Exploring the effect of openness personality", *Journal of American Academy of Business*, Vol. 12, No. 1, 2007, pp. 70 – 76.

[110] Sarmiento, T. P. , Laschinger, H. K. , Iwasiw, C. , "Nurse educators' workplace empowerment, burnout, and job satisfaction: testing Kanter's theory", *Journal of Advanced Nursing*, Vol. 46, No. 2, 2003, pp. 134 – 143.

[111] Sashkin, M. , "Participative Management is an Ethical Imperative", *Organizational Dynamics*, Vol. 12, No. 4, 1984, pp. 4 – 22.

[112] Schneider, B. , "The people make the place", *Personnel Psychology*, No. 40, 1987, pp. 437 – 453.

[113] Scotter, J. R. , Motowidlo, S. J. , "Interpersonal facilitation and job dedication as separate facets of contextual performance", *Journal of Applied psychology*, No. 81, 1996, pp. 525 – 531.

[114] Seibert, S. E. , Silver, S. R. , Randolph, W. A. , "Taking empowerment to the next level: A multiple – level model of empowerment, performance, and satisfaction", *The Academy of Management Journal*. Vol. 47, No. 3, 2004, pp. 332 – 349.

[115] Shamir, B. , "The Charismatic relationship: Alternative explanations and predictions", *Leadership Quarterly*, No. 2, 1991, pp. 81 – 104.

[116] Shaw, J. , Reyes, P. , "School cultures: Organizational value orientation and commitment", *Journal of Educational Research*, Vol. 85,

No. 5, 1992, pp. 295 – 302.

[117] Shore, L. M., Wayne, S. J., "Commitment and employee behavior: Comparison of affective commitment and continuance commitment with perceived organizational support", *Journal of Applied Psychology*, No. 78, 1993, pp. 774 – 780.

[118] Short, P. M., Rinehart, J. S., "School participant empowerment scale: Assessment of level of empowerment within the school environment", *Educational and Psychological Measurement*, Vol. 52, No. 4, 1992, pp. 951 – 960.

[119] Short, P. M., Johnson, P. E., "Exploring the links among teacher empowerment, leader power, and conflict", *Education*, Vol. 114, No. 4, 1994, pp. 581 – 593.

[120] Siegall, M., Susan, G., "Contextual factors of psychological empowerment", *Personnel Review*, Vol. 29, No. 6, 2000, pp. 703 – 722.

[121] Sigler, T. H., Pearson, C. M., "Creating an empowering culture: Examining the relationship between organizational culture and perceptions of empowerment", *Journal of Quality Management*, Vol. 5, No. 1, 2000, pp. 27 – 52.

[122] Sirkin, H. L., "The employee empowerment scam", *Training and Development*, Vol. 46, No. 2, 1993, pp. 11 – 12.

[123] Slaughter, B. B., The relationship between leader gender and empowering behavior, Ph. D. Fielding Graduate University, 2012.

[124] Smeenk, S. G. A., Eisinga, R. N., Teelken, J. C. et al., "The effects of HRM practices and antecedents on organizational commitment among university employees", *The International Journal of Human Resource Management*, Vol. 17, No. 12, 2006, pp. 2035 – 2054.

[125] Spreitzer, G. M., When organizations dare: The dynamics of individual empowerment in workplace, Ph. D. Michigan: University of Michigan, 1992.

[126] Spreitzer, G. M., "Psychological empowerment in the workplace: Dimensions, measurement, and validation", *Academy of Management Journal*, Vol. 38, No. 50, 1995a, pp. 1442 – 1465.

[127] Spreitzer, G. M. , "Social structural characteristics of psychological empowerment", *Academy of Management Journal*, Vol. 39, No. 2, 1996, pp. 483 - 504.

[128] Spreitzer, G. M. , Mishra, A. K. , "Giving up control without losing control: Trust and its substitutes effects on manager, Involving employees in decision making", *Group and Organization Management*, No. 24, 1996, pp. 155 - 187.

[129] Spreitzer, G. M. , Kizilo, M. A. , Nason, S. W. , "A dimensional analysis of the relationship between psychological empowerment and effectiveness, Satisfaction, and strain", *Journal of Management*, Vol. 23, No. 5, 1997, pp. 679 - 704.

[130] Srivastava, A. et al. , "Empowering leadership in management teams: Effects on knowledge sharing, efficacy, and performance", *Academy of Management Journal*, Vol. 49, No. 6, 2006, pp. 1239 - 1251.

[131] Staw, B. M. , "Two sides of commitment", *Paper Presented at Annual Meeting of Academy of Management*, Orlando, Florida, Augest, 1977.

[132] Steers, R. M. , "Antecedents and outcomes of organizational commitment", *Administrative Science Quarterly*, Vol. 22, No. 1, 1977, pp. 46 - 56.

[133] Steven et al. , "Assessing personal, role, and organizational predictors of management commitment", *Academy of Management Journal*, No. 21, 1978, pp. 380 - 396.

[134] Thomas, K. W. , Velthouse, B. A. , "Cognitive elements of empowerment: An interpretive model of intrinsic task motivation", *Academy of Management Review*, Vol. 15, No. 4, 1990, pp . 666 - 681.

[135] Thomas, K. W. , Tymon, W. G. , "Does empowerment always work: Understanding the role of intrinsic motivation and personal interpretation", *Journal of Management Systems*, No. 6, 1994, pp. 39 - 54.

[136] Tracy, L. T. , Presha, E. N. , "Performance, satisfaction and turnover in call centers: The effects of stress and optimism", *Journal of Business Research*, No. 57, 2004, pp. 26 - 34.

[137] Tymon, W. G. Jr. , An empirical investigation of a cognitive model of empowerment, Ph. D. Temple University: Philadelphia, 1988.

[138] Vogt, J. F., Murrell, K. L., *Empowerment in organizations: How to spark exceptional performance*, University Associates, San Diego, CA, 1990.

[139] West, M. A., Smith, H. et al., "Research excellence and departmental climate in British Universities", *Journal of Occupational and Organizational Psychology*, Vol. 142, No. 25, 1998, pp. 261 – 281.

[140] Wiener, Y., "Commitment in organization: A normative view", *Academy of Management Review*, No. 7, 1982, pp. 418 – 428.

[141] Wilkinson, A., "Empowerment: theory and practice", *Personnel Review*, Vol. 27, No. 1, 1998, pp. 40 – 56.

[142] Zhang, X., Bartol, K. M., "Linking empowering leadership and employee creativity: the influence of psychological empowerment, intrinsic motivation, and creative process engagement", *Academy of Management Journal*, No. 53, 2010, pp. 107 – 128.

[143] Zimmerman, M. A., Rappaport, J., "Citizen participation, perceived control, and psychological empowerment", *American Journal of Community Psychology*, Vol. 16, No. 5, 1988, pp. 725 – 750.

[144] Zimmerman, M. A., "Toward a theory of learned hopefulness: A structural model analysis of participation and empowerment", *Journal of Research in Personality*, Vol. 24, No. 1, 1990, pp. 71 – 86.

[145] Zimmerman, M. A., "Psychological empowerment: Issues and illustrations", *American Journal of Community Psychology*, Vol. 23, No. 5, 1995, 23 (5), pp. 581 – 600.

[146] 《1985 年中共中央关于教育体制改革的决定》, http://www.jyb. cn/china/zhbd/200909/t20090909_ 309252. html。

[147] 《国家中长期教育改革和发展规划纲要 (2010—2020 年)》, http://www. gov. cn/jrzg/2010 – 07/29/content_ 1667143. htm。

[148] 《中华人民共和国高等教育法》, http://www. moe. edu. cn/publicfiles/business/htmlfiles/moe/moe_ 619/200407/1311. html。

[149] 《中华人民共和国教师法》, http://www. moe. edu. cn/publicfiles/business/htmlfiles/moe/moe_ 619/200407/1314. html。

[150] 《中西部高等教育振兴计划 (2012—2020 年)》, http://www. moe.

edu. cn/publicfiles/business/htmlfiles/moe/s7361/201303/148468. html。

[151] 陈晶瑛：《高校教师薪酬满意度对工作绩效和积极性的影响》，《中国人力资源开发》2009 年第 8 期。

[152] 陈雪峰、时勘：《参与式领导行为的作用机制：来自不同组织的实证分析》，《管理世界》2008 年第 3 期。

[153] 陈永霞、贾良定、李超平等：《变革型领导、心理授权与员工的组织承诺——中国情景下的实证研究》，《管理世界》2006 年第 1 期。

[154] 丁琳、席酉民：《变革型领导对员工创造力的作用机理研究》，《管理科学》2008 年第 21 卷第 6 期。

[155] 丁志同：《高校教师绩效责任及绩效结构模型的重构》，《高等工程教育研究》2011 年第 5 期。

[156] 董克用、李超平：《人力资源管理概论》，中国人民大学出版社 2011 年版。

[157] 方阳春：《工作压力和社会支持对高校教师绩效的影响》，《科研管理》2013 年第 34 卷第 5 期。

[158] 弗莱蒙特·E. 卡斯特、詹姆斯·E. 罗森茨维克：《组织与管理：系统方法与权变方法》，中国社会科学出版社 2000 年版。

[159] 国务院关于《中国教育改革和发展纲要》的实施意见，《中华人民共和国国务院公报》1994 年第 16 期。

[160] 韩小芸、黎耀奇：《授权的多层次运用研究》，《中山大学学报》（社会科学版）2011 年第 51 卷第 5 期。

[161] 何铮、谭劲松、陆园园：《组织环境与组织战略关系的文献综述及最新研究动态》，《管理世界》2006 年第 11 期。

[162] 胡坚、莫燕：《高校教师工作价值观与任务绩效关系的实证分析》，《科学学与科学技术管理》2004 年第 12 期。

[163] 胡青、孙宏伟：《高校校长变革型领导行为的测量及其对教师组织承诺的影响》，《心理与行为研究》2013 年第 11 卷第 2 期。

[164] 纪晓丽、陈逢文：《工作压力对高校教师工作绩效的作用机制研究》，《统计与决策》2009 年第 16 期。

[165] 教育部、中国教科文卫体工会全国委员会：《关于印发〈高等学校教师职业道德规范〉的通知》，http://www.moe.edu.cn/public-

files/business/htmlfiles/moe/moe_ 688/201201/xxgk_ 129190. html。

[166] 《〈教育信息化十年发展规划（2010—2020 年）〉的通知》，http：//
www. moe. edu. cn/publicfiles/business/htmlfiles/moe/s3342/201203/
133322. html。

[167] 景丽珍、杨贞兰：《同事关系对高校教师工作绩效的影响》，《高等
教育研究》2013 年第 34 卷第 5 期。

[168] 景涛、陈丹、徐颖：《授权管理理论体系整合性基础框架构建研
究》，《科学管理研究》2009 年第 27 卷第 1 期。

[169] 克莱尔·克朋：《组织环境：内部组织与外部组织》，经济管理出
版社 2005 年版。

[170] 肯尼思·默雷尔、咪咪·梅雷迪斯：《有效授权》，杜丁丁译，企
业管理出版社 2004 年版。

[171] 雷巧玲、赵更申、段兴民：《企业文化与知识型员工心理授权的关
系研究》，《科研管理》2006 年第 27 卷第 5 期。

[172] 雷巧玲、赵更申：《心理授权与知识型员工组织承诺的关系研究》，
《科技进步与对策》2007 年第 24 卷第 9 期。

[173] 雷巧玲：《文化驱动力——基于企业文化的心理授权对知识型员工
组织承诺影响的实证研究》，经济管理出版社 2008 年版。

[174] 雷巧玲、赵更申：《知识型员工个体特征对心理授权影响的实证研
究》，《科学学与科学技术管理》2009 年第 8 期。

[175] 李超平、李晓轩、时勘等：《授权的测量及其与员工工作态度的关
系》，《心理学报》2006 年第 38 卷第 1 期。

[176] 李超平、田宝、时勘：《变革型领导与员工工作态度：心理授权的
中介作用》，《心理学报》2006 年第 38 卷第 2 期。

[177] 林美珍：《授权氛围、心理受权氛围与员工的心理受权》，《科研管
理》2013 年第 34 卷第 9 期。

[178] 凌俐、陆昌勤：《心理授权研究的现状》，《心理科学进展》2007
年第 15 卷第 4 期。

[179] 凌文辁、张治灿、方俐洛：《中国职工组织承诺的结构模型研究》，
《管理科学学报》2000 年第 3 卷第 2 期。

[180] 刘福成、胡敏华：《基于"工作—下属"二维模型的领导授权模式
及其选择》，《经济管理》2012 年第 34 卷第 5 期。

[181] 刘景江、邹慧敏：《变革型领导和心理授权对员工创造力的影响》，《科研管理》2013 年第 34 卷第 3 期。

[182] 刘小平、王重鸣：《中西方文化背景下的组织承诺及其形成》，《外国经济与管理》2002 年第 1 期。

[183] 刘耀中：《高校教师组织承诺结构维度及其测量》，《心理科学》2009 年第 32 卷第 4 期。

[184] 刘耀中：《心理授权的结构维度及其与员工创新行为的关系研究》，《西北师大学报》（社会科学版）2008 年第 45 卷第 6 期。

[185] 刘云、石金涛：《授权理论的研究逻辑——心理授权的概念发展》，《上海交通大学学报》（哲学社会科学版）2010 年第 18 卷第 1 期。

[186] 刘云、石金涛：《组织创新气氛对员工创新行为的影响过程研究——基于心理授权的中介效应分析》，《中国软科学》2010 年第 3 期。

[187] 齐晓栋、王佳宁：《高校教师心理授权的现状及其对工作绩效的影响研究》，《继续教育研究》2012 年第 10 期。

[188] 沙因著：《沙因组织心理学》，马红宇等译，中国人民大学出版社 2009 年版。

[189] 时勘、高利苹、黄旭等：《领导授权行为对员工沉默的影响：信任的调节作用分析》，《管理评论》2012 年第 24 卷第 10 期。

[190] 孙慧钧：《主观评价理论之探讨》，《统计研究》2010 年第 27 卷第 1 期。

[191] 唐贵瑶、李鹏程、李骥：《国外授权型领导研究前沿探析与未来展望》，《外国经济与管理》2012 年第 34 卷第 9 期。

[192] 佟丽君、吕娜：《组织公正、心理授权与员工进谏行为的关系研究》，《心理科学》2009 年第 32 卷第 5 期。

[193] 王国猛、郑全全：《心理授权、心理氛围与工作绩效的关系》，《心理科学》2008 年第 31 卷第 2 期。

[194] 王国猛、郑全全、黎建新等：《团队心理授权、组织公民行为与团队主动性关系的实证研究》，《科学学与科学技术管理》2010 年第 1 期。

[195] 王国猛、赵曙明、郑全全等：《团队心理授权、组织公民行为与团队绩效的关系》，《管理工程学报》2011 年第 2 期。

[196] 王国猛、郑全全、赵曙明：《团队心理授权的维度结构与测量研究》，《南开管理评论》2012年第15卷第2期。

[197] 王辉、武朝艳、张燕等：《领导授权赋能行为的维度确认与测量》，《心理学报》2008年第40卷第12期。

[198] 王辉、张文慧、谢红：《领导—部属交换对授权赋能领导行为影响》，《经济管理》2009年第4期。

[199] 王金良、张大均：《中小学教师心理授权的测量》，《心理发展与教育》2011年第1期。

[200] 王瑞文：《基于心理授权四维度模型的高校教师工作状况影响因素分析》，《西安电子科技大学学报》（社会科学版）2014年第24卷第2期。

[201] 王瑞文、刘金兰：《从授权研究方法到授权途径的探索——基于高校教师的调查》，《国家教育行政学院学报》2014年第4期。

[202] 王瑞文、刘金兰：《组织环境、心理授权与组织承诺—基于高校教师个体评价的实证分析》，《大连理工大学学报》（社会科学版）2014年第35卷第3期。

[203] 王瑞文、陈根来、韩永进：《论社会科学研究的价值与价值评价》，《天津社会科学》2014年第4期。

[204] 王顺江、陈荣、郑小平：《心理授权对员工满意、忠诚和绩效影响的实证分析》，《系统工程》2012年第30卷第5期。

[205] 王永丽、邓静怡、任荣伟：《授权型领导、团队沟通对团队绩效的影响》，《管理世界》2009年第4期。

[206] 王桢、李旭培、罗正学等：《情绪劳动工作人员心理授权与离职意向的关系：工作倦怠的中介作用》，《心理科学》2012年第35卷第1期。

[207] 韦慧民、龙立荣：《认知与情感信任、权力距离感和制度控制对领导授权行为的影响研究》，《管理工程学报》2011年第25卷第1期。

[208] 魏峰、袁欣、邸杨：《交易型领导、团队授权氛围和心理授权影响下属创新绩效的跨层次研究》，《管理世界》2009年第4期。

[209] 魏钧、张德：《研发人员授权行为有效性研究》，《科学学研究》2006年第24卷第4期。

[210] 吴敏、刘主军、吴继红：《变革型领导、心理授权与绩效的关系研究》，《软科学》2009 年第 23 卷第 10 期。

[211] 吴明隆：《结构方程模型——AMOS 的操作与应用》，重庆大学出版社 2010 年版。

[212] 吴明隆：《问卷统计分析实务——SPSS 操作与应用》，重庆大学出版社 2010 年版。

[213] 吴湘萍、徐福缘、周勇：《高校教师工作绩效的影响因素分析》，《华东师范大学学报》（教育科学版）2006 年第 24 卷第 1 期。

[214] 吴志明、武欣：《变革型领导、组织公民行为与心理授权关系研究》，《管理科学学报》2007 年第 10 期。

[215] 谢俊、汪林、储小平等：《组织公正视角下的员工创造力形成机制及心理授权的中介作用》，《管理学报》2013 年第 10 卷第 2 期。

[216] 谢礼珊：《服务性企业员工心理授权的影响因素及其作用》，《南开管理评论》2006 年第 9 卷第 4 期。

[217] 邢周凌、袁登华、周绍森：《高校业绩津贴制度对教师组织承诺的影响研究》，《高教探索》2007 年第 6 期。

[218] 徐细雄、淦未宇：《组织支持契合、心理授权与雇员组织承诺：一个新生代农民工雇佣关系管理的理论框架——基于海底捞的案例研究》，《管理世界》2011 年第 12 期。

[219] 许绍康、卢光莉：《高校教师组织承诺与工作绩效的关系研究》，《心理科学》2008 年第 31 卷第 4 期。

[220] 杨英、龙立荣、周丽芳：《授权风险考量与授权行为：领导—成员交换和集权度的作用》，《心理学报》2010 年第 42 卷第 8 期。

[221] 姚计海、刘丽华：《中小学校长心理授权与工作倦怠的关系研究》，《心理发展与教育》2011 年第 5 期。

[222] 叶文梓：《觉者为师——教师专业化的超越与回归》，《教育研究》2013 年第 12 期。

[223] 于博、白杨：《结构方程模型在高校变革型领导影响教师组织承诺研究中的应用》，《复旦教育论坛》2011 年第 9 卷第 6 期。

[224] 张琳琳、David M DeJoy、李楠：《新生代员工核心自我评价与工作投入的关系：有调节的中介模型》，《软科学》2013 年第 27 卷第 4 期。

[225] 张文慧、王辉：《长期结果考量、自我牺牲精神与领导授权赋能行为：环境不确定性的调节作用》，《管理世界》2009 年第 6 期。

[226] 钟凯凯：《我国大学组织要素特征探析》，《山西财经大学学报》2012 年第 34 卷第 4 期。

[227] 仲理峰、时勘：《绩效管理的几个基本问题》，《南开管理评论》2002 年第 3 期。

[228] 周治金、朱新秤、王伊兰等：《高校教师工作绩效及其影响因素的调查与分析》，《高等工程教育研究》2009 年第 2 期。

后 记

本书是在我博士学位论文的基础上修改而成的，研究内容是我作为一名高校教师对自身心理及工作状况的思考以及对人力资源管理授权理论的研究兴趣结合而成，选题也得到了导师刘金兰教授提出的关注高校组织环境研究的启发和支持。从选题构思到写作，再到博士学位论文的完成及书稿的修改，历时四年有余。在研究过程中我申报的教育部人文社科研究规划基金项目"基于非营利组织特征的民办高校教师心理授权研究"也得到了教育部立项资助（项目批准号为：13YJA880081），其中有关民办高校教师部分的研究是在课题资助下完成的，另外本书的部分研究成果已在一些刊物上发表。

在书稿修改完成之际，我有着太多的感慨、太多的辛酸与太多的喜悦，有太多的人要感谢。刘金兰教授是我的硕士和博士导师，师从刘老师是我的缘分和福分，干练、洒脱、睿智、优雅、从容……女性知识分子的魅力体现在刘老师身上，无论是学术研究中对我的点拨，还是生活闲谈中的一句"要感恩母校"的教导，都给了我智慧和动力，让我体会到了"师者为师身为范"，谢谢您，我的老师！感谢天津市社联陈根来秘书长，他对年轻人的培养和鼓励太多太多，他以渊博的学术知识、敏锐的研究视角、科学的研究方法指导我的工作和学习，虽然是工作中的领导，但更像是亲人一样的帮助我，从考取博士到论文写作，每一个关键时刻都得到了他的关心和支持，谢谢您，秘书长！

感谢天津大学所有帮助过我的老师们，孙紫玲老师、陈通教授、张慧颖教授、韩永进教授、陈卫东教授，博士学习期间能够得到你们的指导和帮助，对我而言是莫大的鼓舞，在此向老师们深表感谢！还要感谢我的博士同窗和同门师弟师妹们，在我们的讨论交流中帮助我克服了许多写作的困难，在此向梁经纬、刘宏哲、郭涛、赵晓阳、迟翔蓝、王仙雅、孙金帅表示感谢！

感谢我所在天津商业大学的领导和同事们，我在社科管理处工作的这些年里，王泓处长全力支持我的学习和教学科研工作，尤其在撰写论文期间他几乎承担了全处的工作，从我参加工作至今，他教给我如何为人处事，在工作和生活中给予了我莫大的帮助；感谢公共管理学院的领导和同事们，在我的学术研究和教学工作中给予了支持和帮助，感谢孙钰院长、陶志梅老师；感谢帮助我共同开展调查研究的姜仁良老师、刘文花老师、王飞贺老师；还要感谢朱慧娟老师、赵建洪老师、程亚琼……这些同事中的兄弟姐妹们，在我遇到困难和情绪低落时，你们给了我一个可以流泪的地方，拥有这样的友情我是多么幸运和满足。

感谢本书写作研究中参与访谈及填写问卷的每一位教师，由于问卷是匿名填写，不知道你们的名字，但你们提供的真实准确的问卷资料和数据是我完成书稿最重要的保证；感谢在写作过程中参考的国内外学者相关研究成果的作者；感谢教育部人文社科规划项目的资助；感谢中国社会科学出版社对本书出版给予的支持，感谢编辑人员为本书的出版付出的辛劳。

最后要感谢的是我的亲人，你们的付出才是我能完成学业、取得成果的最大动力，感谢我的母亲帮助我接送刚上小学的儿子，感谢我的哥哥对我的鼓励和照顾，替我分担了许多我对母亲应尽的责任。当然，最要感谢的是我的丈夫和儿子，丈夫承担了他所能做的一切，照顾儿子、为我做可口的饭菜，从没有一句抱怨地默默支持着我；儿子聪明可爱、善解人意，他最常说的一句话就是"妈妈不用管我，快去写论文吧，多写点儿就能少熬夜啦！"没能好好陪他是我最内疚的事情，但是看到他们平淡而快乐的生活也足以让我欣慰，书稿完成之际正是儿子的七岁生日，甜美的生日蛋糕和厚厚的书稿承载着我对儿子的爱和希望，相信我的勤奋努力、我的研究成果出版也是他们的骄傲和自豪！

本书的内容是我多年研究的积淀和知识的升华，写作过程更是对我心智的考验和磨炼。寥寥数语，不能表达对所有关心、支持和帮助过我的亲人、老师、朋友、同事和同学的谢意，感谢你们陪我度过人生最为难忘的一段历程，我会将你们的关怀和帮助珍藏于心，继续努力前行！

2015 年 5 月 8 日